SUMÁRIO

INTRODUÇÃO ÀS TEORIAS DE JACQUES LACAN---------------------------5

Considerações preliminares • Conceitos fundamentais da psicanálise lacaniana • A relevância da linguagem nas teorias de Lacan • O retorno de Lacan a Freud • Princípios centrais e seu significado • A influência do estruturalismo • Principais obras e contribuições • Recepção na comunidade psicanalítica.

AS ORIGENS DAS TRÊS ORDENS--15

Contexto histórico e antecedentes intelectuais • As primeiras influências de Lacan na psicanálise • Desenvolvimento do arcabouço teórico • Fundamentos e inspirações filosóficas • A emergência do conceito de ordens • Contribuições do pensamento freudiano • Integração com a linguística estrutural • Influência do surrealismo e dos movimentos artísticos • Recepção inicial e debate acadêmico • Refinamentos que levaram à formulação canônica.

IDEIAS E POSTULADOS PRINCIPAIS---27

Introdução aos Conceitos Fundamentais de Lacan • O Simbólico - Linguagem e Lei • O imaginário - Espelhos e Desconhecimentos • O real - Além do Aparente • O Papel do Gozo nas Três Ordens • O 'outro' • Falta e Desejo • O Falo como Significante Central • Transferência e Contratransferência na Prática Analítica.

A ORDEM SIMBÓLICA - ESTRUTURA E FUNÇÃO-------------------------103

Fundamentos Linguísticos • O Papel da Linguagem e dos Significantes • Estruturas Dentro da Ordem Simbólica • Identidade Individual e Estruturas Sociais Influenciadas pelo Simbólico • Funcionalidade da Ordem Simbólica na Prática Psicanalítica • Interação com as ordens Imaginária e Real • Críticas e Debates em Torno da Ordem Simbólica.

A ORDEM IMAGINÁRIA - ILUSÕES E IDENTIFICAÇÕES-----------------166

Conceitos e Construções Essenciais • A Interação entre as ordens Imaginária e Simbólica • Imagens, Formação da Identidade e o Papel do estágio do espelho • Mecanismos de Ilusões e Reconhecimentos Equivocados • Implicações do imaginário na Subjetividade Humana • Aplicações Clínicas do imaginário • Críticas e Debates.

A ORDEM REAL - ALÉM DA PERCEPÇÃO----------------------------------222

Contexto histórico e fundamentação filosófica • O conceito lacaniano do real • Barreiras à compreensão do real • O real na prática psicanalítica • Manifestações do real na literatura e na cultura • O papel do real na formação da identidade • Críticas e interpretações equivocadas.

IMPACTO NA PSICOLOGIA E TERAPIA CONTEMPORÂNEAS---------276

Integração na Terapia Cognitivo-Comportamental • Influência nas Abordagens da Psicologia Humanista • Adoção na Aconselhamento Sistêmico e Familiar • Relevância na Prática Psicanalítica Moderna • Contribuição para a Compreensão do Inconsciente • Papel no Desenvolvimento Pessoal e na Autorrealização • Transformação das Técnicas Terapêuticas • Comparação com as Teorias Tradicionais • Trajetórias Futuras na Terapia.

INFLUÊNCIA NO PENSAMENTO MODERNO--------------------------------286

Psicanálise e além • Impacto na filosofia contemporânea • Lacan nos estudos culturais • Arte e literatura • Teoria da mídia • Teoria social crítica • Interseções com estudos de gênero e identidade • O real nos discursos sobre ciência e tecnologia • Conclusão e o diálogo contínuo com o pensamento lacaniano.

50 DECLARAÇÕES SOBRE AS TRÊS ORDENS LACANIANAS---------297

Sobre o estágio do espelho e a Formação do ego • Sobre as Relações Imaginárias e a Rivalidade • Sobre as Limitações e Ilusões do imaginário • Sobre a Linguagem e a Estrutura • Sobre a Lei, a Proibição e a Função Paterna • Sobre o Desejo, a Demanda e a Carência • Sobre o Sujeito e o Inconsciente • Sobre o real Além da Representação • Sobre o Trauma, a Instabilidade e o Impossível • Sobre o Enlace das Três Ordens.

INTRODUÇÃO ÀS TEORIAS DE JACQUES LACAN

Considerações preliminares

Jacques Marie Émile Lacan, renomado psicanalista francês, nasceu em 13 de abril de 1901, em Paris, França. Após concluir seus estudos iniciais, Lacan ingressou na faculdade de medicina da Universidade de Paris, onde desenvolveu interesse por psiquiatria e psicanálise. Em seus anos de formação, Lacan foi profundamente influenciado pelas obras de Sigmund Freud, o que o levou a aprofundar-se nos discursos da teoria e prática psicanalíticas. Essa fase crucial marcou o início da dedicação de Lacan, ao longo de sua vida, à revolução do campo da psicanálise.

A trajetória intelectual de Lacan atingiu um marco significativo quando ele entrou em contato com os ensinamentos da linguística estrutural e com a obra de Ferdinand de Saussure. Esses encontros moldaram profundamente a concepção que Lacan tinha da psique humana e lançaram as bases para sua inovadora reinterpretação das teorias freudianas. Sua integração de princípios linguísticos ao discurso psicanalítico se tornaria, posteriormente, uma característica definidora de seu arcabouço teórico.

Após passar por uma análise pessoal com o renomado psicanalista Rudolph Loewenstein, Lacan mergulhou na crescente comunidade psicanalítica. Sua reputação cada vez maior como figura carismática e intelectualmente formidável nesse meio o levou, eventualmente, a ser reconhecido como uma força importante na evolução da psicanálise.

Em 1932, Lacan obteve seu diploma em psiquiatria e, posteriormente, iniciou sua prática clínica. Durante esse período, ele também participou das infames Discussões Controversas na Sociedade Britânica de Psicanálise, onde suas perspectivas sobre a psicanálise começaram a se cristalizar e amadurecer. Ao longo de sua carreira, Lacan demonstrou um fervoroso compromisso em ampliar o escopo interpretativo da psicanálise, transcendendo os limites convencionais da disciplina.

Em 1953, Lacan introduziu seu conceito seminal do "estágio do espelho", que atraiu ampla atenção e aclamação da comunidade psicanalítica. Esse conceito fundamental elucidou a formação do ego em relação à imagem idealizada, dando passos significativos na compreensão das complexidades da identidade e subjetividade humanas.

Posteriormente, a crescente desilusão de Lacan com o establishment psicanalítico institucionalizado culminou em seu afastamento da Associação Psicanalítica Internacional (IPA), levando-o a fundar a Sociedade Francesa de Psicanálise. Essa decisão marcou o início dos instigantes seminários de Lacan, onde suas palestras enigmáticas cativaram o público e iniciaram uma mudança paradigmática no pensamento psicanalítico.

Como orador cativante e pensador profundo, os discursos de Lacan transitaram por diversas disciplinas, atraindo uma ampla gama de intelectuais, filósofos e estudantes. Sua obra de escritos teóricos e insights inovadores solidificou sua proeminência como figura visionária nos meios da psicanálise e da teoria crítica. Por meio de seu compromisso inabalável em desafiar convenções e reformular os diálogos psicanalíticos tradicionais, Jacques Lacan gravou indelevelmente seu legado como uma das figuras mais influentes na história da psicanálise.

Conceitos fundamentais da psicanálise lacaniana

A estrutura psicanalítica de Jacques Lacan se fundamenta em diversos conceitos essenciais para a compreensão de suas teorias. Um dos conceitos mais cruciais é a ideia do inconsciente como estruturado como uma linguagem, originalmente formulada como "l'inconscient est structuré comme un langage" (o inconsciente é estruturado como uma linguagem). Segundo Lacan, o inconsciente não é um repositório de pensamentos e desejos reprimidos, mas sim um sistema de significantes que moldam a subjetividade e a experiência do indivíduo. Essa estrutura linguística postula que nossos desejos e experiências inconscientes são mediados pela linguagem, revelando a natureza profundamente simbólica da psicologia humana. Além disso, Lacan introduziu o conceito do estágio do espelho, que explora a formação do self e sua relação com o mundo externo. O estágio do espelho destaca o papel fundamental da identificação e a formação do ego por meio da imagem do outro, lançando luz sobre os processos de desenvolvimento da identidade e da subjetividade. Ademais, o modelo tripartite da psique de Lacan, composto pelo imaginário, o simbólico e o real, fornece uma estrutura abrangente para a compreensão da subjetividade humana. A ordem imaginária engloba imagens, ilusões e identificações, enquanto a ordem simbólica representa a estrutura da linguagem e os sistemas culturais que governam as interações sociais e a construção de significado. Por fim, o real aponta para os aspectos insondáveis e inefáveis da existência que transcendem a representação simbólica, abrangendo experiências traumáticas e os limites da linguagem. Central para a teoria lacaniana é o conceito de objet petit a, que significa o objeto-causa elusivo do desejo que impulsiona a vida psíquica e permanece perpetuamente inatingível. Esse conceito ressalta a carência e a incompletude inerentes à subjetividade humana, moldando a busca incessante por satisfação e plenitude. Além disso, a ênfase de Lacan no complexo de Édipo e no papel da dinâmica familiar na formação do inconsciente ressalta a importância das influências intergeracionais e culturais na experiência subjetiva.

A relevância da linguagem nas teorias de Lacan

Na psicanálise lacaniana, a linguagem ocupa uma posição central, servindo como o principal meio pelo qual a subjetividade humana é formada e expressa. Para Lacan, a linguagem não é meramente uma ferramenta de comunicação, mas sim um sistema que estrutura a forma como os indivíduos percebem e interpretam a realidade. Essa crença ressalta a importância dos símbolos linguísticos na formação da mente consciente e inconsciente. Ao reimaginar os conceitos freudianos, Lacan introduziu a ideia de que o inconsciente é estruturado como uma linguagem, com sua própria gramática e sintaxe. Essa perspectiva reformula a compreensão dos desejos e impulsos inconscientes, ancorando-os em estruturas linguísticas. Assim, o estudo da linguagem torna-se essencial para desvendar os mecanismos subjacentes da psique humana. Além disso, Lacan enfatizou o papel fundamental dos significantes, ou unidades linguísticas, na mediação das interações dos indivíduos com o mundo. De acordo com sua teoria, a subjetividade é constituída pela interação de significantes que dão sentido às experiências e emoções. Consequentemente, nossa percepção de nós mesmos e dos outros está intrinsecamente ligada às construções linguísticas por meio das quais articulamos nossos pensamentos e sentimentos. Além da psicologia individual, a linguagem também influencia a natureza da dinâmica social humana. Lacan propôs que a linguagem molda as relações sociais e as estruturas de poder, atribuindo significado simbólico às normas e instituições sociais. Ao destacar as maneiras pelas quais a linguagem medeia as interações interpessoais, as teorias de Lacan oferecem insights sobre as nuances do comportamento humano em contextos culturais mais amplos. Além disso, a ênfase de Lacan na linguagem se estende à esfera terapêutica, onde a expressão verbal se torna um canal para analisar e desvendar processos inconscientes. Por meio do discurso linguístico, os pacientes se envolvem em introspecção e construção narrativa, possibilitando a exploração de significados ocultos e padrões subconscientes. Consequentemente, os terapeutas utilizam a linguagem como ferramenta para desconstruir e reconstruir as narrativas que moldam as realidades de seus pacientes. Dessa forma, a linguagem funciona como uma porta de entrada para descobrir e abordar complexidades psicológicas no contexto clínico. Em suma, a centralidade da linguagem nas teorias lacanianas ressalta seu papel multifacetado na formação da subjetividade individual, da dinâmica interpessoal e das intervenções terapêuticas.

O retorno de Lacan a Freud

Baseando-se nas obras fundamentais de Sigmund Freud, Jacques Lacan embarcou em um empreendimento pioneiro para reinterpretar e revitalizar a teoria psicanalítica. Seu retorno a Freud representa um afastamento significativo do pensamento psicanalítico dominante, pois ele buscou revigorar a disciplina reexaminando e refocalizando as ideias originais de Freud. A reinvenção dos conceitos freudianos por Lacan não foi mera replicação, mas um processo de reinvenção que visava desvendar camadas mais profundas de significado e importância. Por meio de sua perspectiva inovadora, Lacan introduziu uma nova compreensão do inconsciente, enfatizando sua natureza linguística e simbólica. Em essência, o retorno de Lacan a Freud pode ser visto como uma jornada transformadora que revitalizou e reconfigurou o discurso psicanalítico, preparando o terreno para uma nova era de engajamento teórico e prática clínica.

Princípios Fundamentais e sua Importância

Como mencionado anteriormente, um dos princípios centrais da teoria lacaniana é o conceito do inconsciente como estruturado como uma linguagem. Essa ruptura com as visões tradicionais do inconsciente como um repositório de desejos reprimidos ou memórias traumáticas representa uma mudança paradigmática no pensamento psicanalítico. Ao enfatizar a natureza simbólica do inconsciente, Lacan postula que nossos impulsos e fantasias mais profundos não são simplesmente impulsos caóticos, mas estão organizados de acordo com estruturas linguísticas e simbólicas. Essa percepção tem profundas implicações para a prática da psicanálise, transformando a abordagem terapêutica da busca por conteúdo oculto para a interpretação da linguagem e suas estruturas subjacentes. Outro pilar da teoria lacaniana é a noção de "estágio do espelho", que elucida a formação do ego e a relação do indivíduo com seu senso de si. Segundo Lacan, durante o estágio do espelho, o bebê reconhece a si mesmo como uma entidade unificada e coerente por meio de um processo de identificação com sua imagem no espelho. Este momento crucial não apenas marca o surgimento do ego, mas também engendra uma alienação fundamental, à medida que o indivíduo internaliza uma imagem idealizada que jamais poderá alcançar plenamente. A importância do estágio do espelho vai além do desenvolvimento individual, lançando luz sobre a natureza da subjetividade e a busca perpétua por plenitude e reconhecimento. A ênfase de Lacan no papel dos significantes e seus efeitos sobre a subjetividade e o desejo constitui outro aspecto fundamental de sua obra. No contexto da linguagem, os significantes têm precedência sobre os significados, levando a um constante adiamento do sentido e à natureza elusiva da verdade. Essa percepção sobre a natureza escorregadia da linguagem tem profundas implicações para a compreensão da comunicação humana, da formação da identidade e da construção da realidade. Além disso, a reformulação do desejo por Lacan, como fundamentalmente entrelaçado com a falta e perpetuamente insatisfeito, aborda a condição existencial do ser humano, oferecendo uma estrutura convincente para examinar as complexidades da motivação e da realização. Esses princípios fundamentais da teoria lacaniana iluminam as interseções entre linguagem, subjetividade e desejo, convidando acadêmicos e profissionais a refletirem sobre questões profundas a respeito do eu, da sociedade e da experiência humana.

A influência do estruturalismo

O estruturalismo desempenhou um papel fundamental na trajetória das teorias e da prática psicanalítica de Jacques Lacan. Partindo dos alicerces estabelecidos por estruturalistas notáveis como Ferdinand de Saussure e Claude Lévi-Strauss, Lacan integrou habilmente os princípios estruturalistas em seu arcabouço conceitual, fomentando, consequentemente, uma mudança paradigmática no campo da psicanálise. No cerne do estruturalismo reside a ênfase em sistemas, relações e nas estruturas subjacentes que ditam o significado e o comportamento. Essa profunda orientação para o estudo das estruturas subjacentes ressoou profundamente com o esforço de Lacan em elucidar o funcionamento da psique humana e da linguagem.

Central ao pensamento lacaniano é a noção do inconsciente como estruturado à semelhança de uma linguagem, intrinsecamente ligada às premissas do estruturalismo. Ao conceber o inconsciente como um sistema estruturado, governado pela interação entre significantes e significados, Lacan alinhou efetivamente a psicanálise ao discurso estruturalista predominante em sua época. O engajamento de Lacan com o estruturalismo extrapolou as interseções teóricas, permeando suas técnicas terapêuticas e abordagens clínicas. Sua utilização de estruturas linguísticas e simbólicas para decodificar e abordar o inconsciente ressaltou ainda mais o amplo impacto das influências estruturalistas em sua obra. Além disso, a apropriação e adaptação de conceitos estruturalistas por Lacan fortaleceram sua busca por reconceitualizar a natureza da subjetividade e da identidade, remodelando os contornos da investigação psicológica. As reverberações do estruturalismo na teoria lacaniana são palpáveis em sua reconfiguração do complexo de Édipo, que ele enquadrou em termos de dinâmicas estruturais e simbólicas, em vez de apenas como um estágio de desenvolvimento. Ademais, a formulação do "estágio do espelho" por Lacan e sua articulação do "imaginário" como um espaço de alienação e incompreensão carregam a marca indelével das ideias estruturalistas. Em essência, a infusão de princípios estruturalistas fortaleceu o edifício intelectual de Lacan, inserindo suas ideias no espírito intelectual da época do pensamento estruturalista. Em última análise, a influência do estruturalismo na obra de Lacan é uma prova da simbiose entre as investigações estruturalistas e a evolução do discurso psicanalítico.

Principais obras e contribuições

A obra seminal de Jacques Lacan abrange uma gama diversificada de escritos, palestras e seminários que continuam a moldar o discurso da teoria psicanalítica contemporânea. Uma de suas obras mais renomadas, "Écrits", ergue-se como um testemunho monumental de sua proeza intelectual, apresentando uma extensa coleção de seus ensaios e exposições teóricas. Nesse compêndio, Lacan mergulha nas complexidades da subjetividade humana, da linguagem e do inconsciente, propondo ideias radicais que suscitaram inúmeros debates e investigações acadêmicas. Sua busca incessante por reinterpretar e enriquecer os fundamentos filosóficos da psicanálise permeia "Écrits" e lança as bases para muitos de seus trabalhos futuros.

As contribuições de Lacan vão além de seus "Écrits", abrangendo também seus provocativos seminários, nos quais ele expôs suas teorias e conceitos em constante evolução. Esses seminários, como os famosos "Os Quatro Conceitos Fundamentais da Psicanálise" e "A Ética da Psicanálise", ofereceram a Lacan uma plataforma para dialogar de forma cativante com seu público, desmantelando paradigmas psicanalíticos tradicionais e revelando as profundas implicações de seu pensamento. Desvendando as nuances enigmáticas do desejo, da pulsão e do inconsciente, os seminários de Lacan testemunham sua extraordinária capacidade de cativar, desafiar e inspirar seus ouvintes.

As inovações conceituais de Lacan e seu impacto na prática da psicanálise reverberam por meio de suas notáveis contribuições para a compreensão do estágio do espelho, da ordem simbólica e do papel da linguagem na construção da subjetividade. Com clareza incisiva, Lacan coloca em primeiro plano a dialética entre o ego e o outro, iluminando a natureza inerentemente complexa da formação da identidade e a busca perene pela individualidade. Sua incessante investigação do significante e do significado não apenas revitalizou o discurso psicanalítico, mas também inspirou novas estruturas interpretativas no âmbito mais amplo dos estudos culturais, da análise literária e da teoria crítica.

Recepção na comunidade psicanalítica

As teorias e contribuições de Jacques Lacan não estão isentas de controvérsias e debates dentro da comunidade psicanalítica. Embora existam fervorosos apoiadores e defensores que elogiam a psicanálise lacaniana por sua abordagem inovadora e profundidade teórica, também existem vozes céticas e detratores que contestam a validade e a aplicabilidade das ideias de Lacan. A recepção da teoria lacaniana tem sido um tanto polarizada, suscitando respostas apaixonadas tanto de defensores quanto de críticos.

Um dos pontos de controvérsia gira em torno da divergência de Lacan em relação à psicanálise freudiana tradicional, visto que ele infundiu conceitos freudianos com elementos da linguística estrutural, da semiótica e da filosofia pós-estruturalista. Esse afastamento das normas psicanalíticas estabelecidas gerou ceticismo e resistência entre alguns na área. Os críticos argumentam que a obra de Lacan se desvia demais dos fundamentos empíricos e clínicos da psicanálise freudiana, questionando, assim, a legitimidade de suas contribuições para a disciplina.

Em contrapartida, os defensores da teoria lacaniana afirmam que a reinvenção da psicanálise freudiana por Lacan oferece insights profundos sobre a natureza da subjetividade humana, da linguagem e dos processos inconscientes. Eles consideram sua ênfase na ordem simbólica e no papel da linguagem como fundamentais para o avanço da compreensão da psique humana e da dinâmica social. Para esses defensores, o afastamento de Lacan da psicanálise clássica representa uma evolução, e não um desvio, anunciando uma nova era de exploração teórica e prática clínica.

O impacto da teoria lacaniana vai além da psicanálise tradicional, influenciando diversos campos como a crítica literária, os estudos cinematográficos, os estudos de gênero e a teoria cultural. Esse alcance interdisciplinar ampliou a discussão em torno das ideias de Lacan, atraindo pesquisadores de várias áreas que buscam se engajar com seu complexo arcabouço conceitual.

É fundamental observar que a recepção das ideias de Lacan varia entre diferentes regiões geográficas e comunidades acadêmicas. Sua obra recebeu atenção e aclamação significativas em alguns círculos intelectuais, enquanto encontrou ceticismo e desaprovação em outros. Essa diversidade de recepção ressalta ainda mais a natureza complexa e matizada da teoria lacaniana e suas implicações para a psicologia contemporânea e o pensamento crítico.

Em última análise, a recepção da teoria lacaniana na comunidade psicanalítica reflete o diálogo contínuo entre tradição e inovação, entre continuidade e ruptura. Ela sintetiza o fervoroso discurso intelectual que caracteriza a evolução da teoria e da prática psicanalíticas, ressaltando a importância e a relevância das contribuições de Lacan na formação do panorama da psicanálise moderna.

AS ORIGENS DAS TRÊS ORDENS

Contexto histórico e antecedentes intelectuais

No início do século XX, a Europa passava por transformações culturais, sociais e políticas significativas que moldariam indelévelmente o panorama intelectual. As consequências da Primeira Guerra Mundial deixaram profundas cicatrizes na psique coletiva do continente, levando a um sentimento generalizado de desilusão e a uma busca fervorosa por novos significados e compreensão. Esse clima intelectual, caracterizado por questionamentos existenciais e pela busca por insights mais profundos sobre a consciência humana, proporcionou terreno fértil para o florescimento do campo da psicanálise. Sigmund Freud, com suas teorias revolucionárias sobre a dinâmica do inconsciente, já havia começado a suscitar amplo interesse e controvérsia nos círculos acadêmicos. Foi nesse contexto que Jacques Lacan iniciou sua exploração do pensamento psicanalítico.

Lacan estava amadurecendo em meio a um período de grandes convulsões. A sociedade francesa lidava com o legado da Primeira Guerra Mundial, a ascensão do fascismo em países vizinhos e o advento do surrealismo como um poderoso movimento artístico e intelectual. Essas influências multifacetadas convergiram para moldar o desenvolvimento intelectual inicial de Lacan, fomentando um ambiente de profunda introspecção e investigação crítica. Ele mergulhou no estudo da medicina e da psiquiatria, lançando as bases para sua posterior integração dessas disciplinas com a psicanálise. Além disso, o contato de Lacan com as obras de Freud durante esse período formativo despertou um profundo despertar intelectual. Ele ficou cativado pelas investigações pioneiras de Freud sobre a mente humana, que desafiavam as noções estabelecidas de racionalidade e consciência.

Com a crescente popularidade das ideias freudianas nos círculos acadêmicos e clínicos, Lacan se viu atraído pelo profundo potencial da psicanálise como ferramenta para a compreensão das complexidades da subjetividade humana. Contudo, não foi apenas o apelo intelectual da teoria freudiana que cativou Lacan; foram, antes, as implicações revolucionárias da psicanálise para a redefinição da própria natureza da identidade e da experiência humanas. Esses primeiros contatos com os conceitos psicanalíticos lançaram as bases para o compromisso duradouro de Lacan em desvendar os enigmas da psique humana. À medida que se aprofundava nas obras de Freud e de pensadores contemporâneos, Lacan começou a discernir a interação entre processos psíquicos, linguagem e normas sociais.

De modo geral, seus encontros com a teoria freudiana, aliados à angústia existencial que permeava a sociedade europeia, despertaram nele um envolvimento apaixonado com os mistérios da mente humana, impulsionando-o em uma trajetória que eventualmente renderia suas contribuições para o campo da psicanálise.

As primeiras influências de Lacan na psicanálise

As primeiras influências de Jacques Lacan na psicanálise remontam aos seus anos de formação e estudos acadêmicos. Tendo estudado medicina e posteriormente se aprofundado em psiquiatria, Lacan passou por um período de transformação, no qual se envolveu com as obras de figuras renomadas no campo da psicanálise. As teorias e conceitos inovadores de Sigmund Freud impactaram profundamente o desenvolvimento intelectual de Lacan. Os princípios fundamentais do inconsciente, os desejos reprimidos e a complexa interação entre os processos mentais conscientes e inconscientes lançaram as bases para as próprias explorações teóricas de Lacan. Além disso, o surgimento de conceitos-chave freudianos, como o complexo de Édipo, serviu como catalisador para que Lacan embarcasse em sua jornada psicanalítica singular. Ademais, as obras de Karl Abraham, um dos primeiros seguidores de Freud, desempenharam um papel crucial na formação da compreensão inicial de Lacan sobre a psicanálise. As contribuições de Abraham para o estudo da sexualidade infantil e da dinâmica do inconsciente deixaram uma marca indelével na estrutura teórica em evolução de Lacan. Além disso, a influência de Melanie Klein, particularmente suas interpretações inovadoras da psicologia infantil e sua ênfase na importância das experiências do desenvolvimento inicial, ressoou profundamente com o crescente interesse de Lacan em compreender as complexidades da psique humana. O contato de Lacan com esses pensadores formativos dentro da psicanálise não apenas ampliou seus horizontes intelectuais, mas também preparou o terreno para a fusão de diversas perspectivas que viriam a definir suas próprias contribuições únicas para o campo.

Desenvolvimento do quadro teórico

No cerne da estrutura teórica de Lacan reside uma fusão de princípios psicanalíticos, teoria linguística e filosofia estruturalista. Central a essa estrutura é a reinterpretação e reconceitualização de conceitos freudianos dentro de um contexto linguístico e cultural. O afastamento de Lacan da psicanálise freudiana tradicional levou à formulação de uma nova estrutura teórica que continua a provocar e inspirar debates na academia contemporânea. Ao longo de sua carreira, Lacan sintetizou insights de diversas disciplinas, elaborando uma abordagem multifacetada enraizada na compreensão da psique humana como profundamente entrelaçada com a linguagem e os sistemas simbólicos.

Um marco crucial no desenvolvimento teórico de Lacan surgiu com sua conceitualização do inconsciente como estruturado à semelhança de uma linguagem. Esse conceito fundamental ancorou seu arcabouço teórico, enquadrando o inconsciente como uma esfera governada por sua lógica e simbolismo internos, análogas à sintaxe e à semântica de uma linguagem. Baseandose na linguística saussuriana, Lacan postulou que o inconsciente opera por meio de um sistema de significantes, onde o significado deriva da interação de elementos linguísticos, similar à formação de frases na linguagem. Essa perspectiva inovadora reformulou a compreensão do inconsciente, deslocando o foco do conteúdo latente e dos impulsos reprimidos para as complexidades da comunicação simbólica e da linguagem.

A exploração do estágio do espelho e da formação do ego por Lacan marcou uma conjuntura significativa no desenvolvimento de seu arcabouço teórico. Ao entrelaçar a psicologia do desenvolvimento com insights fenomenológicos, Lacan elucidou o papel do imaginário na formação da subjetividade. Essa exploração não apenas contribuiu para a compreensão da formação da identidade, mas também ressaltou a influência abrangente das imagens visuais e dos processos de identificação fantasiosa no desenvolvimento psicológico.

À medida que o arcabouço teórico de Lacan continuou a evoluir, seu objetivo principal tornou-se cada vez mais evidente: desvendar os fundamentos da subjetividade, do desejo e da construção da realidade por meio de estruturas linguísticas e simbólicas. Essa trajetória culminou na articulação das três ordens — Real, imaginário e simbólica — cada uma delineando dimensões distintas da experiência humana e da constituição subjetiva. A interação entre essas ordens constitui a base da teoria lacaniana, oferecendo um arcabouço para a compreensão das complexidades da psique humana e das interações sociais.

Fundamentos e inspirações filosóficas

A estrutura teórica de Lacan se baseia profundamente em uma gama diversificada de tradições filosóficas e intelectuais, integrando conceitos da fenomenologia, do estruturalismo e do pós-estruturalismo. As obras de filósofos renomados como Hegel, Heidegger e Sartre são centrais para o pensamento de Lacan, cujas investigações existenciais e ontológicas forneceram insights cruciais sobre a natureza da subjetividade humana e da linguagem. O diálogo de Lacan com essas tradições filosóficas é marcado por uma rigorosa investigação da relação entre linguagem, consciência e a formação da identidade. Além disso, a reinterpretação da psicanálise freudiana feita por Lacan através da lente dessas correntes filosóficas levou ao desenvolvimento de conceitos inovadores que continuam a moldar o discurso contemporâneo na psicologia e na teoria cultural. A influência do pensamento fenomenológico, particularmente as ideias de Husserl e Merleau-Ponty, é evidente na ênfase que Lacan dá à experiência vivida e à subjetividade corporificada. A apropriação que Lacan faz das teorias estruturalistas, notadamente de Saussure e Lévi-Strauss, reflete seu compromisso em explorar as estruturas e os sistemas subjacentes que governam a significação humana e a dinâmica social. Além disso, as preocupações existenciais de pensadores como Sartre encontram eco na articulação, por Lacan, do eu fragmentado e alienado na ordem simbólica.

O surgimento do conceito de ordens

Ao traçar a emergência do conceito das três ordens de Jacques Lacan, é essencial aprofundar-se nas conjunturas críticas que moldaram sua trajetória intelectual. A exploração começa com o profundo envolvimento de Lacan com a linguística estrutural, particularmente com as obras de Ferdinand de Saussure e Roman Jakobson. Esse engajamento teórico lançou as bases para a reconceitualização da psicanálise por Lacan, que se valeu de estruturas linguísticas para elucidar as complexidades da psique humana. Além disso, a voraz exploração de discursos filosóficos por Lacan, abrangendo o existencialismo, a fenomenologia e o pensamento hegeliano, contribuiu significativamente para a gestação de suas teorias seminais. Esses fundamentos filosóficos forneceram a estrutura para sua reconfiguração dos conceitos freudianos em um novo arcabouço que transcendia os paradigmas psicanalíticos tradicionais.

Ao lidar com a rica tapeçaria de influências filosóficas e linguísticas, Lacan passou por uma profunda reavaliação da teoria freudiana, reconhecendo tanto seus princípios fundamentais indispensáveis quanto seu potencial para reinterpretação e expansão. O escrutínio meticuloso da obra de Freud levou Lacan a uma reavaliação crítica de conceitos-chave freudianos, incitando-o a discernir a interação entre linguagem, desejo e subjetividade. Foi nesse fértil ambiente intelectual que as sementes do conceito das três ordens foram semeadas, germinando por meio de uma síntese de insights linguísticos, filosóficos e psicanalíticos.

A imersão de Lacan no movimento surrealista e suas interações com artistas eminentes como Salvador Dalí e Pablo Picasso geraram uma compreensão mais profunda das interconexões entre simbolismo, representação e inconsciente. O princípio surrealista de explorar o inconsciente ressoou profundamente em Lacan, encorajando-o a desbravar o terreno enigmático da subjetividade humana. A partir dessas explorações multifacetadas, a arquitetura conceitual das ordens simbólica, imaginária e real adquiriu maior substância e nuances, oferecendo uma profunda reinvenção dos elementos fundamentais da psicanálise.

O surgimento do conceito das três ordens representa o ápice da odisseia intelectual de Lacan, sintetizando diversas vertentes do conhecimento em uma estrutura teórica coesa que continua a reverberar em diversas disciplinas. Ao elucidar as complexidades da experiência humana por meio de uma estrutura tripartite inovadora, Lacan ampliou os horizontes da investigação psicanalítica, fornecendo uma lente poderosa para compreender a complexa interação entre linguagem, representação e inconsciente.

Contribuições do pensamento freudiano

O desenvolvimento da teoria das três ordens de Jacques Lacan foi significativamente influenciado pelos conceitos fundamentais da psicanálise de Sigmund Freud. O trabalho pioneiro de Freud, particularmente na descoberta da dinâmica do inconsciente e do papel dos instintos humanos, lançou as bases para as teorias subsequentes de Lacan. Central para o pensamento freudiano era a noção do inconsciente como repositório de desejos reprimidos, medos e conflitos não resolvidos. Esses conceitos formativos tornaram-se cruciais na conceitualização das três ordens por Lacan, à medida que ele buscava compreender a complexa interação entre os processos conscientes e inconscientes na psique humana. Além disso, Lacan compartilhava da ênfase de Freud no papel das experiências da primeira infância na formação do desenvolvimento psicológico do indivíduo. Essa perspectiva compartilhada é evidente na incorporação, por Lacan, de ideias freudianas referentes ao complexo de Édipo, aos estágios do desenvolvimento psicossexual e à importância das influências familiares e sociais. O envolvimento de Lacan com a obra de Freud também o levou a refinar e expandir o conceito de libido, invocando-a como uma força vital que sustenta a vida psíquica e alimenta a busca por desejos e prazeres. Além disso, Lacan se baseou no exame dos sonhos e do simbolismo feito por Freud, integrando essas observações à sua elucidação da ordem simbólica dentro de sua estrutura de três ordens.

Integração com a linguística estrutural

A integração da linguística estrutural por Jacques Lacan em seu arcabouço psicanalítico não foi meramente um exercício intelectual, mas uma profunda reinvenção dos fundamentos ontológicos da subjetividade e da linguagem. Em sua essência, essa integração buscou elucidar a relação entre o desejo inconsciente e a significação linguística, reformulando, assim, a própria essência da subjetividade humana dentro da estrutura da linguagem. Para compreender a importância dessa integração, é imprescindível explorar seus fundamentos teóricos.

A linguística estrutural, exemplificada pela obra seminal de Ferdinand de Saussure, proporcionou a Lacan uma ruptura radical com as concepções tradicionais de linguagem e significado. O modelo diádico do signo de Saussure, composto por significante e significado, fundamentou a conceitualização lacaniana do inconsciente como estruturado à semelhança da linguagem. Esse paralelismo serviu como eixo central da tese de Lacan de que o inconsciente opera segundo os mesmos princípios estruturais da própria linguagem, abrindo novas perspectivas para a compreensão dos processos psíquicos.

As implicações dessa integração reverberaram por toda a estrutura de Lacan, particularmente na formulação da ordem simbólica. Ao atribuir à linguagem um papel fundamental na constituição da subjetividade, a virada estruturalista de Lacan reformulou a ordem simbólica como o domínio no qual a identidade e os desejos do sujeito são mediados e articulados por meio de significantes. Além disso, a lente estruturalista forneceu a Lacan uma estrutura para elucidar os mecanismos subjacentes à formação e à função do inconsciente, lançando luz sobre a complexa interação entre as estruturas linguísticas e a formação da sintomatologia e das fantasias inconscientes.

A fusão da linguística estrutural com a psicanálise por Lacan levou a profundas reconceitualizações de conceitos-chave freudianos. Por exemplo, o complexo de Édipo, visto através do prisma da linguística estrutural, tornou-se um discurso sobre a aquisição da linguagem e o alinhamento do sujeito com a ordem simbólica. Da mesma forma, o papel dos significantes no processo de transferência ganhou novo significado, enfatizando a centralidade da mediação linguística no contexto terapêutico.

Essa integração, contudo, não foi isenta de controvérsias, pois desencadeou debates sobre a redução do inconsciente a estruturas linguísticas e a possível negligência de aspectos não linguísticos da subjetividade. Os críticos argumentaram que tal ênfase na linguagem corria o risco de apagar as dimensões corpóreas, afetivas e pré-linguísticas do inconsciente, classificando-a como excessivamente linguístico-cêntrica. Não obstante, a integração de Lacan com a linguística estrutural permanece como um testemunho do profundo impacto do diálogo interdisciplinar e da fecundidade da fertilização cruzada entre diversos domínios acadêmicos.

Influência do surrealismo e dos movimentos artísticos

A influência do surrealismo e dos movimentos artísticos no desenvolvimento das três ordens de Jacques Lacan é um aspecto multifacetado de sua estrutura teórica. O surrealismo, com sua ênfase no poder do inconsciente, dos sonhos e do irracional, teve um impacto significativo na conceitualização da psique humana por Lacan. O movimento surrealista, liderado por figuras como André Breton e Salvador Dalí, buscava libertar o inconsciente e explorar as profundezas da experiência humana para além das limitações racionais. Essa exploração ressoou profundamente em Lacan, que se sentia atraído pela natureza enigmática e simbólica do inconsciente. A ênfase surrealista em símbolos, imagens oníricas e livre associação influenciou diretamente a compreensão de Lacan sobre o simbolismo, o imaginário e o inconsciente como componentes integrais de suas três ordens. Além disso, a natureza provocativa e frequentemente subversiva da arte surrealista desafiou as normas sociais, encorajando Lacan a confrontar as complexidades da identidade, do desejo e do significado. Essa influência é evidente no reconhecimento, por Lacan, da ordem simbólica como o meio pelo qual a linguagem, os símbolos culturais e as normas sociais moldam a subjetividade individual. Além do surrealismo, movimentos artísticos mais amplos, como o cubismo e o expressionismo abstrato, também impulsionaram a exploração de Lacan sobre a representação visual, a percepção e a construção da realidade. Esses movimentos revolucionaram as representações artísticas do mundo, frequentemente retratando realidades fragmentadas e com múltiplas perspectivas, que se assemelham à conceitualização lacaniana do eu fragmentado e à multiplicidade de perspectivas dentro da psique humana. A interação entre arte, percepção e inconsciente cativou Lacan, levando-o a investigar os mecanismos pelos quais os indivíduos constroem e interpretam suas realidades. Esse fascínio encontrou expressão na elaboração, por Lacan, da ordem imaginária, onde a formação do ego, a identificação e os processos de espelhamento estão ligados às representações visuais e às expressões artísticas. Ao integrar ideias do surrealismo e de vários movimentos artísticos, Lacan expandiu o escopo da investigação psicanalítica, enriquecendo seu arcabouço teórico com uma apreciação da relação simbiótica entre a arte, o inconsciente e a construção da experiência subjetiva.

Recepção inicial e debate acadêmico

Após a publicação de sua obra inovadora, a conceitualização das três ordens por Lacan enfrentou uma gama diversificada de reações de acadêmicos, clínicos e intelectuais. Muitos ficaram cativados pela natureza inovadora de sua abordagem, enquanto outros se mostraram inicialmente críticos ou céticos. A natureza revolucionária das ideias de Lacan levou a debates acalorados e incitou considerável curiosidade sobre as potenciais implicações para diversas disciplinas. A noção das três ordens impulsionou intercâmbios interdisciplinares que se estenderam para além dos meios da psicologia e da psicanálise. Além de gerar atenção na esfera acadêmica, as teorias de Lacan também cativaram a imaginação de figuras proeminentes nas artes, na filosofia e nos estudos culturais. O amplo interesse pelo pensamento lacaniano impulsionou diversas investigações sobre os fundamentos teóricos e as aplicações práticas das três ordens. À medida que as camadas das teorias de Lacan começaram a se desdobrar, suscitaram tanto apoio fervoroso quanto críticas rigorosas. Acadêmicos se envolveram em extensos debates sobre a compatibilidade da estrutura de Lacan com os paradigmas psicológicos existentes, a verificabilidade de suas afirmações e o potencial impacto na prática clínica. As implicações das três ordens para a compreensão da subjetividade humana e da própria natureza da realidade tornaram-se tópicos cruciais de investigação. O crescente interesse pela teoria lacaniana fomentou uma atmosfera repleta de intercâmbio intelectual, debates e reavaliação de pressupostos estabelecidos. Além disso, a incorporação das ideias de Lacan em diversos campos impulsionou um exame mais amplo das interseções entre linguagem, cultura e cognição. Por meio desses debates, a conceituação das três ordens por Lacan passou por um processo de refinamento e transformação, à medida que os estudiosos buscavam validar sua robustez teórica e utilidade prática.

Aperfeiçoamentos que levam à formulação canônica

Em sua concepção inicial, o conceito das três ordens de Lacan enfrentou um escrutínio significativo e gerou um debate acadêmico acalorado. Após esse extenso diálogo, Lacan embarcou diligentemente em um processo de refinamento, caracterizado por meticulosa introspecção e rigorosa investigação filosófica, que culminou na formulação canônica que definiria seu arcabouço teórico. Essa fase de refinamento foi marcada por um compromisso inabalável com a precisão e a coerência, à medida que Lacan buscava elucidar a interação entre as ordens simbólica, imaginária e real.

Fundamental para esse processo foi o profundo envolvimento de Lacan com as obras de pensadores influentes como Freud e Saussure, dos quais ele extraiu insights cruciais e princípios fundamentais. Ao aprofundar-se na teoria psicanalítica e na linguística estrutural, Lacan buscou meticulosamente sintetizar e conciliar perspectivas divergentes, enriquecendo e solidificando, assim, os alicerces de sua estrutura teórica.

Os esforços de Lacan para refinar seu pensamento foram norteados por uma aguda percepção do panorama intelectual em constante evolução, reconhecendo e dialogando com disciplinas complementares como filosofia, antropologia e teoria literária. Esse diálogo multidisciplinar não apenas conferiu nuances e profundidade às suas formulações, mas também serviu para alinhar seu esquema conceitual a correntes de pensamento mais amplas, reforçando sua robustez filosófica e relevância existencial.

Fundamentalmente, o caminho para a formulação canônica implicou uma reavaliação rigorosa das conjecturas e proposições anteriores de Lacan, obrigando-o a explorar as profundezas de seu próprio terreno teórico. Por meio de um processo de crítica dialética e autointerrogatório, Lacan aprimorou e refinou os contornos das Três Ordens, elucidando suas conexões e interdependências, ao mesmo tempo que desvendava possíveis ambiguidades ou inconsistências.

Simultaneamente, o envolvimento de Lacan com a práxis clínica e os estudos de caso proporcionou-lhe conhecimentos inestimáveis, permitindo-lhe fundamentar as suas abstrações teóricas na realidade concreta dos fenómenos psicológicos. Este diálogo contínuo entre teoria e práxis gerou um refinamento holístico que não só aprimorou os princípios abstratos das três ordens, como também enriqueceu a sua utilidade prática no contexto da psicanálise e da intervenção terapêutica.

Em suma, os refinamentos que levaram à formulação canônica das Três Ordens representam um testemunho da busca incessante de Lacan pela precisão teórica, coerência filosófica e aplicabilidade clínica. Por meio de uma rede de esforços intelectuais, diálogos e reflexões críticas, Lacan transmutou as sementes incipientes de sua estrutura conceitual em um edifício duradouro que continua a ressoar em diversos domínios do conhecimento e da prática.

IDEIAS E POSTULADOS FUNDAMENTAIS

Introdução aos conceitos fundamentais de Lacan

1. O sujeito lacaniano:

A noção de sujeito na psicanálise lacaniana representa um afastamento das compreensões tradicionais, constituindo um elemento fundamental na reconfiguração do discurso psicanalítico inaugurada pela obra seminal de Lacan. Para Lacan, o sujeito não é uma entidade fixa e autônoma, mas sim uma construção elusiva, perpetuamente enigmática e fluida por natureza.

No cerne da conceitualização de Lacan reside a afirmação de que o sujeito está inexoravelmente entrelaçado na teia da linguagem e da cultura. Em contraste com o modelo egocêntrico proposto pela psicanálise freudiana, Lacan postula o sujeito como produto de influências linguísticas e socioculturais, intrinsecamente ligado à ordem simbólica. Essa mudança crucial revela o sujeito lacaniano como fundamentalmente imerso na estrutura simbólica, desvendando, assim, sua implicação subjacente para a análise da subjetividade humana.

O sujeito lacaniano emerge como um espaço de carência perpétua, perpetuando uma busca incessante por plenitude e unidade. O conceito lacaniano fundamental de "carência" delineia o senso intrínseco de incompletude e anseio inerente ao sujeito, estabelecendo o desejo como um constituinte intrínseco. Dessa forma, a formulação lacaniana do sujeito gera uma profunda reorientação da práxis psicanalítica, enfatizando a centralidade do desejo e da carência na constituição da subjetividade humana.

Fundamentalmente, o sujeito lacaniano não pode ser elucidado fora do âmbito do inconsciente, encapsulado pela tríade interconectada do real, do imaginário e do simbólico. A concepção lacaniana do sujeito invariavelmente se cruza com essas três dimensões, manifestando-se em uma negociação contínua entre os registros consciente e inconsciente. Essa interação dinâmica entre o consciente e o inconsciente não apenas ressalta a complexidade da posição do sujeito, mas também estabelece os fundamentos da abordagem lacaniana do funcionamento psíquico.

Em essência, a introdução ao sujeito lacaniano desdobra uma reimaginação transformadora da psique humana, moldada pela interação entre linguagem, desejo e a dialética da falta. Ela inscreve o sujeito como uma entidade multifacetada, inextricavelmente ligada às vicissitudes da ordem simbólica e ao enigma do inconsciente. Consequentemente, a compreensão das complexidades do sujeito lacaniano impulsiona uma investigação incisiva da construção, perpetuação e desestabilização da subjetividade individual, desbravando novas fronteiras no panorama da pesquisa psicanalítica.

2. 'O inconsciente é estruturado como uma linguagem':

A afirmação de que o inconsciente é estruturado como uma linguagem reorienta nossa percepção da psique, posicionando a linguagem como o principal meio pelo qual desejos, conflitos e impulsos inconscientes encontram expressão. Aqui reside o cerne da ruptura de Lacan com as perspectivas psicanalíticas convencionais, defendendo uma virada linguística na abordagem das profundezas do inconsciente. Essa mudança conceitual ilumina a teia de significantes que constituem o inconsciente, espelhando a sintaxe e a semântica inerentes aos sistemas linguísticos. Ela nos leva a considerar o inconsciente não como um reservatório de instintos reprimidos, mas como uma rede simbólica governada pelas regras da linguagem.

Ao explorar a analogia estrutural entre a linguagem e o inconsciente, revela-se o papel fundamental dos significantes na mediação de nossas experiências e identidades. A compreensão de que nossos processos inconscientes se desenrolam dentro de uma estrutura linguística exige uma reavaliação da natureza do significado e da representação na existência humana. Os significantes, imbuídos de significações conscientes e inconscientes, tornam-se os pontos focais através dos quais nossas realidades subjetivas são constituídas. Em essência, o inconsciente não é uma esfera caótica desprovida de ordem, mas um sistema permeado pela lógica e pelas estruturas semelhantes à linguagem.

Ao abordarmos as implicações desse princípio fundamental, confrontamo-nos com as profundas reverberações que ele gera nas esferas da interpretação e da prática psicanalítica. O reconhecimento do inconsciente como estruturado linguisticamente transfigura a própria natureza do diálogo analítico, enfatizando o valor interpretativo da linguagem na decifração de significados ocultos e manifestações subconscientes. Sob essa perspectiva, o encontro analítico se desdobra como um diálogo de significantes, onde as nuances da linguagem desvendam a trama enigmática do inconsciente.

Em conclusão, o ditado de que "o inconsciente é estruturado como uma linguagem" emerge como um princípio fundamental para a compreensão do paradigma psicanalítico de Lacan. Suas profundas implicações vão além do discurso teórico, permeando a própria essência da subjetividade humana e a práxis da psicanálise. Ao abraçarmos esse princípio, exploramos as interconexões entre linguagem, inconsciente e identidade subjetiva, revelando o profundo impacto das estruturas linguísticas nas profundezas da psique humana.

3. A estrutura triádica – O Real, o imaginário e o simbólico:

A conceitualização da psique humana por Lacan gira em torno da estrutura triádica que compreende as ordens do real, do imaginário e do simbólico. Cada ordem desempenha um papel crucial na formação da percepção da realidade e da compreensão de si mesmo dentro de um contexto sociocultural. O real, conforme postulado por Lacan, denota a realidade não mediada que existe além das representações linguísticas e simbólicas. Representa as experiências brutas e não filtradas que escapam à apreensão linguística, mas que, ainda assim, exercem uma profunda influência na constituição psíquica do indivíduo.

Em contraste, a ordem imaginária é caracterizada pela formação do ego por meio de identificações e do "estágio do espelho". Aqui, os indivíduos desenvolvem um senso de si mesmos através de seu reflexo percebido nos outros, resultando em um processo de identificação e formação do ego. Lacan enfatiza o papel fundamental desempenhado por essa fase narcisista na formação do desenvolvimento psicológico subsequente e das relações interpessoais.

A ordem simbólica, que engloba a linguagem, a cultura e as normas sociais, constitui o registro onde o significado é construído e comunicado. A linguagem, segundo Lacan, não apenas medeia nossa interação com o mundo externo, mas também molda entendimentos e desejos subjetivos. Por meio da aquisição da linguagem, os indivíduos têm acesso a significantes sociais que organizam suas experiências e os posicionam dentro de estruturas sociais mais amplas.

Central para a teoria lacaniana é a afirmação de que as três ordens são interdependentes e mutuamente constitutivas. A ordem Simbólica necessariamente medeia nossos encontros com o real, impondo filtros linguísticos e culturais que moldam nossas percepções e interpretações das experiências brutas. Da mesma forma, a ordem imaginária se entrelaça com a Simbólica, uma vez que nossas identificações e formações do ego estão intrinsecamente ligadas a símbolos e representações culturalmente condicionados.

4. Críticas e equívocos:

A psicanálise lacaniana, como qualquer estrutura teórica influente, não está imune a críticas ou mal-entendidos. Uma crítica prevalente gira em torno da opacidade percebida e da linguagem esotérica de Lacan, com detratores alegando que sua obra é desnecessariamente complexa e incompreensível. No entanto, é crucial reconhecer que o uso intencional de terminologia complexa por Lacan não visa ocultar suas ideias, mas sim refletir a natureza da subjetividade humana. Ao se engajar seriamente com os conceitos de Lacan, pode-se desvendar a riqueza de suas formulações e testemunhar as agudas percepções que elas oferecem sobre a condição humana. Outro aspecto frequentemente mal compreendido é a rejeição do ego por Lacan, levando à suposição de que sua abordagem desconsidera a agência e a autonomia individual. Pelo contrário, a desconstrução do ego por Lacan serve para sublinhar a natureza fragmentada e construída da identidade, enfatizando o papel das forças inconscientes que moldam os comportamentos e desejos humanos. Isso não diminui a agência individual, mas sim elucida a interação entre intenções conscientes e motivações inconscientes. Além disso, Lacan tem sido criticado por se concentrar excessivamente na linguagem e no registro simbólico, aparentemente negligenciando as realidades materiais e históricas. No entanto, tais críticas ignoram a profunda consciência de Lacan sobre a essencial relação dialética entre o simbólico e o material, argumentando que o registro simbólico não apenas molda nossa percepção da realidade, mas também a própria essência de nossas experiências. É crucial distinguir a ênfase de Lacan no simbólico como uma via para investigar as complexidades da subjetividade humana, e não como uma negação das realidades materiais. Ademais, frequentemente surgem equívocos a respeito das visões de Lacan sobre gênero e sexualidade, com alguns interpretando seu símbolo fálico como uma defesa do falocentrismo. Contudo, uma análise mais matizada revela que a conceituação do falo por Lacan transcende meras dicotomias de gênero ou determinismo biológico, aludindo, em vez disso, a um significante simbólico complexo que opera dentro da estrutura mais ampla do desejo e da falta.

5. A evolução da teoria de Lacan ao longo do tempo:

A teoria psicanalítica de Lacan passou por uma fascinante evolução ao longo do tempo, marcada por mudanças e refinamentos significativos que moldaram sua forma contemporânea. Em sua origem, a teoria de Lacan apresentava forte semelhança com a psicanálise freudiana tradicional, com ênfase na centralidade do inconsciente e na dinâmica do desejo humano.

Contudo, à medida que Lacan aprofundava seus estudos em linguística, estruturalismo e outros movimentos intelectuais, seu arcabouço conceitual sofreu uma profunda metamorfose. Essa evolução é evidente no desenvolvimento de conceitos-chave como o estágio do espelho, a estrutura triádica da psique e a ordem simbólica, cada um representando um momento crucial na progressão teórica de Lacan. Conforme Lacan se engajava com diversas disciplinas e expandia sua abordagem interdisciplinar, essas influências em constante evolução infundiram sua obra com novas dimensões de complexidade e riqueza. Além disso, a postura em evolução de Lacan sobre o papel da linguagem, da significação e do inconsciente serviu como catalisador para reinterpretações transformadoras dentro do campo da psicanálise. Acolhendo a virada linguística, a integração da linguística estrutural de Saussure e do conceito de significante por Lacan facilitou uma mudança paradigmática que redefiniu a compreensão da subjetividade e da representação dentro de sua estrutura teórica. Concomitantemente, o diálogo de Lacan com a filosofia e a sociologia contribuiu para uma articulação mais refinada de suas ideias, tornando-as mais abrangentes. Além disso, a revisão constante de suas formulações anteriores exemplifica sua dedicação à introspecção e ao aprimoramento contínuos, demonstrando um compromisso inabalável com o avanço de suas teorias psicanalíticas.

O simbólico - Linguagem e direito

1. Introdução:

O conceito de ordem simbólica, central para a organização da experiência e da consciência humanas, representa o meio da linguagem, do direito e da cultura, servindo como estrutura através da qual o significado e a significação são estabelecidos. Abrange os sistemas de linguagem e comunicação que permitem aos seres humanos representar simbolicamente suas experiências e desejos, mediando, assim, sua relação com o mundo externo e outros sujeitos. Além disso, a ordem simbólica desempenha um papel fundamental no desenvolvimento de estruturas, normas e instituições sociais, influenciando, dessa forma, as maneiras pelas quais os indivíduos interagem na sociedade. Ao compreendermos a ordem simbólica como um determinante fundamental da existência humana, obtemos insights sobre a teia de significados simbólicos que sustentam nossas realidades subjetivas. Ademais, a ordem simbólica introduz a noção de "outro" como um componente crucial na formação da identidade individual. Esse "outro" não é meramente uma entidade externa, mas uma representação simbólica de normas, expectativas e ideais sociais que os indivíduos internalizam e buscam alcançar. Através dos processos de identificação e diferenciação dentro da ordem simbólica, os indivíduos se situam em contextos sociais e constroem seu senso de si em relação aos outros. Além disso, a ordem simbólica impõe um sistema de leis e proibições, representado pela "metáfora paterna", que governa e regula o comportamento humano por meio do estabelecimento de normas, tabus e códigos morais. Essa dimensão legalista da ordem simbólica instila um senso de ordem e estrutura na psique, influenciando a formação do desejo individual e da conduta ética.

2. A primazia da linguagem:

Na teoria lacaniana, a primazia da linguagem é um conceito fundamental que sustenta toda a estrutura psicanalítica. A linguagem, tal como entendida por Lacan, não serve meramente como ferramenta de comunicação, mas constitui a própria estrutura através da qual a subjetividade humana e as relações sociais se organizam. Essa ruptura com as concepções tradicionais de linguagem a coloca no cerne do desenvolvimento psíquico do indivíduo e da formação de sua identidade. Segundo Lacan, a entrada no meio linguístico é um momento decisivo na vida de um indivíduo, marcando a transição do estágio pré-linguístico e imaginário para a ordem simbólica, onde a linguagem se torna o principal meio pelo qual a realidade é construída e comunicada. Central a essa transição é a aquisição da função simbólica, que simboliza a ausência e a falta, e que molda a relação do indivíduo com o desejo e o mundo. Além disso, Lacan enfatiza que a linguagem opera não apenas como meio de expressão, mas também como determinante do pensamento, significando uma estreita inter-relação entre linguagem, percepção e cognição. Essa perspectiva desafia as visões psicolinguísticas convencionais e ressalta o profundo impacto da linguagem na subjetividade humana. Além disso, a compreensão lacaniana do inconsciente como estruturado à semelhança de uma linguagem aponta para a conexão intrínseca entre as estruturas linguísticas e o funcionamento da psique. Nesse sentido, o inconsciente não é simplesmente um reservatório de desejos reprimidos, mas sim uma rede linguística e simbólica que governa a experiência e o comportamento do indivíduo. A importância da linguagem na teoria lacaniana se estende além do indivíduo, abrangendo o meio social. A linguagem, por meio de sua natureza simbólica, estabelece a estrutura para as relações intersubjetivas, criando significados compartilhados e normas culturais que moldam identidades coletivas e estruturas sociais. Essa dimensão sociolinguística destaca o papel da linguagem na perpetuação das dinâmicas de poder, das formações ideológicas e da construção da verdade dentro de uma determinada sociedade. Portanto, a linguagem não se restringe à psicologia individual, mas serve como um elo crucial entre o pessoal e o social, mediando tanto a experiência subjetiva quanto a existência comunitária.

3. A linguística estrutural e sua influência em Lacan:

A linguística estrutural, um arcabouço teórico fundado pelo linguista suíço Ferdinand de Saussure, exerceu uma profunda influência no desenvolvimento da teoria psicanalítica de Jacques Lacan. Saussure, renomado por seu trabalho pioneiro no campo da semiótica, introduziu o conceito de signo linguístico como uma unidade fundamental da linguagem, composta por significante e significado. Essa noção crucial serviu como pedra angular para a conceitualização do inconsciente por Lacan e para a construção da subjetividade. Central à linguística estrutural é a ideia de que o significado é gerado por meio de diferenças dentro do sistema linguístico, e não por conexões inerentes entre palavras e seus referentes. Lacan adotou essa visão e a transpôs para o âmbito da psicanálise, postulando que a subjetividade humana é estruturada de maneira similar por meio de sistemas simbólicos e da interação das diferenças.

A concepção dicotômica de Saussure sobre langue (sistema linguístico) e parole (atos de fala reais) ressoou profundamente com a diferenciação de Lacan entre o 'simbólico' e o 'imaginário'. Ao alinhar a ordem simbólica com a langue, o sistema de signos linguísticos diferenciais, e o imaginário com a parole, o uso concreto e situacional da linguagem pelo indivíduo, Lacan elucidou como a interação entre esses níveis molda a formação do sujeito e o desejo.

A ênfase de Saussure na natureza arbitrária do signo linguístico, em que não há conexão inerente entre significante e significado, influenciou profundamente a delineação de Lacan da "falta" no cerne da ordem simbólica. Segundo a teoria lacaniana, essa falta está intrínseca à estrutura da linguagem, gerando uma ausência fundamental que impulsiona a busca do sujeito por significado e identidade. Ademais, a noção de Saussure das dimensões "diacrônica" e "sincrônica" da evolução da linguagem forneceu a Lacan uma estrutura para a compreensão da dimensão temporal do inconsciente e da coexistência de múltiplas camadas históricas na psique.

Em suma, a união da linguística estrutural e da psicanálise na obra de Lacan produziu um rico conjunto de insights sobre a natureza da subjetividade humana, o funcionamento do inconsciente e a dinâmica da significação. Por meio da exploração desses domínios interligados, Lacan abriu novos caminhos para a compreensão das complexidades da linguagem, da constituição do eu e do terreno enigmático da psique.

4. O papel do pai - Lei e proibição:

Na perspectiva lacaniana, a função central da figura paterna relaciona-se ao conceito de lei e proibição, que desempenha um papel crucial na formação da entrada do sujeito no registro simbólico. O pai é emblemático da Lei, representando uma figura de autoridade e imposição de normas e proibições que estruturam a experiência da realidade pelo sujeito. Através da função paterna, o indivíduo familiariza-se com as regras sociais e culturais, preparando o terreno para o reconhecimento das restrições e normas que governam a existência social. A presença ou ausência do pai e a natureza de sua influência impactam profundamente a formação do mundo subjetivo do indivíduo. Lacan enfatiza o papel dual do pai como executor da lei e objeto de desejo, elucidando a tensão dialética entre a aceitação das normas sociais e a busca por desejos proibidos. Essa dualidade cria um conflito interno no sujeito, levando a uma complexa negociação com a ordem simbólica. A posição do pai representa não apenas a personificação da autoridade, mas também serve como exemplo para as próprias aspirações e identificações do sujeito. Além disso, o poder percebido do pai molda a compreensão que o sujeito tem de sua posição dentro do contexto sociocultural mais amplo. Dessa forma, o pai torna-se um veículo através do qual o sujeito busca se engajar com as regras e expectativas da sociedade, refletindo sobre sua própria posição em relação às normas sociais. Ademais, Lacan propõe que o papel do pai é fundamental na mediação da dinâmica edipiana, que envolve a luta do sujeito para se posicionar dentro da estrutura familiar. O complexo de Édipo emerge da relação da criança com o pai e da consequente resolução de tensões e identificação com as figuras parentais. Por meio desse processo, a criança obtém acesso à ordem simbólica ao renunciar a certos desejos e aceitar as normas sociais, abrindo caminho para o desenvolvimento de um senso de identidade coeso. Em suma, a importância simbólica do pai reside em sua capacidade de reinserir as leis da sociedade no sujeito, guiando assim a integração do indivíduo no tecido cultural e, ao mesmo tempo, alimentando seu anseio por transgressão e independência.

5. Identificação simbólica e formação do sujeito:

Na teoria lacaniana, o conceito de identificação simbólica desempenha um papel fundamental na formação da subjetividade. A ordem simbólica, representada pela linguagem e pelo direito, constrói a estrutura dentro da qual os indivíduos desenvolvem um senso de si e de identidade. À medida que os indivíduos interagem com os símbolos linguísticos e culturais que permeiam seu ambiente, eles passam por um processo de identificação que molda sua compreensão de si mesmos e de seu lugar na sociedade.

A ideia central da identificação simbólica reside na noção do "grande outro", que engloba as normas, valores e expectativas sociais e culturais que os indivíduos internalizam ao se orientarem em seus mundos sociais. Por meio da linguagem e da comunicação, os indivíduos são apresentados às estruturas simbólicas que definem sua realidade e aprendem a se posicionar dentro desse sistema. Esse processo de identificação não é apenas um meio de se alinhar às convenções sociais, mas também um mecanismo para negociar o desejo e sua regulação.

A identificação simbólica influencia a formação do ego, do eu ideal e do superego, moldando assim a experiência subjetiva do indivíduo. A relação do sujeito com a ordem simbólica não é de aceitação passiva, mas sim envolve negociações e contestações complexas. A tensão entre a conformidade às normas simbólicas estabelecidas e o desejo de autonomia e autoexpressão dá origem à dinâmica da formação do sujeito.

Lacan enfatiza o papel do trauma e da carência no processo de identificação simbólica, destacando como as rupturas na ordem simbólica podem levar a efeitos duradouros no senso de identidade do indivíduo. Essas rupturas podem se manifestar como dissonância entre as aspirações pessoais e as expectativas sociais, frequentemente precipitando profundos conflitos psicológicos.

As implicações da identificação simbólica estendem-se à prática clínica, onde os terapeutas devem permanecer atentos às maneiras pelas quais os pacientes negociam suas identidades dentro da estrutura simbólica mais ampla. Compreender as nuances da identificação simbólica permite aos clínicos entender a interação entre os processos conscientes e inconscientes, proporcionando insights valiosos sobre as lutas e aspirações do paciente.

6. Símbolos como mediadores do desejo:

O desejo lacaniano é uma noção central e complexa que permeia a psique, guiando o comportamento humano e moldando a subjetividade individual. Em sua essência, o desejo não se reduz a simples vontades ou necessidades lineares – ele está intrinsecamente ligado à estrutura do inconsciente e à natureza linguística da ordem simbólica. No paradigma lacaniano, os símbolos operam como condutos através dos quais o desejo é tanto articulado quanto obscurecido. É por meio da teia de representações linguísticas e simbólicas que os desejos tomam forma e são comunicados, frequentemente de maneiras que escapam ao reconhecimento consciente direto. A negociação e a expressão do desejo ocorrem em grande parte dentro dos símbolos, exigindo uma compreensão matizada de como esses símbolos funcionam como mediadores entre os registros consciente e inconsciente. Da perspectiva lacaniana, o desejo está intrinsecamente ligado à busca e à identificação com significantes simbólicos – objetos, imagens, palavras e construções culturais que passam a representar nossos anseios mais profundos e aspirações não realizadas. A inadequação e a natureza elusiva inerentes a esses significantes contribuem para a natureza perpétua do desejo, perpetuando uma busca incessante pelo inatingível e pelo inefável. Além disso, os símbolos não representam passivamente os desejos; pelo contrário, eles os moldam e constroem ativamente, influenciando as maneiras pelas quais os indivíduos concebem, perseguem e vivenciam seus desejos dentro da estrutura da ordem simbólica. A teoria lacaniana enfatiza que essa complexa interação entre símbolos e desejo se estende além da aspiração pessoal e ressoa em estruturas sociais mais amplas. Em contextos sociais e culturais, os símbolos detêm um poder significativo na formação de desejos coletivos e noções de realização, muitas vezes perpetuando normas e ideais socioculturais profundamente arraigados. Ademais, a natureza mediada do desejo por meio de símbolos introduz uma camada de indireção, na qual os indivíduos se envolvem com os desejos indiretamente, filtrados pela paisagem simbólica. Essa inter-relação entre símbolos e desejo ressalta o papel fundamental da Ordem Simbólica na formação da subjetividade humana e ilumina a influência essencial dos símbolos como mediadores do desejo.

7. A linguagem como estrutura para as relações sociais:

Na teoria de Lacan, a linguagem emerge como uma estrutura essencial que não apenas molda a subjetividade individual, mas também atua como uma força onipresente na formação das relações sociais. Nesse contexto, a ordem simbólica, da qual a linguagem é um constituinte fundamental, serve como meio pelo qual os sujeitos humanos estabelecem e se relacionam com suas posições no panorama sociocultural. Para compreender a linguagem como uma estrutura para as relações sociais, torna-se imperativo investigar as maneiras pelas quais os sistemas linguísticos operam para mediar interações e organizar a dinâmica social. A comunicação linguística, seja verbal ou não verbal, transmite e reforça normas, valores e dinâmicas de poder dentro de uma determinada comunidade ou sociedade. Por meio do uso da linguagem, os indivíduos negociam suas identidades, afirmam suas afiliações e se envolvem em processos de inclusão e exclusão. A formação de laços e hierarquias sociais está profundamente interligada às práticas linguísticas, à medida que os indivíduos se posicionam em redes de relações baseadas em significados e entendimentos compartilhados, facilitados pela linguagem. Além disso, a natureza simbólica da linguagem a implica na construção e perpetuação de narrativas socioculturais, definindo histórias coletivas, sistemas de crenças e códigos morais. A linguagem, como veículo de discurso, molda o desenvolvimento de instituições sociais, influenciando os marcos legais, políticos e éticos que regem as interações entre os membros de uma comunidade. Ela catalisa a transmissão de conhecimentos e tradições culturais, contribuindo para a continuidade e evolução das estruturas sociais. Ademais, a linguagem opera como um aparato para o exercício do poder, podendo ser empregada para reforçar ou subverter hierarquias sociais existentes e para mobilizar a ação coletiva. Analisar a linguagem como uma estrutura para as relações sociais exige abordar questões de acesso, representação e voz dentro de diversas comunidades linguísticas, reconhecendo o impacto diferenciado que a linguagem exerce sobre vários grupos sociais. Essas considerações destacam o papel multifacetado da linguagem na construção, reforço e transformação das relações sociais, ressaltando sua centralidade na complexa trama das interações humanas.

8. Interação entre a ordem simbólica e outras ordens:

A ordem simbólica, definida principalmente pela linguagem e pela lei, atua como uma força estruturante que interage com as outras duas ordens na formação da psique e das experiências do indivíduo. A ordem simbólica, por meio de suas funções linguísticas e regulatórias, impõe um arcabouço de significados e normas ao indivíduo, influenciando a construção de sua identidade e suas percepções da realidade. Essa interação entre o simbólico e o imaginário pode ser observada no estágio do espelho, onde o desenvolvimento do ego se entrelaça com a aquisição da linguagem e as normas sociais, levando a uma sensação de reconhecimento e de não reconhecimento. Além disso, a ordem simbólica também se intercruza com o real, ao tentar simbolizar e representar os aspectos inatingíveis da experiência, como o trauma e a carência fundamental. Essa intersecção frequentemente resulta em conflitos e contradições, evidenciando as tensões inerentes à psique humana. Compreender a interdependência das ordens simbólica, imaginária e real é essencial na prática psicanalítica, pois proporciona insights sobre a dinâmica dos processos inconscientes e a formação dos sintomas. Reconhecer como essas ordens interagem permite aos clínicos gerenciar as complexidades da transferência e da contratransferência, possibilitando uma compreensão mais profunda da experiência subjetiva e dos conflitos internos do paciente. Além disso, a interação entre essas ordens ressalta a relevância das influências culturais e sociais na subjetividade individual, enfatizando a necessidade de considerar contextos sociopolíticos mais amplos no trabalho clínico. Ao explorar as relações dinâmicas entre a ordem simbólica e as demais, os profissionais podem oferecer intervenções mais abrangentes e matizadas que abordam a natureza multifacetada da vida psíquica humana.

9. Implicações clínicas do simbólico:

As implicações clínicas do simbólico na teoria lacaniana são profundas e abrangentes, influenciando a prática da psicanálise de inúmeras maneiras. Uma implicação significativa reside em seu papel na formação da estrutura do inconsciente. Ao reconhecer a centralidade da linguagem e seu impacto na subjetividade, os clínicos podem obter uma compreensão mais profunda da estrutura simbólica na qual seus pacientes operam. A linguagem não apenas molda o pensamento e a percepção, mas também estrutura desejos e identificações. Os terapeutas podem utilizar essa compreensão para interpretar as manifestações simbólicas na fala, nos sonhos e nas associações de seus pacientes, obtendo assim acesso aos conflitos inconscientes subjacentes e ao material reprimido.

A ordem simbólica ilumina a natureza da transferência e da contratransferência na relação terapêutica. Através da lente do simbólico, os terapeutas podem compreender a complexa interação de identificações e projeções inconscientes que influenciam o processo terapêutico. Essa consciência permite que os terapeutas gerenciem a dinâmica da transferência de forma mais eficaz, facilitando a análise dos padrões relacionais dos pacientes e seus profundos emaranhados emocionais. Ao compreender os fundamentos simbólicos da transferência, os terapeutas podem guiar os pacientes para uma maior compreensão de seus investimentos inconscientes no espaço terapêutico.

A ordem simbólica contribui para a compreensão dos sintomas e da psicopatologia. Ela destaca a importância da linguagem e das normas sociais na manifestação dos sintomas, enfatizando que estes não são meras expressões individuais, mas estão inseridos em um contexto sociolinguístico mais amplo. Os clínicos podem utilizar essa compreensão para desconstruir os significados simbólicos codificados nos sintomas de seus pacientes, desvendando as camadas de significação e revelando os conflitos subjacentes e as dinâmicas inconscientes.

O simbólico oferece uma estrutura para compreender a resistência e a adesão do paciente ao status quo. Ao reconhecer como a ordem simbólica governa a relação do sujeito com a autoridade e a ideologia, os clínicos podem elucidar a resistência do paciente à mudança e seu investimento na manutenção das configurações simbólicas existentes. Essa compreensão capacita os terapeutas a abordar e trabalhar a resistência de forma mais eficaz, promovendo um progresso terapêutico significativo.

10. O legado da ordem simbólica:

A ordem simbólica, que constitui o meio da linguagem, do direito e das estruturas simbólicas, permeia todos os aspectos da experiência humana, moldando identidades individuais e dinâmicas interpessoais. Sua influência abrangente se manifesta nas maneiras como os indivíduos se envolvem no processo de aculturação. Desde a primeira infância, os indivíduos estão imersos em uma teia de significantes, normas e sistemas linguísticos que moldam suas percepções e comportamentos. A ordem simbólica, com sua ênfase na linguagem e nas regulamentações sociais, fornece um aparato conceitual para a compreensão dos mecanismos pelos quais os indivíduos internalizam as expectativas sociais e negociam seus desejos dentro das restrições da estrutura simbólica.

O legado da ordem simbólica reverbera em diversos contextos clínicos, oferecendo insights profundos para intervenções terapêuticas. Ao reconhecer a centralidade da linguagem e do simbólico na formação do sofrimento psicológico e dos conflitos subjetivos, os clínicos podem atentar para as maneiras como os pacientes articulam suas experiências e lidam com determinantes inconscientes. Compreender a dimensão simbólica das experiências humanas permite interpretações mais sutis dos sintomas e facilita explorações mais profundas de significado no contexto terapêutico.

As implicações da ordem simbólica vão além dos limites da prática clínica, posicionando-se como uma ferramenta essencial para desconstruir as diferenças de poder e as estratificações sociais. Ao examinar o funcionamento das estruturas simbólicas na perpetuação de relações hierárquicas e padrões normativos, essa estrutura abre caminhos para investigações críticas sobre justiça social, política identitária e movimentos emancipatórios. Ao questionar os fundamentos simbólicos das desigualdades sistêmicas, acadêmicos e ativistas podem incitar mudanças transformadoras e defender configurações sociais mais equitativas.

Em essência, o legado da ordem simbólica nos convida a confrontar a complexa tapeçaria de símbolos, palavras e construções culturais que moldam nossa existência coletiva. Sua relevância persiste ao desvendar os enigmas da subjetividade humana, elucidar a dinâmica do poder e da autoridade e fomentar engajamentos empáticos que honrem a polifonia de vozes em nosso tecido social.

O imaginário - Espelhos e mal-entendidos

1. Introdução:

A ordem imaginária representa uma dimensão crucial da subjetividade humana e da formação da identidade. Ela funciona como uma das três ordens primárias, ao lado da Simbólica e da Real, na elucidação das complexidades da psique humana a partir de uma perspectiva estrutural. O termo "imaginário", neste contexto, não implica apenas o irreal ou o imaginário em um sentido coloquial. Em vez disso, abrange imagens, percepções e identificações que mediam as experiências individuais e a compreensão de si mesmo e do outro. No cerne da ordem imaginária reside a lacuna ou carência inerente à condição humana, que contribui para uma busca perpétua por plenitude e unidade.

Introdução à ordem imaginária busca elucidar como as relações interpessoais iniciais e as representações visuais desempenham um papel fundamental no desenvolvimento do ego e em seu subsequente senso de identidade. Além disso, procura explicitar a tensão fundamental entre o eu subjetivo idealizado interno e as representações externas espelhadas que moldam nossa autopercepção.

2. O estágio do espelho - Origens e implicações:

O estágio do espelho elucida os processos formativos da ordem imaginária. Cunhado por Jacques Lacan em 1936, essa fase do desenvolvimento explora o encontro do bebê com sua própria imagem em um espelho e as implicações daí decorrentes para a subjetividade e a construção da identidade. O estágio do espelho não é meramente um ato físico de olhar para uma superfície refletora; em vez disso, simboliza um momento transformador no qual a criança se torna consciente de sua própria existência corpórea e se reconhece como uma entidade separada. Essa percepção crucial gera consequências profundas para o desenvolvimento do senso de identidade e das relações interpessoais da criança.

As origens do estágio do espelho remontam à abordagem interdisciplinar de Lacan, inspirada pela psicanálise freudiana, pela fenomenologia e por pesquisas sobre o desenvolvimento infantil. Lacan postulou que o estágio do espelho representa uma conjuntura crítica no desenvolvimento psíquico do indivíduo, na qual o ego começa a tomar forma por meio de um processo de identificação e alienação. Ao apreender sua imagem refletida como um todo idealizado e coerente, o bebê estabelece uma relação dialética com seu corpo fragmentado e descoordenado, lançando as bases para a formação do ego e sua subsequente integração à ordem simbólica.

As implicações da fase do espelho vão além da constituição psicológica do indivíduo, permeando diversos domínios das expressões sociais, culturais e artísticas. Lacan argumenta que o fascínio pela própria imagem no espelho e a busca perpétua pela unidade e pelo domínio derivam dessa experiência primordial de não reconhecimento. Consequentemente, a tensão inerente entre a autoimagem idealizada e a dissonância com o ser real dá origem a buscas duradouras por identidade e realização, gerando múltiplas consequências para os desejos e aspirações humanas.

A fase do espelho nos leva a reconsiderar as noções convencionais de identidade e subjetividade dentro do escopo mais amplo da teoria lacaniana. Embora profundamente enraizada no desenvolvimento da primeira infância, a base da fase do espelho continua a reverberar ao longo da vida, permeando as percepções adultas de identidade, relacionamentos e dilemas existenciais. Ao situar a fase do espelho em uma estrutura mais ampla de investigação psicanalítica, obtemos insights mais profundos sobre as complexidades da subjetividade humana e os efeitos das experiências precoces nas formações psíquicas.

3. Conceito de reconhecimento equivocado na teoria lacaniana:

O conceito de reconhecimento equivocado na teoria lacaniana está enraizado na ideia de que os indivíduos frequentemente compreendem mal suas próprias identidades e se percebem através de uma lente distorcida. Esse reconhecimento equivocado, ou méconnaissance em francês, ocorre dentro da ordem imaginária, onde o ego toma forma por meio da identificação com imagens e ideais externos. O processo de reconhecimento equivocado é central para a compreensão lacaniana da formação da subjetividade e desempenha um papel fundamental na formação da relação do indivíduo consigo mesmo e com o outro.

Em sua essência, o reconhecimento equivocado envolve uma incapacidade inerente de reconhecer com precisão a si mesmo como uma entidade separada, distinta dos objetos e indivíduos do mundo externo. A construção do ego está intrinsecamente ligada a uma sensação ilusória de coesão e completude derivada de processos de espelhamento, nos quais o sujeito se identifica com uma imagem externa, tipicamente manifestada em experiências da primeira infância. Essa identificação estabelece a base para o desenvolvimento do ego, mas, simultaneamente, gera uma sensação de alienação e fragmentação no indivíduo.

Lacan argumenta que o reconhecimento equivocado precipita um desejo perpétuo de unidade e totalidade, levando os indivíduos a buscarem afirmação e validação em fontes externas, como pares, figuras de autoridade e normas sociais. Consequentemente, a busca por reconhecimento torna-se uma força dominante que impulsiona o comportamento humano, intrinsecamente ligada à busca perpétua por um "eu ideal" percebido, que permanece ilusório. Essa dinâmica fundamenta a afirmação de Lacan de que a construção do ego é intrinsecamente falha, pois se baseia na ilusão de autocoerência e completude perpetuada pelo reconhecimento equivocado.

O conceito de reconhecimento equivocado transcende o nível individual e permeia as estruturas sociais, moldando percepções e interações coletivas. A exploração do reconhecimento equivocado por Lacan elucida as discrepâncias e tensões inerentes às relações interpessoais e aos sistemas sociais, ressaltando a natureza onipresente das ilusões e falsas premissas que sustentam as interações humanas. Essa compreensão tem implicações profundas para a compreensão da dinâmica de poder, da alienação e da perpetuação de ideologias falsas em contextos sociopolíticos mais amplos.

4. Formação do ego por meio da reflexão:

Quando uma criança passa pela fase do espelho, ela se depara com um momento crucial em seu desenvolvimento psicológico, no qual o reflexo no espelho se torna um ponto de referência para o autorreconhecimento e a identificação. Esse encontro fundamental com a imagem especular fomenta o embrião do ego, marcando a gênese da individuação e do senso de subjetividade distinta.

A proposta de Lacan sobre o estágio do espelho postula que a criança experimenta uma forma de júbilo ao se perceber como uma entidade unificada e coerente no espelho, criando assim uma imagem idealizada, porém ilusória, de si mesma. O reflexo não apenas gera um senso de unidade, mas também transmite uma sensação de domínio e autonomia sobre o próprio corpo. Esse processo contribui para a construção do ego, à medida que a criança percebe a imagem no espelho como uma versão mais completa e competente de si mesma.

A fase do espelho não se limita ao mero ato de reconhecimento visual; pelo contrário, abrange uma profunda experiência psicológica que molda a compreensão subjetiva que a pessoa tem de si mesma e de sua relação com o mundo externo. O processo de espelhamento instiga uma troca dialógica interna, na qual a criança avalia sua própria fisicalidade e se esforça para conciliar suas sensações internas com o reflexo externo. Nesse processo avaliativo, a criança busca alcançar uma autoimagem que esteja alinhada com a representação externa, dando origem à formação do ego.

Fundamentalmente, Lacan enfatiza a natureza inerentemente dualista do estágio do espelho, no qual a imagem refletida apresenta uma impressão idealizada e coesa que contrasta fortemente com a experiência fragmentada e incompleta da criança em relação a si mesma. Essa dissonância entre a unidade percebida no espelho e a desordem na esfera subjetiva gera uma sensação perpétua de inadequação e alienação, que sustenta a dinâmica psicológica subsequente de desejo e carência.

Contudo, é essencial reconhecer que a fase do espelho não denota o ápice do desenvolvimento do ego, mas sim inicia uma busca ao longo da vida pela completude e coerência dentro do autoconceito do indivíduo. Ela estabelece as bases para a negociação contínua da identidade, servindo como um aspecto fundamental para a compreensão das complexidades da subjetividade e da conexão inerente do ego com o olhar externo.

5. Identificação imaginária e subjetividade:

Na perspectiva lacaniana, o conceito de "identificação imaginária" gira em torno da formação do ego por meio de uma complexa interação entre percepções internas e externas. À medida que os indivíduos interagem com a imagem refletida no espelho durante os estágios formativos do desenvolvimento, encontram uma semelhança que se torna parte integrante de seu autoconceito. O processo de espelhamento fomenta um senso de coerência e unidade, pois o indivíduo se identifica com a imagem refletida, iniciando, assim, a construção do ego imaginário. Essa identificação não é meramente um reconhecimento passivo, mas sim uma assimilação ativa da representação visual, lançando as bases para identificações imaginárias subsequentes em interações e relacionamentos sociais. A força dessa identificação é tamanha que o indivíduo frequentemente se esforça para alinhar suas ações e comportamentos ao ideal percebido refletido no espelho. Além disso, a influência das normas e expectativas sociais amplifica esse processo, levando à internalização de ideais e padrões de beleza, sucesso e desejabilidade definidos culturalmente. Consequentemente, a identificação imaginária perpetua uma busca contínua por realização e validação com base nesses constructos externos. Nesse contexto, a experiência subjetiva está profundamente entrelaçada com o registro imaginário, uma vez que o senso de identidade do indivíduo está ligado a essas imagens e representações idealizadas. A interação entre o ego imaginado e as influências externas molda não apenas a percepção que o indivíduo tem de si mesmo, mas também sua compreensão dos outros. As implicações da identificação imaginária vão além do indivíduo, impactando a dinâmica interpessoal e os padrões de comunicação. Essas identificações podem levar a uma projeção inconsciente dos desejos, ansiedades e conflitos internos de uma pessoa sobre os outros, influenciando, assim, suas interpretações e interações na esfera social. Além disso, a interseção das ordens imaginária e simbólica contribui significativamente para as complexidades da subjetividade, visto que esses registros se entrelaçam para moldar o senso de identidade e os processos de construção de significado do indivíduo.

6. O papel da dualidade no imaginário:

O papel da dualidade na ordem do imaginário chama a atenção para o cisma fundamental que define a subjetividade. Em sua essência, o imaginário se constrói sobre a dialética da identificação e da alienação, que se manifesta como uma dualidade fundamental na estrutura psíquica do indivíduo. Essa dualidade é sintetizada no conceito do estágio do espelho, onde o autorreconhecimento do bebê dá origem a um senso de identidade fragmentado. Aqui, a imagem no espelho tanto reflete quanto distorce, criando uma representação dualista que se torna fundamental para a construção do ego.

A dualidade inerente à ordem imaginária transcende a mera autopercepção, permeando o panorama mais amplo da experiência humana. Ela engloba a tensão entre a imagem idealizada no "espelho", que representa o eu coeso e perfeito, e o eu “real” desordenado, atolado em imperfeições e vulnerabilidades. Essa bifurcação fundamental gera uma luta perene pela plenitude e unidade, frequentemente conduzindo os indivíduos à busca por ideais inatingíveis e validações externas, numa tentativa de reconciliar essa dualidade intrínseca.

A natureza dualista da ordem imaginária também ressoa nas dinâmicas interpessoais e nas relações sociais. A busca perpétua por reconhecimento e validação deriva do desejo de reparar a autoimagem fragmentada, levando a padrões complexos de projeção e introjeção que sustentam as interações humanas. A divisão interna engendrada pela dualidade Imaginário, portanto, reverbera no tecido social, influenciando a construção coletiva de significados e representações simbólicas.

A influência da dualidade estende-se para além das esferas individual e relacional, permeando os contextos culturais e históricos mais amplos. Lacan postulou que a dicotomia cartesiana mente-corpo e a ênfase do Iluminismo na racionalidade são emblemáticas do impacto abrangente da dualidade do imaginário. Além disso, construções sociais como o binarismo de gênero e as dicotomias raciais sublinham a profunda influência da estrutura dualista do imaginário no discurso coletivo e nas dinâmicas de poder.

Essa profunda fixação da dualidade na ordem imaginária suscita uma investigação introspectiva de suas implicações na formação do sujeito, nas relações interpessoais e nos paradigmas socioculturais. Ao aprofundarmos a interação entre identificações e alienações, desvendamos a complexa tapeçaria da subjetividade humana, abrindo caminho para uma compreensão mais matizada dos mecanismos que impulsionam nossas experiências e interações.

7. Intersecção das ordens imaginária e simbólica:

Na teoria psicanalítica lacaniana, os conceitos de ordem imaginária e simbólica estão interligados, formando uma complexa interação que influencia significativamente a experiência subjetiva e a compreensão do mundo pelo indivíduo. A ordem imaginária gira principalmente em torno de imagens visuais, com ênfase na formação do ego por meio de processos de identificação e espelhamento. Por outro lado, a ordem Simbólica está enraizada no meio da linguagem, do direito e das normas culturais, servindo como o domínio onde o significado é gerado e os significantes adquirem importância. Apesar de suas aparentes diferenças, essas duas ordens se intercruzam de maneiras profundas, moldando a subjetividade e a percepção humanas.

Na intersecção das ordens imaginária e simbólica reside o conceito fundamental do "estágio do espelho". À medida que a criança se identifica com a imagem idealizada que lhe é refletida, ela começa a construir um senso de si, ainda que ilusório e fragmentado. Esse processo não apenas significa o entrelaçamento do imaginário e a formação do ego, mas também marca a entrada inicial do sujeito na ordem Simbólica por meio de interações com os outros mediadas pela linguagem.

A intersecção entre as ordens imaginária e simbólica pode ser observada no conceito de significação fálica. Na teoria lacaniana, o falo representa não apenas um órgão biológico, mas um símbolo que encapsula a falta e o desejo inerentes à subjetividade humana. O falo opera como um significante fundamental dentro da ordem Simbólica, mediando relações de poder, autoridade e desejo. Simultaneamente, o falo também possui significado dentro do registro imaginário, servindo como um símbolo de completude inatingível e gerando sentimentos de falta e inadequação no ego.

A intersecção dessas ordens torna-se saliente na análise da fantasia e das construções imaginárias. No âmbito simbólico, a fantasia é moldada pela linguagem e pelas narrativas culturais, imbuindo-a de significados e conotações específicos. Contudo, essas fantasias estão frequentemente profundamente enraizadas no imaginário, uma vez que derivam de experiências da primeira infância e de formações inconscientes da autoimagem. Assim, a intersecção entre as duas ordens complica a análise das fantasias, exigindo uma compreensão matizada tanto das dimensões linguísticas quanto das visuais que as sustentam.

8. Perspectivas críticas sobre a ordem imaginária:

Ao analisar o papel do imaginário, os críticos têm destacado tanto sua importância para a compreensão da subjetividade humana quanto suas potenciais limitações como constructo teórico. Uma crítica fundamental gira em torno da ênfase excessiva na identificação visual por meio do estágio do espelho, que pode negligenciar outras dimensões sensoriais e afetivas da experiência humana. Os críticos argumentam que um foco exclusivo no reconhecimento visual pode obscurecer as complexidades da subjetividade humana, levando a um modelo excessivamente simplificado de formação da identidade. Além disso, estudiosos têm questionado a universalidade da aplicabilidade do estágio do espelho em diversos contextos culturais e históricos. Essa crítica exige uma compreensão mais matizada da autoidentificação, que acomode variações culturais e diferenças individuais. Outra perspectiva crítica diz respeito à natureza dualista inerente à ordem do imaginário, que frequentemente é representada como uma oposição binária entre o sujeito e o outro (idealizado). Os críticos afirmam que essa estrutura binária pode obscurecer a interação entre as dinâmicas de poder, a relacionalidade e a multiplicidade inerentes à construção da identidade humana. Além disso, alguns estudiosos levantaram preocupações sobre o risco de essencialismo ao equiparar o imaginário a representações fixas e estáticas do self, negligenciando a natureza fluida e contingente da subjetividade. Críticas à aplicação da ordem do imaginário na prática clínica também foram articuladas, com alguns profissionais defendendo uma abordagem mais integrativa que reconheça a complexa interligação do imaginário, do simbólico e do real no tratamento psicanalítico. Apesar dessas posições críticas, os proponentes da teoria lacaniana argumentam que a ordem do imaginário oferece insights valiosos sobre a formação do ego, as relações intersubjetivas e a constituição do desejo. Eles sustentam que a metáfora visual do estágio do espelho serve como um poderoso dispositivo heurístico para compreender a trajetória de desenvolvimento da subjetividade, embora reconheçam a necessidade de complementá-la com outras modalidades sensoriais. Além disso, os defensores do imaginário defendem sua dualidade conceitual como essencial para a apreensão das tensões estruturais inerentes à negociação da identidade humana.

O real - Além do aparente

1. Introdução:

O conceito de "real" ocupa uma posição singular e enigmática na psicanálise lacaniana, evocando tanto fascínio quanto perplexidade. Serve como pedra angular crucial para a compreensão da dinâmica da subjetividade humana e desempenha um papel fundamental na formação do modelo tripartite da psique de Lacan. Embora a noção de Real resista a uma delimitação precisa, seu significado é inegavelmente profundo. No discurso lacaniano, o real não é simplesmente sinônimo de realidade empírica ou existência tangível; em vez disso, abrange um domínio elusivo e inapreensível que transcende a imediaticidade perceptiva. Suscita uma sensação de inquietação e desconforto, pois desafia nossa compreensão convencional do que é considerado "real" na experiência cotidiana. O real, conforme exposto por Lacan, atravessa o terreno da ausência e da impossibilidade, desafiando uma categorização direta. Como tal, incita uma busca contínua para decifrar suas complexidades e ramificações.

2. Contexto histórico e evolução:

As origens do conceito de Real remontam à reformulação radical da psicanálise freudiana promovida por Lacan em meados do século XX. Influenciado pela linguística estrutural, antropologia e filosofia, Lacan buscou redefinir os conceitos psicanalíticos tradicionais, o que o levou a introduzir o real como um componente crucial de seu arcabouço teórico.

O desenvolvimento inicial do conceito de Real pode ser relacionado ao diálogo de Lacan com as obras de pensadores proeminentes como Saussure, Lévi-Strauss e Hegel. Essas influências intelectuais forneceram terreno fértil para que Lacan construísse uma nova compreensão do sujeito humano e sua relação com a linguagem, a cultura e o inconsciente. Por meio de um processo dialético de síntese e crítica, Lacan articulou gradualmente o conceito de Real como distinto do simbólico e do imaginário, lançando assim as bases para sua subsequente exploração e elaboração.

À medida que a teoria lacaniana evoluiu, o conceito de Real passou por um refinamento e elaboração significativos. Tornou-se cada vez mais evidente que o real transcendia a mera realidade física ou empírica, estendendo-se às dimensões simbólica, linguística e existencial. Essa expansão do escopo do real acompanhou desenvolvimentos mais amplos na filosofia pós-estruturalista e na teoria crítica, inserindo-o ainda mais no discurso interdisciplinar da época.

Na trajetória do pensamento lacaniano, o conceito do real continuou a evoluir, cruzando-se com diversas correntes intelectuais e paradigmas teóricos. Desde sua articulação fundamental como uma lacuna ou falta na ordem simbólica até suas conceitualizações mais matizadas, informadas pela matemática, topologia e física quântica, a trajetória histórica do real reflete uma rica tapeçaria de intercâmbio intelectual e inovação teórica.

A disseminação internacional da psicanálise lacaniana facilitou encontros e diálogos interculturais, gerando diversas interpretações e aplicações do real em diferentes contextos culturais e clínicos. Essa difusão global contribuiu para o enriquecimento e a diversificação das perspectivas sobre o real, ampliando sua relevância para além dos limites das tradições intelectuais ocidentais.

3. A interação entre o real, o simbólico e o imaginário:

A interação entre esses três registros forma a base da psique humana, conforme delineada por Jacques Lacan. O real, frequentemente considerado enigmático e inefável, constitui o registro fundamental que escapa à simbolização e à representação. Opera fora dos planos da linguagem e do significado, existindo como uma presença inapreensível que perturba a coerência da ordem Simbólica. Em contraste, o simbólico abrange o meio da linguagem, do direito e das normas sociais, onde significantes e significados constroem o tecido do significado e da realidade cultural para o sujeito. É importante ressaltar que o simbólico medeia a interação do sujeito com o mundo social e prepara o terreno para a internalização da identidade por meio de estruturas linguísticas e simbólicas. Além disso, o imaginário, caracterizado por identificações e imaginações, serve como espaço de formação do ego e de identificações narcisistas, particularmente por meio do estágio do espelho. Esse registro está intrinsecamente ligado a imagens visuais e ilusões que contribuem para a construção da autoimagem do sujeito e para representações idealizadas do 'outro'. A interação dinâmica entre esses registros constitui a estrutura fundamental através da qual a subjetividade humana é constituída e mediada. É dentro dessa interação que as tensões e os conflitos decorrentes da coexistência desses registros entram em jogo. O real desestabiliza constantemente a ordem Simbólica, introduzindo rupturas e perturbações que resistem à integração e à simbolização. Simultaneamente, o simbólico estrutura e regula o real, impondo estruturas socioculturais à natureza inapreensível do real. O imaginário, por sua vez, conecta e complica a relação entre o real e o simbólico, oferecendo semelhanças e identificações que buscam estabilizar e solidificar as experiências. Essas negociações contínuas entre os registros precipitam as complexidades da vida psíquica, demarcando o terreno no qual desejos, fantasias e resistências se desdobram. Além disso, a interação entre essas dimensões elucida os mecanismos subjacentes à formação da sintomatologia e as complexidades das intervenções terapêuticas dentro da estrutura lacaniana.

4. Representações do real na prática psicanalítica:

O real, conforme elucidado por Lacan, existe para além da linguagem e da representação simbólica, fazendo-se sentir através de lacunas, fraturas e rupturas na ordem simbólica. Consequentemente, as representações do real em contextos clínicos frequentemente emergem de maneiras paradoxais e enigmáticas. Esse fenômeno pode ser observado quando pacientes expressam sentimentos ou experiências não articulados que resistem à simbolização e à captura linguística. Tais manifestações inefáveis do real representam um desafio fundamental para os psicanalistas, que se esforçam para se engajar com os contornos do inconsciente e confrontar os limites da expressão verbal. Além disso, o real frequentemente emerge em momentos de ruptura dentro do processo terapêutico, compelindo os profissionais a reconhecerem as limitações inerentes à interpretação e à construção de significado. Essas instâncias exigem uma sensibilidade aguçada para pistas não verbais, tonalidades afetivas e gestos corporais, pois podem servir como condutos para encontros com o real inassimilável. Ademais, o real se materializa na dinâmica da transferência entre analista e analisando, muitas vezes rompendo a aparência cuidadosamente construída da relação simbólica. Essa ruptura pode desestabilizar as dinâmicas de poder e as estruturas de autoridade estabelecidas, exigindo que o profissional lide com sua própria implicação subjetiva na realidade subjetiva do analisando. Ao reconhecer essas representações do real, os clínicos podem cultivar uma sensibilidade matizada às complexidades da subjetividade humana, abrindo caminho para uma práxis psicanalítica mais sintonizada e responsiva. A integração do real no trabalho clínico vai além do mero reconhecimento de sua existência; exige o cultivo de um modo reflexivo de engajamento, no qual o analista permanece vigilante quanto à intrusão contínua do real no espaço analítico. Desenvolver uma consciência de como o real permeia o encontro clínico permite que os profissionais lidem com a incerteza e a ambiguidade com humildade e abertura, reconhecendo que algumas facetas da experiência humana podem desafiar a compreensão racional. Esse processo convida a uma reconfiguração dinâmica da relação terapeuta-paciente, uma relação que prospera na disposição de se engajar com as dimensões intangíveis da vida psíquica. Assim, as representações do real na prática psicanalítica convidam os analistas a priorizar a receptividade, a sintonia e a reverência pelos aspectos insondáveis da subjetividade humana.

5. Desafios no envolvimento com a realidade:

Lidar com o conceito do real na prática psicanalítica apresenta uma miríade de desafios que os profissionais devem administrar. Uma das principais dificuldades reside na própria natureza do real – como Lacan tão bem postulou, o real é inerentemente elusivo e resistente à simbolização. Essa resistência fundamental representa um desafio significativo para os analistas que buscam apreender e trabalhar com as realidades subjacentes às experiências de seus pacientes. Além disso, o próprio ato de tentar representar o real inevitavelmente leva à sua distorção, uma vez que ele transcende as limitações linguísticas e conceituais.

Outro desafio crucial surge da tarefa complexa de distinguir entre o real e sua imbricação com o imaginário e o simbólico. Dado que essas três dimensões estão inextricavelmente interligadas, separar o real puro de sua interação com os outros registros psíquicos é um empreendimento complexo e delicado. Além disso, o real frequentemente se manifesta por meio de fenômenos que desafiam os modos tradicionais de compreensão racional, tornando-se um aspecto enigmático e desconcertante da subjetividade humana.

Os profissionais também enfrentam o desafio de integrar efetivamente os insights obtidos com o encontro do real em sua prática clínica. O potencial transformador do engajamento com o real exige uma reavaliação das abordagens terapêuticas convencionais, demandando uma compreensão matizada das maneiras pelas quais o real rompe e remodela os paradigmas de tratamento estabelecidos. Além disso, as considerações éticas que envolvem a revelação do real em contextos clínicos não podem ser negligenciadas, visto que tais encontros podem provocar profundas transformações existenciais tanto para o analista quanto para o analisando.

Outro obstáculo crucial surge das inevitáveis limitações da linguagem e do discurso em capturar a essência do real. A linguagem, por estar fundamentada na ordem simbólica, vela inerentemente a intensidade bruta da experiência real, evocando uma tensão entre articular o inefável e reconhecer sua resistência intrínseca à representação. Esse impasse linguístico levanta questões críticas sobre a comunicabilidade do real e as potenciais distorções impostas pelo próprio ato de verbalizá-lo.

A influência generalizada de construções culturais e sociais adiciona ainda mais complexidade à interação com o real. As maneiras pelas quais normas e expectativas socialmente construídas moldam os encontros dos indivíduos com o real exemplificam as interconexões entre as dimensões pessoal e coletiva da existência humana, acrescentando camadas de complexidade ao terreno já labiríntico do real.

6. Fundamentos filosóficos do real:

A noção do real se cruza com questões fundamentais que têm ocupado filósofos de diferentes civilizações e épocas, convidando a um diálogo interdisciplinar que enriquece sua compreensão. Das antigas reflexões metafísicas sobre a natureza da realidade às contemplações existenciais sobre autenticidade e existência, a tapeçaria filosófica tecida em torno do real incorpora um rico reservatório de discurso intelectual. Dentro dessa teia de ideias, a conceituação do real por Lacan ressoa com diversos paradigmas filosóficos, oferecendo uma lente através da qual se pode abordar questões perenes sobre a consciência humana, a percepção e a verdade. Central a essa investigação é a delimitação ontológica do real como distinto tanto do simbólico quanto do imaginário. Inspirando-se em tradições fenomenológicas, o real exige um afastamento da representação e da linguagem, evocando considerações sobre a experiência vivida, a corporeidade e as dimensões inefáveis do ser. As investigações existencialistas sobre a subjetividade e a apreensão do mundo externo convergem com as ideias lacanianas, apontando para as profundas implicações do real para a individualidade e os encontros intersubjetivos. Além disso, as tensões dialéticas inerentes ao encontro com o real evocam ressonâncias com o pensamento hegeliano, suscitando a contemplação da fluida interação entre ausência e presença, negação e afirmação. Tais explorações servem para iluminar as maneiras pelas quais o real rompe com os modos convencionais de compreensão, desestabilizando estruturas consolidadas e exigindo uma reorientação das concepções filosóficas. Ademais, os engajamentos com o real ressoam com as investigações pós-estruturalistas sobre poder, conhecimento e discurso. Interseccionando-se com as análises foucaultianas da operação do poder dentro dos sistemas de representação, o real de Lacan revela as fraturas e aporias nas formações discursivas, insinuando as rupturas que destroem o tecido da ordem simbólica. É nesses espaços liminares que se desdobra o significado filosófico do real, nutrindo um vasto terreno de investigação que reverbera muito além dos limites do discurso psicanalítico.

7. O papel do real no diagnóstico lacaniano:

Na psicanálise lacaniana, o conceito do real exerce uma profunda influência no processo psicanalítico. Fundamentado na estrutura da teoria lacaniana, o real serve como pedra angular conceitual, transcendendo a mera abstração teórica para permear as experiências vividas tanto de analistas quanto de analisandos. Sua exploração minuciosa é necessária para decifrar suas implicações dentro dos referenciais diagnósticos.

O ponto central da abordagem diagnóstica de Lacan é o reconhecimento das limitações da linguagem e do simbolismo em abarcar a totalidade da subjetividade humana. Diferentemente do simbólico e do imaginário, que são imbuídos de elementos representacionais, o real resiste à simbolização e permanece além da captura linguística. Sua essência indescritível representa um desafio formidável para os clínicos que buscam se conectar com os aspectos brutos e não mediados da psique de seus pacientes. Assim, o real incita uma reconfiguração dos paradigmas diagnósticos tradicionais, exigindo um afastamento dos métodos interpretativos convencionais para se engajar com o terreno enigmático das realidades subjetivas.

Na abordagem diagnóstica lacaniana, o real funciona como uma bússola elusiva, porém indispensável, guiando a investigação clínica rumo às profundezas inexploradas do inconsciente. Ele desmantela a fachada ilusória construída pelo imaginário e rompe com a aparência de ordem perpetuada pelo simbólico, desvendando a dissonância inerente e as verdades inefáveis que sustentam a existência humana. O encontro do clínico com o real gera uma reorientação transformadora, convidando a uma reconsideração radical de certezas presumidas e interpretações arraigadas.

A natureza impalpável do real confronta os clínicos com as expressões não filtradas de trauma, desejo e angústia existencial que escapam à articulação simbólica. Essa exposição ao âmago puro do sofrimento humano exige uma sintonia vigilante com as pistas não verbais, as ressonâncias afetivas e as manifestações somáticas que emanam do real. Compelindo os clínicos a adotarem uma postura receptiva que transcende o diálogo verbal, fomentando um ambiente onde o indizível possa encontrar ressonância e validação no espaço terapêutico.

Consequentemente, a integração clínica do real exige uma recalibração da sensibilidade diagnóstica, instando os profissionais a sintonizarem-se de forma primorosa com as perturbações e aporias inquietantes que emergem no encontro terapêutico. Isso implica um afastamento do reducionismo diagnóstico, evitando a tentação de confinar prematuramente fenômenos psíquicos complexos a taxonomias familiares ou categorias predefinidas. Em vez disso, convida a abraçar a incerteza e a estar aberto às revelações latentes proporcionadas pelo confronto com a magnitude inefável do real.

Em última análise, o papel do real no diagnóstico lacaniano se desdobra como uma odisseia transformadora, gerando um reconhecimento humilde da alteridade irredutível e da autenticidade primordial inerentes ao universo subjetivo de cada analisando. Abraçar o real convida os clínicos a percorrerem os espaços liminares da experiência humana, traçando um caminho através dos terrenos inexplorados da ruptura psíquica e da vulnerabilidade existencial. Com suas profundas implicações para a práxis clínica, o real emerge como uma força potente que anima a contínua evolução do diagnóstico lacaniano, remodelando os contornos do engajamento terapêutico e enriquecendo a tapeçaria da compreensão humana.

8. Implicações para a prática clínica:

As implicações do conceito lacaniano do real para a prática clínica são múltiplas, visto que esse componente fundamental da subjetividade humana tem um peso significativo no tratamento psicanalítico. Talvez uma das implicações mais profundas resida no reconhecimento da presença onipresente do real na psique do paciente, que frequentemente se manifesta como traumas não verbalizados e não processados e conflitos não resolvidos. Reconhecer o impacto do real na experiência subjetiva do analisando é crucial para o analista, pois direciona a atenção para os fatores subjacentes que influenciam os sintomas, comportamentos e relações interpessoais do indivíduo.

A visão lacaniana do real exige uma compreensão ampliada da resistência em contextos clínicos. O real, caracterizado por sua resistência à simbolização, desafia a abordagem terapêutica convencional, necessitando de uma estrutura mais matizada para lidar com o indizível e o inacessível na estrutura psíquica do paciente. Os terapeutas devem navegar por esse território desconhecido com sensibilidade e sutileza, incentivando uma reavaliação das técnicas e intervenções tradicionais que podem não ser suficientes para lidar com o profundo impacto do real.

A incorporação das implicações do real na prática clínica envolve a redefinição da natureza da transferência terapêutica. A influência disruptiva do real sobre a ordem simbólica frequentemente se manifesta em comunicações não verbais, carregadas de afeto, alterando a dinâmica da transferência e da contratransferência. Compreender como o real permeia essas dinâmicas relacionais permite uma compreensão mais abrangente dos processos inconscientes do paciente, lançando luz sobre aspectos ocultos de seu mundo interno.

Em um sentido mais amplo, as implicações do real vão além dos limites do consultório, reverberando pelas dimensões socioculturais e políticas da psicanálise. O reconhecimento do real suscita um exame crítico das construções sociais, das diferenças de poder e das injustiças sistêmicas, instando os profissionais a considerarem o contexto sociopolítico mais amplo em que seus pacientes estão inseridos. Isso exige uma reorientação da práxis clínica que reconheça a interseccionalidade das experiências do paciente e a poderosa influência do real em suas vivências.

Em última análise, lidar com as implicações do real ressalta o imperativo da reflexividade contínua e da autoanálise na díade terapêutica. Ao reconhecer as complexidades do real e suas ramificações para o trabalho clínico, os terapeutas são impulsionados a um envolvimento mais profundo com as nuances da subjetividade humana, abrindo caminho para processos de cura mais holísticos e profundos.

O papel do gozo nas três ordens

1. Introdução:

O gozo, conceito central da psicanálise lacaniana, rompe com a compreensão tradicional do prazer. Ele transcende a mera busca pela satisfação hedonista delineada no Princípio do Prazer de Freud, adentrando um domínio enigmático pontuado por excessos e até mesmo dor. Ao aprofundar-se nas complexidades do gozo, embarca-se em uma jornada que desestabiliza os paradigmas psicológicos convencionais e convida à exploração dos desejos intrínsecos que operam além da cognição consciente. Essa perspectiva propõe um afastamento da dicotomia convencional entre prazer e desprazer. Em vez disso, introduz uma compreensão matizada das experiências subjetivas que existem nos interstícios entre deleite e angústia, atravessando as fronteiras concebidas no Princípio do Prazer. O gozo rompe com o equilíbrio estabelecido pela inclinação à busca do prazer destacada na teoria freudiana, pois abrange um terreno onde a gratificação se cruza com o desconforto de maneiras complexas. Ao desvendar essa complexa interação, os indivíduos obtêm insights sobre a natureza elusiva de suas aspirações e as tensões subjacentes que pontuam a experiência humana. Dentro desse paradigma, deparamo-nos com uma dialética inexplorada entre prazer e sofrimento que desafia as dicotomias simplistas de prazer e dor, exigindo uma recalibração das estruturas perceptivas. Discernir os contornos insondáveis do gozo requer o reconhecimento de suas dimensões multifacetadas, provocando uma investigação da própria essência do prazer. Ao embarcarmos nessa expedição, torna-se imperativo explorar os corredores do desejo humano, expandindo nossa consciência para abarcar as nuances imensuráveis que transcendem as compreensões tradicionais de gratificação. Imperceptível ao olhar destreinado, o fenômeno do gozo revela uma rica tapeçaria de emoções humanas que escapa à linearidade que sustenta o Princípio do Prazer. Portanto, cabe a nós reconhecer as profundas implicações inerentes à aventura 'além do prazer', abraçando o fascínio inquietante do gozo que anuncia um afastamento dos modos convencionais de investigação psicológica.

2. O gozo na ordem simbólica - A lei e suas transgressões:

Na teoria lacaniana, o gozo, dentro da ordem simbólica, está intrinsecamente ligado ao conceito de lei e transgressões. A ordem simbólica constitui o domínio da linguagem, da cultura e das normas sociais – a rede de significantes que governa a subjetividade humana. Aqui, o gozo se entrelaça com as restrições e regulamentações impostas pela lei, constituindo uma complexa interação entre o desejo e seus mecanismos regulatórios.

Lacan postula que a ordem simbólica impõe um conjunto de leis e regras que circunscrevem os limites do desejo individual. O gozo, como uma forma de excesso que transcende o prazer, frequentemente emerge como um espaço de transgressão contra essas leis simbólicas. Ele incorpora uma experiência excessiva e avassaladora que tanto atrai quanto aterroriza o sujeito. A busca pelo gozo pode, portanto, levar a conflitos com normas sociais, restrições éticas e códigos de conduta aceitos, resultando no que Lacan denomina "o lado obscuro da lei".

Na ordem simbólica, o gozo está ligado à noção de falta. A busca incessante pelo gozo deriva dessa falta inerente, perpetuando um ciclo de desejo e frustração. Os indivíduos procuram preencher esse vazio por diversos meios, muitas vezes recorrendo a comportamentos transgressivos na tentativa de romper os limites impostos pela lei simbólica. A exploração do gozo por Lacan revela sua natureza paradoxal: ele é tanto a fonte do prazer quanto a causa do sofrimento, existindo na interseção entre a aceitação e a resistência à ordem simbólica.

A ordem simbólica constrói uma estrutura de linguagem e significantes que moldam a identidade e os desejos do sujeito. O gozo, nesse contexto, rompe com a estrutura linguística e desafia os significados estabelecidos, levando a momentos de ruptura e dissonância. O próprio ato de articular o gozo implica necessariamente uma desestabilização do edifício simbólico, impulsionando o sujeito em direção aos territórios proibidos, onde as leis são transgredidas e os tabus quebrados.

3. Gozo na ordem imaginária - Ilusões e desejos:

Dentro da ordem imaginária, o gozo manifesta-se como uma busca constante por ideais inatingíveis, compelindo os indivíduos a lutarem por uma completude ou realização imaginária que está sempre fora de alcance. No cerne da ordem imaginária reside a formação do ego através do estágio do espelho, onde o senso de identidade do indivíduo é moldado pela identificação com imagens e símbolos externos. Dentro dessa estrutura, o gozo emerge como uma força motriz fundamental por trás da busca incessante por autoimagens idealizadas, levando a um ciclo perpétuo de desejo e anseios não realizados.

4. A ordem real e o gozo - Encontros com o impossível:

Na teoria lacaniana, o conceito de gozo refere-se a uma forma complexa e frequentemente enigmática de satisfação, inextricavelmente ligada à impossibilidade. O real caracteriza-se pela sua resistência à simbolização e à representação, tornando-se um terreno elusivo que se encontra além da compreensão consciente. Dentro dessa ordem, o gozo é vivenciado como encontros com o impossível, onde o indivíduo se debate com os limites da linguagem e do significado. A busca pelo gozo no real é marcada por uma busca incessante por uma gratificação inatingível, transcendendo as fronteiras das tendências tradicionais de busca do prazer. Ao interagirmos com a paisagem do real, deparamo-nos com a natureza paradoxal do gozo, em que o anseio pela plenitude está intrinsecamente entrelaçado com a experiência da falta e da impossibilidade. Essa tensão dá origem a uma forma singular de satisfação que desafia a lógica convencional, incitando os indivíduos a confrontarem as inadequações inerentes às representações simbólicas. Por meio de ilustrações clínicas e elaborações teóricas, a natureza enigmática do gozo no real torna-se palpável, oferecendo uma profunda exploração das contradições e tensões inerentes à psique humana. Além disso, um exame da interação entre o gozo e o real revela as complexidades do funcionamento psíquico, iluminando as maneiras pelas quais os indivíduos negociam suas interações com o inatingível e o inexplicável. Ao confrontarmos o impossível dentro do real, somos confrontados com a própria essência da subjetividade humana e a busca perene pela plenitude em meio ao reconhecimento das limitações inerentes.

5. Interconexões entre três ordens:

O gozo, frequentemente descrito como uma forma de prazer excessivo ou prazer traumático, manifesta-se de maneira diferente em cada um desses domínios, mas sua influência permeia todo o panorama psicanalítico. A abordagem dialética do gozo facilita um exame abrangente de suas manifestações sutis nas três ordens. Dentro da ordem Simbólica, o gozo se cruza com a lei e suas transgressões, destacando a natureza paradoxal do prazer e da restrição. Essa intersecção evoca questões de desejo, proibição e subversão, ressaltando a complexa relação entre normas sociais e gratificação individual. Ao adentrarmos o imaginário, o gozo se entrelaça com ilusões e desejos. Aqui, encontramos os mecanismos de espelhamento e as fantasias que moldam as experiências subjetivas de prazer, anseio e desejo insaciável. A justaposição de autoimagens idealizadas e a carência subjacente contribui para uma teia de gozo dentro da ordem imaginária. Ao nos aventurarmos na ordem real, os encontros com o gozo adentram o impossível. Este domínio revela as experiências brutas e não mediadas que transcendem representações simbólicas e construções imaginárias. O gozo no real expõe a tensão inerente entre a busca por uma felicidade inatingível e o confronto perturbador com os limites da representação. É nos interstícios dessas três ordens que a abordagem dialética ilumina a interação dinâmica do gozo, oferecendo uma profunda exploração da subjetividade humana e seu entrelaçamento com o prazer e a dor. Através dessa lente, a natureza elusiva do gozo é encapsulada em uma estrutura que reconhece as complexidades da vida psíquica, convidando a uma investigação e introspecção mais aprofundadas. A abordagem dialética do gozo não apenas desvenda seus fios entrelaçados, mas também ressalta sua relevância para decifrar as complexidades da experiência humana.

6. Interpretações culturais – Gozo na literatura e nas artes:

A literatura, sendo um campo onde as nuances da experiência humana são retratadas com pungência, oferece vislumbres perspicazes das manifestações do gozo. Da sedutora atração dos prazeres proibidos em obras clássicas de ficção à exploração de desejos inatingíveis em romances contemporâneos, o tema do gozo frequentemente serve como um elemento crucial que molda a paisagem narrativa. Através de uma análise aprofundada de obras-primas literárias selecionadas, desvendamos a interação entre a busca pelo gozo por parte dos personagens e as inevitáveis armadilhas que acompanham tais buscas incessantes.

As artes, abrangendo meios visuais, cênicos e cinematográficos, fornecem uma tela para a incorporação e representação do gozo. Pinturas, esculturas e outras formas de arte visual capturam a essência do gozo por meio de imagens e simbolismos evocativos, convidando os espectadores a contemplar a natureza enigmática do prazer e da dor. Da mesma forma, no domínio das artes cênicas, a encenação do gozo no palco ou na tela torna-se uma exploração fascinante das emoções e vulnerabilidades humanas, servindo como um espelho para o fascínio coletivo da sociedade pelas complexidades do prazer e do sofrimento.

Ao analisarmos artefatos culturais que abrangem diversos contextos históricos e socioculturais, discernimos a presença sutil, porém onipresente, do gozo como um motivo que transcende fronteiras temporais e espaciais. Por meio de uma análise meticulosa de obras literárias renomadas, criações artísticas e produções cinematográficas, buscamos elucidar as maneiras pelas quais o gozo opera como um motivo temático, revelando profundas percepções sobre a psique humana e as construções sociais.

7. Perspectivas de gênero sobre o gozo - Complexidades femininas e masculinas:

A teoria lacaniana postula que o gozo não é simplesmente uma questão de prazer ou dor, mas uma forma mais profunda de satisfação que transcende as noções tradicionais de hedonismo. Ao explorar a experiência feminina do gozo, torna-se essencial considerar as maneiras pelas quais as representações culturais e as normas sociais influenciaram a construção do desejo e da satisfação feminina. Da mesma forma, a experiência masculina do gozo está intrinsecamente ligada às expectativas sociais e à manifestação das dinâmicas de poder. A conceituação lacaniana do gozo fálico e sua relação com a identidade masculina lançam luz sobre a interação entre gênero e experiências psicanalíticas. Além disso, por meio de uma análise crítica do papel do outro e sua influência na construção do gozo, podemos discernir as nuances pelas quais o gênero molda a experiência subjetiva desse conceito fundamental.

8. Críticas e debates:

O gozo lacaniano tem sido objeto de extenso debate e crítica no discurso psicanalítico contemporâneo, refletindo a evolução da compreensão da subjetividade humana e do desejo. Uma crítica prevalente gira em torno da natureza ambígua do gozo, conforme proposto por Lacan, com alguns estudiosos argumentando que sua abstração o torna demasiado elusivo para ser adequadamente definido ou operacionalizado na prática clínica. Esse ceticismo frequentemente decorre dos desafios inerentes à tradução de constructos teóricos em intervenções terapêuticas tangíveis. Os críticos também questionam a aplicabilidade universal do gozo lacaniano, argumentando que sua ênfase na linguagem e nas estruturas simbólicas pode negligenciar a diversidade de experiências individuais e contextos culturais. Além disso, a dimensão de gênero do gozo tem suscitado discussões acaloradas, com alguns comentadores destacando a estrutura predominantemente falocêntrica de Lacan e suas implicações para a compreensão da subjetividade e do prazer femininos. Essa crítica ressalta a necessidade de uma abordagem inclusiva e interseccional do gozo que reconheça as complexidades da identidade de gênero e da orientação sexual. Apesar dessas críticas, os proponentes da teoria lacaniana argumentam que o potencial transformador do gozo ilumina processos inconscientes e revela desejos reprimidos. Eles defendem que a natureza enigmática do gozo reflete as profundezas inesgotáveis da subjetividade humana, oferecendo uma perspectiva radical sobre os fenômenos psíquicos que transcende os paradigmas tradicionais do prazer. Além disso, psicanalistas contemporâneos têm buscado integrar conceitos lacanianos com avanços em neurociência e estudos afetivos, visando estabelecer fundamentos empíricos para a compreensão do gozo nas redes neurais do cérebro. Esse diálogo interdisciplinar expande os horizontes do gozo para além de debates puramente teóricos, fomentando uma compreensão mais matizada de seus fundamentos neurobiológicos e implicações clínicas. Assim, o discurso contemporâneo sobre o gozo lacaniano suscita uma reavaliação crítica da práxis psicanalítica e exige uma abordagem integrativa que reconcilie as elaborações teóricas com as demandas práticas do engajamento terapêutico.

O 'outro'

1. Introdução:

O conceito de "outro" engloba dimensões multifacetadas que vão além das compreensões convencionais de entidades externas. Sua delimitação representa um afastamento das percepções tradicionais do "outro" como mera entidade externa ou indivíduo separado. Dentro da teoria lacaniana, o "outro" transcende a mera alteridade, aprofundando-se na interação entre subjetividade, linguagem e desejo. Em sua essência, o "outro" incorpora não apenas o mundo externo com o qual nos deparamos, mas também a ordem simbólica que delimita os parâmetros da experiência humana. Além disso, engloba os ideais e identificações internalizados que moldam a autopercepção e a dinâmica relacional. Essa ampla conceitualização ressalta a centralidade do "outro" na formação da subjetividade humana e ilumina seu papel fundamental no desenvolvimento psíquico dos indivíduos. Ademais, ao elucidar a relação dialética entre o Si-mesmo e o "outro", Lacan introduziu uma perspectiva paradigmática que reformulou a própria estrutura da investigação psicanalítica. Ao compreender o 'outro' como uma força constitutiva na dinâmica da formação do sujeito, a teoria lacaniana enfatiza o entrelaçamento intrínseco da identidade com o meio sociocultural mais amplo. Ao destacar o 'outro' como uma construção mediadora através da qual os sujeitos se orientam em sua jornada existencial, ela reconfigura os terrenos psicanalíticos tradicionais, imbuindo-os de uma dimensionalidade enriquecida. Consequentemente, essa compreensão abrangente revela a interconexão da experiência subjetiva com o 'outro', semeando um terreno fértil para uma exploração aprofundada da formação da identidade, do desejo e das relações intersubjetivas.

2. Contexto histórico e evolução:

O contexto histórico e a evolução do conceito de "outro" na teoria lacaniana estão profundamente enraizados no meio intelectual dos discursos pós-estruturalistas e psicanalíticos. Surgindo na esteira da psicanálise freudiana, a reformulação do "outro" por Jacques Lacan marcou uma mudança crucial na compreensão da subjetividade e na construção da realidade. Fundamental para a compreensão dessa evolução é a exploração do diálogo de Lacan com as correntes linguísticas e filosóficas que influenciaram fortemente sua conceitualização do "outro". A virada linguística em meados do século XX, particularmente as obras de Ferdinand de Saussure e Roman Jakobson, desempenhou um papel crucial na formação do pensamento de Lacan sobre a dimensão simbólica do "outro". Além disso, a influência da filosofia hegeliana, especialmente a interação dialética entre o eu e o outro, forneceu um terreno fértil para Lacan desenvolver suas ideias sobre subjetividade e intersubjetividade. Além disso, a evolução da teoria lacaniana em relação ao 'outro' pode ser rastreada através das várias fases da obra de Lacan, desde seus primeiros seminários até seus escritos posteriores. A crescente importância do 'outro' reflete a própria trajetória intelectual de Lacan e o refinamento de seu arcabouço teórico ao longo do tempo. À medida que a teoria lacaniana ganhou impulso nos meios da psicologia, dos estudos literários e da teoria cultural, os estudiosos aprofundaram os fundamentos históricos e intelectuais do 'outro' dentro do discurso lacaniano. A aplicação de conceitos lacanianos em diversos campos também contribuiu para a contínua evolução e reinterpretação do 'outro', ecoando o dinamismo inerente ao pensamento lacaniano.

3. O 'outro' em relação à ordem simbólica:

O 'outro' não é meramente uma entidade externa, mas abrange uma complexa rede de estruturas linguísticas, culturais e sociais que moldam a identidade e a percepção individual. Dentro da ordem simbólica, o 'outro' funciona como um repositório de símbolos, normas e significantes compartilhados que regulam as experiências e interações humanas.

Ao explorar o conceito do 'outro' em relação à ordem simbólica, é crucial reconhecer que essa construção transcende os meros indivíduos e se estende a estruturas sociais mais amplas. A ordem simbólica, conforme postulada por Lacan, representa o meio da linguagem e da cultura, no qual o 'outro' desempenha um papel central na mediação da subjetividade. Por meio da linguagem e dos sistemas simbólicos, os indivíduos se relacionam com sua existência e constroem significado dentro da estrutura de influência do 'outro'.

O 'outro', em relação à ordem simbólica, introduz noções de autoridade, lei e dinâmicas intersubjetivas. Essa interação dinâmica é essencial para compreender como os indivíduos internalizam normas e expectativas sociais, muitas vezes conformando-se inconscientemente aos ditames do 'outro'. Assim, a ordem simbólica, por meio de sua conexão com o 'outro', torna-se um espaço para a regulação da conduta social e a formação da subjetividade.

Lacan enfatiza que o 'outro' dentro da ordem simbólica também instila um sentimento de falta ou incompletude no sujeito humano. Essa falta inerente, decorrente do reconhecimento do 'outro' como um locus de autoridade e conhecimento, impulsiona os indivíduos a buscarem identificação e reconhecimento dentro da estrutura simbólica. Consequentemente, o 'outro' emerge como um determinante fundamental no desenvolvimento do desejo e da identidade dentro da ordem simbólica.

Notavelmente, o 'outro' na ordem simbólica gera uma relação dialética, na qual os indivíduos tanto resistem quanto assimilam sua influência. Essa dialética leva à negociação entre a autonomia pessoal e a conformidade social, à medida que os indivíduos buscam afirmar sua subjetividade enquanto são moldados pelas normas e convenções prescritas pelo 'outro'. Tais negociações revelam a dinâmica de poder inerente à função do 'outro' dentro da ordem simbólica

4. Imaginário versus simbólico - O aspecto dual do 'outro':

O 'outro' simbólico representa o meio da linguagem, do direito e das normas sociais que estruturam nossa compreensão da realidade e governam nossas interações. É por meio do 'outro' simbólico que os indivíduos se reconhecem como entidades separadas dentro da estrutura social mais ampla. Esse reconhecimento é fundamental para o desenvolvimento da subjetividade, pois estabelece a base para a formação da identidade individual. Por outro lado, o 'outro' imaginário emana da percepção, das imagens e das representações idealizadas. Ele incorpora o aspecto de espelhamento da experiência humana, onde os indivíduos constroem sua autoimagem e seus desejos por meio da identificação com os outros e com imagens internalizadas. O 'outro' imaginário desempenha um papel crucial na formação do ego e das tendências narcisistas, à medida que os indivíduos se esforçam para se alinhar a reflexos idealizados. No entanto, essa idealização frequentemente leva a percepções equivocadas e ao afastamento do verdadeiro eu. Compreender a dualidade do 'outro' lança luz sobre a dinâmica das relações sujeito-objeto dentro da perspectiva lacaniana. Isso ressalta a presença simultânea de influências sociais externas e projeções psicológicas internas na formação das identidades individuais. Além disso, a interação entre o 'outro' simbólico e o imaginário revela as tensões e contradições inerentes à constituição da subjetividade. Ao explorar o aspecto dual do 'outro', obtemos insights sobre as complexidades da subjetividade humana e a interação sutil entre as estruturas sociais e os processos psicológicos internos.

5. Subjetividade e o papel do 'outro':

Ao focarmos no papel do 'outro' na formação da subjetividade, aprofundamos o cerne da psicanálise lacaniana e suas implicações para a compreensão da psique humana. O 'outro' serve como um constructo fundamental na formação da subjetividade, pois representa as forças externas que influenciam o senso de si. Sob a perspectiva da teoria lacaniana, a subjetividade não é vista como uma entidade autônoma e autossuficiente, mas sim como uma construção dinâmica em relação ao 'outro'. Esse aspecto relacional fundamenta a interação entre o indivíduo e o mundo externo, enfatizando o profundo impacto das dinâmicas sociais e culturais na formação da subjetividade. Assim, o 'outro' torna-se um mediador essencial na constituição da identidade e da experiência subjetiva. Além disso, o 'outro' opera dentro da ordem simbólica, contribuindo para a internalização de normas sociais, linguagem e ideais culturais que moldam a subjetividade individual. Lacan postula que o 'outro' atua como um repositório de significados e significantes que os indivíduos utilizam para estruturar sua compreensão de si mesmos e da realidade. Essa apropriação dos recursos simbólicos do 'outro' serve para ancorar o senso de identidade e fornece uma estrutura para atravessar as complexidades da existência. Além disso, o 'outro' desempenha um papel fundamental no desenvolvimento do desejo e na construção de representações linguísticas e simbólicas. É por meio do 'outro' que os indivíduos acessam o registro simbólico, estabelecendo, assim, uma estrutura para articular e expressar seus desejos dentro das limitações da linguagem e das normas sociais. Essa interdependência entre subjetividade e o 'outro' ressalta a natureza dinâmica e complexa da experiência humana, elucidando o profundo impacto das influências externas na constituição do eu.

6. O 'outro' como um espelho:

Na perspectiva lacaniana, o conceito de "outro" está profundamente entrelaçado com a experiência individual da linguagem e do desejo. O "outro" funciona como um profundo espelho através do qual os indivíduos percebem a si mesmos e seu lugar dentro da ordem simbólica. Esse processo de espelhamento ocorre tanto linguisticamente quanto no desejo, desempenhando um papel fundamental na formação da subjetividade e da identidade.

A linguagem, enquanto sistema construído pelo 'outro', serve como mecanismo reflexivo através do qual os indivíduos formam seu senso de identidade. Os símbolos e significantes linguísticos fornecidos pelo 'outro' não apenas possibilitam a comunicação, mas também mediam a compreensão que o sujeito tem de sua própria identidade. Assim, o 'outro' torna-se o agente através do qual os indivíduos internalizam e interagem com a ordem simbólica, influenciando, em última instância, sua autopercepção e sua relação com o mundo externo.

O 'outro' reflete os desejos do sujeito, constituindo um aspecto crucial da psicanálise lacaniana. Os desejos do sujeito estão inevitavelmente entrelaçados com os desejos percebidos do 'outro', levando a uma interação complexa que influencia as aspirações e o senso de realização do indivíduo. O 'outro' age como um espelho no qual os desejos do sujeito são tanto refletidos quanto moldados, impactando profundamente sua compreensão do que é valorizado e buscado dentro do contexto social e cultural.

Essa função reflexiva do 'outro' vai além do indivíduo, permeando as dinâmicas sociais e as estruturas de poder. O processo de espelhamento inerente à linguagem e ao desejo perpetua certas normas, valores e ideologias sancionadas pelo 'outro', moldando, consequentemente, identidades coletivas e estruturas sociais. Assim, o 'outro' atua como uma força reflexiva que não apenas molda as subjetividades individuais, mas também contribui para a construção e o reforço de estruturas sociais mais amplas.

Contudo, dentro dessa relação de espelhamento reside o potencial para resistência e subversão. Os indivíduos podem desafiar os reflexos apresentados pelo 'outro', levando a reconfigurações de identidade e desejo que divergem das normas estabelecidas. Essa tensão dinâmica entre conformidade e resistência sublinha a natureza multifacetada do 'outro' como um espelho, demonstrando sua capacidade tanto de solidificar quanto desestabilizar os fundamentos da identidade e do desejo dentro da estrutura lacaniana.

7. Interação entre o 'outro' e a formação da identidade:

Ao compreender essa relação, torna-se evidente que o 'outro' serve como um determinante crucial na construção das subjetividades individuais. Sob a perspectiva da psicanálise lacaniana, o 'outro' funciona como uma força dinâmica que molda e influencia o desenvolvimento do senso de si do indivíduo.

Na perspectiva lacaniana, a formação da identidade está intrinsecamente ligada ao reconhecimento e à internalização de influências externas, provenientes principalmente do "outro". Esse processo se desenrola dentro da ordem simbólica, onde a linguagem e as normas sociais atuam como condutos para a transmissão de paradigmas culturais, familiares e ideológicos. Os indivíduos se orientam dentro da rede simbólica assimilando as percepções e expectativas projetadas sobre eles pelo "outro", contribuindo, assim, para a negociação contínua de suas próprias identidades.

O 'outro' funciona como um agente crucial no estabelecimento de papéis e normas sociais, exercendo, assim, considerável influência sobre a maneira como os indivíduos se percebem e são percebidos pelos outros. A mediação das expectativas sociais, dos códigos morais e dos valores culturais pelo 'outro' molda significativamente os contornos da identidade individual. A ênfase de Lacan no papel do 'outro' elucida que a autopercepção e o posicionamento social estão intrinsecamente interligados, ressaltando a natureza relacional da identidade.

A formação da identidade, tal como concebida no discurso lacaniano, não é um processo unicamente interno; pelo contrário, está fundamentalmente interligada com os reflexos externos recebidos do 'outro'. A complexa dinâmica entre a autopercepção e a validação externa é essencial para a compreensão da tapeçaria da construção da identidade. O 'outro' funciona como um espelho através do qual os indivíduos encontram e negociam as suas próprias imagens, discernindo-se em meio à teia de expectativas sociais, desejos e construções linguísticas.

A teoria lacaniana postula que o 'outro' não apenas reflete identidades preexistentes, mas participa ativamente de sua constituição contínua. Ao interagirem com os ditames do 'outro', os indivíduos participam de um processo constante de negociação identitária, oscilando entre a conformidade e a resistência. Essa interação dialética perpetua a natureza sempre evolutiva da construção da identidade, desafiando concepções estáticas de subjetividade e destacando o envolvimento indispensável do 'outro' nessa formação iterativa.

Para compreender plenamente as complexidades da formação da identidade no paradigma lacaniano, é preciso desvendar cuidadosamente a relação intrincada entre o 'outro' e a constituição das subjetividades. Essa interação transcende a mera introspecção, aventurando-se em negociações intersubjetivas e emaranhados sociais. Em última análise, o 'outro' emerge como um eixo fundamental em torno do qual se desdobra o tecido das identidades individuais e coletivas, exigindo um escrutínio constante e uma elucidação teórica.

8. O 'outro' e sua influência nas estruturas sociais:

Na teoria lacaniana, as estruturas sociais estão intrinsecamente ligadas à dinâmica do "outro", desempenhando um papel crucial na formação da subjetividade individual e das normas sociais. O conceito de "outro" transcende as interações individuais, permeando o tecido das instituições sociais, hierarquias e dinâmicas de poder. Dentro dos contextos sociais, o "outro" atua como uma força fundamental na delimitação das fronteiras entre o eu e o outro, cultivando um senso de pertencimento ou alienação e influenciando comportamentos coletivos. Ao examinar a interdependência entre o "outro" e as estruturas sociais, emerge uma compreensão mais profunda das complexidades inerentes às comunidades humanas.

O 'outro' opera como uma presença implícita que influencia paradigmas culturais, códigos éticos e padrões normativos dentro das comunidades. Ele transmite um conjunto de expectativas e normas implícitas que ditam comportamentos, crenças e identidades aceitáveis. Consequentemente, os indivíduos interagem com essas expectativas sociais e constroem suas identidades em relação ao 'outro'. Através dos mecanismos de reconhecimento e não reconhecimento, o 'outro' molda o ambiente social perpetuando certos ideais enquanto marginaliza outros.

A influência do 'outro' manifesta-se no estabelecimento de hierarquias sociais e diferenciais de poder. Dá origem a sistemas de privilégio e opressão arraigados nas instituições sociais, perpetuando a distribuição desigual de recursos, oportunidades e poder de ação. Consequentemente, o 'outro' desempenha um papel fundamental na manutenção e reprodução das desigualdades sociais, muitas vezes reforçando narrativas dominantes e silenciando vozes marginalizadas. Essa complexa interação entre o 'outro' e as estruturas sociais evidencia o impacto transformador do 'outro' na dinâmica do poder social e na consciência coletiva.

A teoria lacaniana estimula reflexões críticas sobre as implicações do "outro" dentro das estruturas sociais, instigando uma investigação das relações de poder subjacentes e dos marcos normativos. Ao lançar luz sobre as funções repressivas e regulatórias do "outro", essa perspectiva expõe como as estruturas sociais impõem a conformidade e moldam as subjetividades individuais. Além disso, convida a uma reavaliação dos discursos e práticas sociais prevalecentes, impulsionando o exame de preconceitos e vieses ocultos, incorporados às normas sociais.

Em essência, a influência generalizada do 'outro' nas estruturas sociais ressalta a complexa rede de influências que sustentam os comportamentos coletivos, as dinâmicas de poder e as construções de identidade dentro das sociedades. Compreender as interconexões sutis entre o 'outro' e as estruturas sociais abre caminhos para análises críticas e intervenções transformadoras que promovam estruturas sociais mais inclusivas e equitativas.

9. Críticas e reinterpretações do 'outro' lacaniano:

Críticas e reinterpretações do conceito lacaniano de "outro" têm sido fundamentais para moldar o discurso contemporâneo dentro e fora da psicanálise. Ao aprofundarmos essa análise crítica, torna-se evidente que acadêmicos e profissionais têm levantado preocupações válidas quanto às limitações e aplicabilidade da concepção lacaniana de "outro". Uma crítica proeminente gira em torno da visão um tanto rígida e determinista de Lacan sobre o "outro" dentro da ordem simbólica. Os críticos argumentam que essa representação negligencia as nuances e complexidades das experiências e da agência individuais, potencialmente obscurecendo a diversidade das realidades subjetivas. Além disso, alguns estudiosos destacaram a natureza binária da delimitação lacaniana entre o "outro" e o self, sugerindo que divisões tão nítidas podem não capturar adequadamente as complexidades das relações humanas e das dinâmicas socioculturais. À luz dessas críticas, diversas reinterpretações emergiram, visando refinar e expandir a estrutura original de Lacan. Por exemplo, pensadores psicanalíticos contemporâneos têm proposto compreensões mais relacionais e contextuais do "outro", enfatizando a interconexão e a constituição mútua das subjetividades. Além disso, perspectivas convergentes das teorias feminista, pós-colonial e queer têm impulsionado reavaliações do "outro" como intrinsecamente ligado a diferenciais de poder, construções sociais e identidades interseccionais. Esses diálogos interdisciplinares enriqueceram o discurso sobre o "outro", destacando questões de diversidade, inclusão e justiça social dentro do paradigma lacaniano. Para além da academia, profissionais clínicos também têm contribuído para a reinvenção do "outro" por meio de suas experiências e inovações terapêuticas. Ao se engajarem criticamente com os conceitos de Lacan, terapeutas têm desenvolvido abordagens mais personalizadas e inclusivas que reconhecem a multidimensionalidade do "outro" na relação terapêutica. Além disso, as implicações éticas do "outro" na prática da saúde mental foram enfatizadas, levando a discussões reflexivas sobre competência cultural, empatia e a desconstrução de normas hegemônicas. Essas colaborações e reinterpretações interdisciplinares refletem um engajamento dinâmico com a teoria lacaniana, demonstrando sua relevância e adaptabilidade contínuas em contextos sociais, culturais e clínicos em constante evolução.

Carência e desejo

1. A noção lacaniana de falta:

Na teoria de Lacan, a noção de falta ocupa uma posição central na compreensão da subjetividade e do desejo humanos. Enraizada na tradição psicanalítica, a falta não é meramente uma ausência ou um vazio, mas sim um componente fundamental que molda as experiências e motivações individuais. Em sua essência, a falta transcende o tangível e o material; ela opera dentro de estruturas simbólicas e imaginárias, exercendo uma profunda influência na construção da identidade e do desejo humanos. A conceituação de falta por Lacan emerge como um conceito crucial que sustenta a estrutura do inconsciente e elucida as complexidades do desejo humano. Para compreender plenamente o significado da falta na teoria lacaniana, é essencial aprofundar-se em suas múltiplas conceitualizações e implicações. Primeiramente, a falta está ligada à formação do sujeito dentro da ordem simbólica. Ela significa a incompletude e a fragmentação inerentes que caracterizam a existência humana. Em vez de perceber a falta como um mero déficit, Lacan a postula como um elemento fundamental que impulsiona os indivíduos em direção à busca de plenitude e completude. Essa interação dialética entre carência e desejo constitui a base da psicanálise lacaniana, iluminando a natureza compulsiva dos desejos humanos impulsionados pela busca perpétua de preencher o vazio gerado pela carência. Além disso, a carência transcende a subjetividade individual e permeia o meio social e cultural, moldando ideologias e aspirações coletivas. A ênfase de Lacan na carência como condição universal ressalta sua onipresença nas estruturas sociais e na construção de significado. Ao examinar o papel da carência nos discursos sociais e nos imaginários coletivos, a teoria lacaniana oferece perspectivas esclarecedoras sobre a dinâmica do poder, da linguagem e das normas sociais. Ademais, a apreensão da carência se estende à práxis clínica, onde os analistas se envolvem com as complexas manifestações da carência nas narrativas de seus pacientes. Compreender como a carência opera como uma força fundamental e fonte de descontentamento permite aos clínicos desvendar as camadas de conflito inconsciente e desejos reprimidos, promovendo uma compreensão mais profunda da experiência subjetiva do paciente. Assim, a falta se revela como um pilar fundamental na teoria lacaniana, permeando a subjetividade individual, os fenômenos coletivos e a prática clínica com sua influência abrangente.

2. O conceito de desejo de Lacan:

Na teoria lacaniana, o conceito de desejo transcende simples inclinações biológicas ou instintivas. O desejo opera dentro de uma estrutura complexa que abrange elementos conscientes e inconscientes, representando um afastamento significativo das compreensões convencionais das necessidades humanas. Em um nível fundamental, a articulação do desejo por Lacan reflete um afastamento dos modelos psicanalíticos tradicionais, pois matiza o desejo não como uma mera busca por satisfação, mas como uma trajetória elusiva moldada por forças linguísticas e simbólicas.

O ponto central desta exploração é a diferenciação entre necessidade e desejo. Enquanto as necessidades priorizam os imperativos biológicos cruciais para a sobrevivência, o desejo vai além dessas exigências imediatas e envolve uma ânsia por objetos inatingíveis, muitas vezes simbólicos. Essa divergência sublinha a natureza da subjetividade humana, na qual o desejo se entrelaça com o inconsciente, está enraizado na linguagem e profundamente imbricado na ordem simbólica.

Desvendar as múltiplas camadas do desejo exige o reconhecimento de sua relação dialética com a falta. Lacan postula que o desejo surge como uma resposta à falta, permeando a própria essência da subjetividade humana. Essa perspectiva elucida o estado perpétuo de incompletude do desejo, eternamente ligado a uma ausência inerente, atrelada ao inconsciente. Consequentemente, o desejo existe como uma força estruturante que molda as experiências individuais e coletivas, engendrando a busca incessante por significantes simbólicos que transcendem a dimensão tangível.

Aprofundar-se nas concepções lacanianas de desejo exige lidar com o papel do outro em sua formação. A natureza do desejo se entrelaça com dinâmicas intersubjetivas, onde a influência do outro impulsiona a busca do sujeito por completude e reconhecimento, manifestando-se em diversos contextos interpessoais e sociais. Além disso, a conceituação de desejo por Lacan enfatiza seu entrelaçamento com os registros simbólico e imaginário, destacando sua presença onipresente em diversos domínios da experiência.

Assim, explorar o desejo segundo as premissas lacanianas exige um discernimento matizado que transcenda interpretações simplistas. Requer um engajamento com as perturbações entre a falta, a linguagem e as dinâmicas sociais, reconhecendo a essência paradoxal do desejo como força motriz e, ao mesmo tempo, como uma construção enigmática.

3. O papel do inconsciente na carência e no desejo:

Na teoria lacaniana, a interação entre carência e desejo está intrinsecamente ligada ao funcionamento da mente inconsciente. Central para a conceitualização de Lacan é a ideia de que a carência e o desejo não estão enraizados apenas no pensamento consciente ou na tomada de decisões racionais, mas sim profundamente arraigados na psique inconsciente.

Na teoria lacaniana, o inconsciente é uma esfera de desejos não reconhecidos, memórias reprimidas e experiências fragmentadas que exercem uma poderosa influência sobre a percepção de carência e a busca por satisfação do desejo. Lacan postula que é nesse domínio inconsciente que as carências se inscrevem, frequentemente originadas de experiências da primeira infância e da formação do ego. Assim, os indivíduos podem nutrir sentimentos inconscientes de inadequação, incompletude ou anseio que impulsionam seu envolvimento com diversos objetos de desejo. Sejam bens materiais, reconhecimento social ou relacionamentos íntimos, o inconsciente desempenha um papel fundamental na formação da experiência subjetiva de carência e na busca incessante pela plenitude.

O inconsciente também serve como locus de desejos e fantasias reprimidos que alimentam o ciclo perpétuo do desejo. A noção lacaniana do "desejo do outro" baseia-se na adoção inconsciente de normas, valores e expectativas sociais, que, subsequentemente, influenciam os desejos do indivíduo. Através dos mecanismos de repressão e deslocamento, o inconsciente exerce sua influência, canalizando e distorcendo as expressões conscientes do desejo, muitas vezes levando a manifestações enigmáticas e anseios aparentemente inexplicáveis.

O inconsciente está ligado à compreensão lacaniana da ordem simbólica, onde a linguagem e os significantes culturais moldam a percepção da falta pelo indivíduo e engendram desejos específicos. O registro simbólico, mediado pelo inconsciente, contribui para a perpetuação de ideais e normas socialmente construídos, moldando as aspirações e anseios do indivíduo de maneiras que muitas vezes escapam à consciência. Consequentemente, o inconsciente torna-se um reservatório de identificações simbólicas e demandas sociais internalizadas que sustentam a busca do desejo pelo indivíduo, frequentemente operando além do alcance da introspecção consciente.

Em última análise, o papel do inconsciente na teoria lacaniana vai muito além de meros processos psicológicos; ele constitui a base para a compreensão da dinâmica da carência e do desejo na subjetividade humana. Ao elucidar a complexa interação entre o inconsciente e esses conceitos fundamentais, a teoria lacaniana oferece uma lente profunda através da qual se pode desvendar a enigmática tapeçaria da motivação, da aspiração e da realização humanas.

4. Manifestações da falta de subjetividade:

O conceito de falta, ou manque na teoria lacaniana, possui implicações profundas para a compreensão da subjetividade humana. A falta não é meramente a ausência de algo tangível; antes, refere-se a uma incompletude fundamental que caracteriza a condição humana. Nesse contexto, a falta não está enraizada em nenhuma privação material específica, mas constitui, em vez disso, um aspecto fundacional da psique.

Lacan postula que a falta prepara o terreno para o desejo e fornece o ímpeto para o engajamento do sujeito com o mundo. Essa falta não é apenas subjetiva, mas também profundamente entrelaçada com a ordem simbólica. A sensação de falta do sujeito está inextricavelmente ligada à linguagem e aos significantes culturais, moldando sua identidade e autopercepção.

Dentro da estrutura da teoria lacaniana, as manifestações da carência na subjetividade são multifacetadas. Elas se evidenciam na busca perpétua por objetos de desejo, sejam eles bens materiais, reconhecimento social ou satisfação emocional. Essa busca incessante deriva da tentativa do indivíduo de preencher o vazio criado pela carência, frequentemente conduzindo a ciclos de anseio insaciável e insatisfação.

A carência opera em um nível mais profundo, permeando vários aspectos da experiência do indivíduo. Ela sustenta a dinâmica das relações humanas, à medida que os indivíduos buscam validação e confirmação dos outros para aliviar seu sentimento de inadequação. Essa busca por afirmação externa serve como um mecanismo compensatório destinado a mitigar a experiência interna de carência.

A carência exerce uma influência abrangente na formação da identidade e na construção do eu. A autopercepção do indivíduo está intrinsecamente ligada à consciência de suas deficiências, alimentando aspirações de autoaperfeiçoamento e a aquisição de características ou atributos que se acredita atenuarem sua sensação de falta.

No contexto clínico, as manifestações de carência na subjetividade são fundamentais para a compreensão de diversas psicopatologias. Transtornos como narcisismo, dependência e neurose frequentemente refletem respostas sutis a sentimentos subjacentes de carência. Essas condições podem ser vistas como mecanismos complexos de enfrentamento utilizados pelos indivíduos para lidar com suas experiências subjetivas de insuficiência.

5. A interação do desejo com o simbólico e o imaginário:

Na psicanálise lacaniana, o desejo não se restringe a meras vontades ou necessidades superficiais, mas abrange uma aspiração mais profunda e elusiva que se estende além da consciência do indivíduo.

Dentro da estrutura lacaniana, a ordem simbólica representa o meio da linguagem, da cultura e das normas sociais que moldam a compreensão que um indivíduo tem do mundo. O desejo, nesse contexto, está ligado às estruturas linguísticas e às maneiras pelas quais os indivíduos se relacionam com o significado e a identidade dentro do domínio simbólico. A mediação simbólica do desejo destaca como nossos anseios são influenciados e frequentemente limitados por convenções sociais e estruturas linguísticas, demonstrando o impacto abrangente dos sistemas culturais e simbólicos sobre os desejos subjetivos.

A interação entre o desejo e a dimensão imaginária elucida o papel das imagens, fantasias e representações idealizadas na formação do anseio e da gratificação individual. O imaginário, caracterizado pela formação do ego e da autoimagem, fornece um pano de fundo crucial para a compreensão de como o desejo está frequentemente entrelaçado com imagens ilusórias e fantasias projetadas. A ênfase de Lacan na imbricação do desejo dentro do imaginário ressalta a complexa relação entre as representações mentais internas e a busca pela realização, à medida que os indivíduos negociam seus desejos através de uma lente de unidade percebida e visões idealizadas.

Ao explorar a relação entre desejo, simbólico e imaginário, torna-se evidente que a teoria lacaniana oferece uma perspectiva única para compreender a natureza multifacetada do anseio humano. Essa perspectiva encoraja clínicos e teóricos a investigar as maneiras pelas quais o desejo se entrelaça com a linguagem, construções culturais e criações imaginativas, moldando, em última instância, experiências subjetivas e dinâmicas relacionais. Ao discernir a interação do desejo com o simbólico e o imaginário, os profissionais podem cultivar uma apreciação mais profunda das nuances da motivação humana, abrindo caminho para intervenções terapêuticas mais perspicazes e avanços teóricos.

6. Implicações clínicas:

Abordar a carência e o desejo exige uma compreensão profunda de suas dinâmicas multifacetadas na psique de um indivíduo. Os terapeutas devem reconhecer que a carência é onipresente na experiência humana, manifestando-se como uma sensação de incompletude ou inadequação que sustenta os desejos. É crucial reconhecer que esses conceitos se cruzam com a realidade subjetiva do indivíduo e têm um impacto profundo em seu bem-estar psicológico.

Ao abordar a carência e o desejo em terapia, é imprescindível criar um ambiente propício onde os pacientes se sintam seguros para expressar seus anseios e frustrações mais íntimos. Os terapeutas devem trabalhar habilmente a dialética entre os registros simbólico e imaginário para desvendar as manifestações inconscientes da carência e do desejo. Ao aprofundar-se no discurso do paciente, os terapeutas podem identificar padrões de comportamentos substitutivos ou frustrações repetidas que elucidam desejos subjacentes não satisfeitos.

As intervenções terapêuticas destinadas a abordar a carência e o desejo devem incorporar uma exploração minuciosa do contexto histórico e cultural do paciente. Compreender a influência das normas sociais, da dinâmica familiar e das experiências pessoais é essencial para desvendar a complexa teia de carência e desejo manifestada na vida de um indivíduo. Por meio da escuta empática e da observação atenta, os terapeutas podem decifrar as expressões implícitas de carência e desejo presentes nas narrativas, sonhos e fantasias do paciente.

O processo terapêutico deve adotar uma abordagem multifacetada que reconheça as complexidades da carência e do desejo. A integração de técnicas psicanalíticas com estratégias cognitivo-comportamentais pode oferecer uma estrutura abrangente para abordar as complexidades do desejo e a sensação subjacente de carência. Ao se engajarem em exercícios introspectivos, reencenações simbólicas e explorações imaginativas, os pacientes podem obter insights sobre seus desejos mais profundos e confrontar a sensação subjacente de carência que permeia sua existência.

É fundamental que os terapeutas se sensibilizem com as dimensões éticas inerentes ao tratamento da carência e do desejo. Manter os princípios da confidencialidade, do respeito e da compreensão sem julgamento é primordial para fomentar uma aliança terapêutica na qual os pacientes se sintam capacitados para confrontar suas vulnerabilidades e aspirações. Além disso, promover a autorreflexão e a autocompaixão nos pacientes pode catalisar processos transformadores, permitindo-lhes acolher suas lacunas enquanto aspiram à individuação e à realização pessoal.

O falo como significante central

1. Contexto histórico e evolução do conceito:

O conceito do falo como significante central no pensamento lacaniano evoluiu ao longo do tempo, influenciado por desenvolvimentos históricos, culturais e filosóficos. Para compreender seu significado dentro da teoria lacaniana, é essencial aprofundar-se no contexto histórico que moldou sua evolução. A partir dos primeiros trabalhos de Sigmund Freud, a noção de falo surgiu inicialmente como um símbolo de poder e autoridade, representando o órgão masculino e a ordem patriarcal. No entanto, a reinterpretação desse conceito por Lacan transcendeu suas implicações literais e biológicas, transformando-o em um significante simbólico complexo dentro da estrutura psíquica. O diálogo de Lacan com a linguística estruturalista, particularmente com as obras de Ferdinand de Saussure, desempenhou um papel fundamental na formação de sua conceituação do falo como uma construção linguística, e não como um órgão biológico. Ao fundamentar seu pensamento no movimento estruturalista, Lacan expandiu a compreensão do falo para além das definições anatômicas ou específicas de gênero. Ele enfatizou o falo como um símbolo imbuído de significados sociais, culturais e psicológicos, operando dentro da ordem simbólica da linguagem e da lei. Além disso, a influência da filosofia desconstrutivista de Jacques Derrida levou Lacan a contemplar a instabilidade inerente e a multiplicidade de significados associados ao falo, desafiando as interpretações essencialistas. Essa trajetória histórica demonstra a jornada transformadora do falo, de uma representação simplista da dominância masculina a um significante complexo inserido no tecido da subjetividade e do desejo humanos. A evolução do conceito reflete as mudanças mais amplas nos paradigmas intelectuais, afastando-se do determinismo biológico em direção a uma compreensão mais matizada dos sistemas simbólicos e das significações culturais.

2. A ordem simbólica - O falo como significante:

É essencial reconhecer que, dentro da estrutura teórica da psicanálise lacaniana, o conceito de falo transcende suas implicações literais ou anatômicas. Em vez disso, ele serve como uma representação simbólica de poder, autoridade e carência no inconsciente. O falo encapsula uma complexa rede de significados, e compreender seu papel como significante na ordem simbólica é crucial para apreender as nuances da teoria lacaniana. Quando falamos do falo dentro da ordem simbólica, estamos adentrando construções culturais e sociais que influenciam a formação da subjetividade. Isso vai além de considerações biológicas ou anatômicas e mergulha no domínio da linguagem, do direito e das normas sociais. O falo, portanto, funciona como um símbolo de autoridade e poder patriarcal, moldando a dinâmica do desejo e da carência no inconsciente. Por meio de associações linguísticas e simbólicas, o falo se entrelaça com noções de status, dominância e hierarquias sociais. A redefinição do falo por Lacan o situa como um significante potente que opera dentro da estrutura da linguagem e do inconsciente. Não se limita à identidade masculina, mas permeia toda a paisagem cultural e psicológica. O falo, como significante simbólico, exerce sua influência por meio da imposição de normas e valores, frequentemente levando à perpetuação de estereótipos de gênero e diferenciais de poder. Os estudiosos lacanianos enfatizam a importância do falo como um princípio central e organizador na ordem simbólica, onde estrutura a relação do sujeito com o desejo e a carência. Essa conceitualização lança luz sobre a interação entre linguagem, cultura e impulsos inconscientes. Além disso, compreender o falo como significante permite uma compreensão matizada de como os indivíduos se relacionam com suas identidades e desejos dentro de estruturas sociais. Ademais, a dimensão simbólica do falo ressalta sua transcendência para além dos corpos individuais, destacando seu papel na mediação da formação do sujeito e na regulação das relações sociais. Ao explorarmos as implicações do falo como significante, devemos considerar seu impacto abrangente na construção de significado, representação e na negociação da realidade psíquica dentro da estrutura lacaniana.

3. A distinção entre o falo simbólico, imaginário e real:

Na teoria lacaniana, o conceito de falo vai muito além de seu significado literal e biológico. Ele se torna um significante fundamental dentro da ordem simbólica, representando poder, autoridade e uma gama de outros significados simbólicos. O falo simbólico não se restringe à anatomia masculina, mas opera como um significante no contexto da linguagem e da cultura. Representa uma falta, uma ausência que instiga o desejo e desempenha um papel crucial na constituição do sujeito dentro do simbólico. Indo além do simbólico, Lacan introduziu o falo imaginário, que se refere à identificação do indivíduo com a imagem ou ideia do falo. O falo imaginário está enraizado em aparências, imagens e identificações, frequentemente levando a interpretações equivocadas e mal-entendidos. Por fim, o falo real mergulha na dimensão não simbólica, não imaginária, representando um aspecto elusivo e inefável da existência. Este falo real não está atrelado a conotações anatômicas ou simbolismo cultural, mas incorpora um senso de realidade crua e imediata. Distinguir entre essas três dimensões do falo é essencial para compreender a sofisticada estrutura de Lacan e suas implicações para a prática psicanalítica. Enquanto o falo simbólico opera no domínio da linguagem e da cultura, moldando desejos inconscientes e formações identitárias, o falo imaginário lida com os aspectos perceptivos e visuais da representação, frequentemente dando origem a concepções errôneas e distorções. Em contraste, o falo real transcende todas as representações simbólicas e imaginárias, apontando para uma verdade inapreensível que escapa à captura linguística e visual. Compreender as distinções entre essas três manifestações do falo ilumina a complexidade da teoria lacaniana e oferece insights profundos sobre as complexidades da subjetividade e do desejo humanos.

4. O falo em relação à carência e ao desejo:

O falo se apresenta como um símbolo dentro da ordem simbólica, significando o objeto inatingível do desejo. O conceito de falta em Lacan está intrinsecamente ligado ao falo, pois este representa a ausência fundamental que impulsiona o desejo humano. Essa falta é universal e abrange todos os indivíduos, transcendendo gênero ou diferenças biológicas. O falo, como significante simbólico, incorpora essa falta e se torna o ponto focal do desejo, situado além do alcance. Ele serve como um lembrete constante de uma ânsia não satisfeita, perpetuando a busca incessante pela satisfação. Esse estado perpétuo de falta e desejo forma o núcleo da psicanálise lacaniana, moldando as complexidades da subjetividade e das relações humanas. Compreender o falo em relação à falta e ao desejo permite uma exploração profunda das complexidades subjacentes ao comportamento e às motivações humanas. Além disso, reconhecer o falo como uma construção simbólica, em vez de uma entidade anatômica literal, proporciona uma perspectiva mais inclusiva e matizada sobre o desejo, libertando-o das restrições binárias de gênero e do determinismo biológico. Lacan desafia as noções tradicionais de gênero e sexualidade ao afirmar que o falo não é sinônimo de domínio ou superioridade masculina. Em vez disso, o falo opera dentro da ordem simbólica, exercendo uma influência abrangente sobre todos os indivíduos, independentemente do seu sexo biológico. O falo representa um ideal elusivo que alimenta aspirações e ambições, escapando perpetuamente à sua plena realização. Sua onipresença na psique ressalta o profundo impacto do desejo na formação das identidades individuais e das dinâmicas interpessoais. Explorar o falo em relação à carência e ao desejo revela a interação entre intenções conscientes e impulsos inconscientes, lançando luz sobre as motivações subjacentes que guiam as ações humanas. Essa estrutura conceitual fornece uma lente transformadora através da qual se pode examinar a natureza multifacetada do desejo e suas profundas implicações para as experiências e relacionamentos humanos.

5. Falo e identidade de gênero - Interpretações equivocadas e esclarecimentos:

Na psicanálise lacaniana, o falo engloba um significante simbólico complexo que transcende as definições biológicas. Isso tem implicações significativas para a compreensão da identidade de gênero dentro da estrutura lacaniana. Apesar do aparente foco no masculino na terminologia, é importante reconhecer que, na teoria lacaniana, o falo simboliza a falta e o desejo, em vez de estar exclusivamente ligado à anatomia masculina. Essa distinção é crucial para dissipar interpretações equivocadas e ampliar nossa compreensão da identidade de gênero. De uma perspectiva lacaniana, indivíduos de qualquer gênero podem se posicionar em relação ao falo simbólico, independentemente de seu sexo biológico. Além disso, Lacan enfatiza que o falo não é um significante fixo ou estável, mas sim uma presença fluida e elusiva dentro da ordem simbólica. Ele serve como um marcador para a falta inerente a todos os sujeitos, independentemente do gênero. Compreender o falo dessa maneira ajuda a desafiar as concepções binárias tradicionais de gênero e abre possibilidades para uma compreensão mais inclusiva e matizada da identidade. Ela fornece uma base para reconhecer as complexidades da expressão de gênero e a multiplicidade de maneiras pelas quais os indivíduos se relacionam com o significante fálico. No entanto, equívocos frequentemente surgem quando o conceito de falo é erroneamente equiparado à masculinidade biológica, levando a suposições simplistas sobre a identidade de gênero. Essa interpretação equivocada ignora a interação entre as ordens Simbólica, Imaginária e Real que moldam a experiência subjetiva de um indivíduo. Para abordar essas interpretações equivocadas, é essencial esclarecer que o falo lacaniano opera no nível da representação e do significado, e não como um atributo anatômico concreto. Consequentemente, torna-se evidente que o falo não se limita a sujeitos masculinos; em vez disso, abrange uma função simbólica mais ampla na constituição da subjetividade. Ao reconhecer essa distinção, a abordagem lacaniana convida a uma reavaliação de como as identidades de gênero são construídas dentro da estrutura psicanalítica, abrindo caminho para uma compreensão mais inclusiva e abrangente do gênero, para além dos binarismos tradicionais.

6. Implicações psicanalíticas para pacientes e profissionais:

A compreensão do falo como significante central no pensamento lacaniano tem implicações profundas tanto para pacientes em psicanálise quanto para profissionais que utilizam essa estrutura teórica. Para os pacientes, o conceito de falo serve como ponto crucial para desvendar desejos e conflitos inconscientes inerentes à ordem simbólica. Por meio da exploração dos significantes fálicos, os indivíduos podem obter insights sobre a estruturação de sua subjetividade e a complexa interação entre carência e desejo. Essa maior autoconsciência frequentemente promove uma compreensão mais profunda das próprias motivações e comportamentos, capacitando os pacientes a gerenciar suas dinâmicas internas com maior autonomia e propósito. Além disso, a integração do falo ao discurso analítico fornece uma estrutura para abordar questões relacionadas à identidade de gênero, orientação sexual e expectativas sociais, oferecendo, assim, uma lente abrangente através da qual os pacientes podem examinar as complexidades de suas experiências vividas. Da perspectiva dos profissionais, a conceitualização do falo exige uma abordagem matizada da prática clínica. Exige-se uma análise cuidadosa de como o falo opera como significante nas experiências subjetivas dos pacientes, tendo em mente que seu significado pode se manifestar de forma diferente para cada indivíduo. Além disso, os profissionais devem permanecer atentos às potenciais ansiedades e resistências que podem surgir ao lidar com a dimensão fálica, cientes da sensibilidade que envolve esse símbolo profundo na psique. No contexto terapêutico, a aplicação clínica das interpretações fálicas requer um equilíbrio entre interpretação e reflexividade, à medida que os profissionais facilitam a exploração de significados inconscientes e a negociação de verdades subjetivas. Ademais, o reconhecimento do falo no tratamento psicanalítico se estende além das sessões individuais, abrangendo discursos sociais e estruturas de poder mais amplos, o que leva os profissionais a se engajarem criticamente com questões de privilégio, patriarcado e normas culturais.

7. Críticas e perspectivas alternativas sobre o falo:

O conceito lacaniano do falo como significante central tem sido objeto de extensa crítica e debate nos círculos psicanalíticos e no discurso acadêmico. Os críticos frequentemente apontam para a natureza falocêntrica da teoria lacaniana, argumentando que ela perpetua hierarquias de gênero e reforça estruturas patriarcais na sociedade. Essa crítica levanta questões importantes sobre as implicações de privilegiar o falo como a principal representação simbólica de poder e desejo, particularmente em relação à identidade de gênero e à diferença sexual.

Perspectivas alternativas sobre o falo emergiram de pensadoras feministas, queer e pós-estruturalistas que buscam desconstruir e subverter as noções tradicionais de simbolismo fálico. Essas perspectivas alternativas desafiam o falo como símbolo exclusivo de autoridade e questionam sua aplicabilidade universal na compreensão da subjetividade humana. Ao reinterpretar o falo como um significante fluido e contingente, em vez de um símbolo fixo e essencializado, essas críticas visam romper com as dinâmicas de poder tradicionais e abrir novas possibilidades para explorar diversas expressões de desejo e identidade.

Alguns estudiosos questionam a abordagem centrada no falo, considerando-a inerentemente limitada e excludente, particularmente para indivíduos cujas experiências não se alinham com as concepções normativas de gênero e sexualidade. Eles defendem uma estrutura mais inclusiva que reconheça modos de subjetividade não binários e não fálicos, enfatizando a necessidade de descentralizar o falo como o único locus da estruturação psíquica.

Em resposta a essas críticas e perspectivas alternativas, os proponentes da teoria lacaniana argumentam que o falo deve ser compreendido não como um referente anatômico literal, mas como uma construção simbólica que abrange dimensões mais amplas de poder, carência e mediação simbólica. Eles enfatizam a ambiguidade e multiplicidade intrínsecas do falo, destacando sua capacidade de significar não apenas a dominância masculina, mas também a dinâmica onipresente da carência e do desejo que molda a subjetividade humana para além do determinismo biológico.

Transferência e contratransferência na prática analítica

1. Contexto histórico e evolução dos conceitos:

As raízes históricas da transferência e da contratransferência remontam aos primórdios da psicanálise, com o trabalho pioneiro de Sigmund Freud lançando as bases para esses conceitos fundamentais. Freud introduziu inicialmente o conceito de transferência em suas observações clínicas, reconhecendo os laços emocionais inconscientes que os pacientes formavam com seus analistas com base em experiências e relacionamentos passados. Isso representou um afastamento significativo da prática médica tradicional, reconhecendo a complexa interação das emoções na relação terapêutica. A contratransferência, por outro lado, emergiu como um reconhecimento tácito das próprias reações emocionais dos analistas em relação aos seus pacientes, refletindo o reconhecimento, por Freud, da natureza recíproca do processo terapêutico.

A evolução desses conceitos continuou à medida que as teorias psicanalíticas se expandiram, levando a uma compreensão mais profunda da dinâmica presente durante o encontro analítico. Figuras-chave como Carl Jung e Melanie Klein contribuíram ainda mais para moldar e refinar esses conceitos, adicionando camadas de complexidade aos seus fundamentos teóricos. A psicologia junguiana enfatizou os elementos arquetípicos presentes na transferência, ampliando o escopo da exploração para além das experiências pessoais, abrangendo a dinâmica do inconsciente coletivo. Enquanto isso, o foco de Klein nas experiências da primeira infância aprofundou a compreensão de como os conflitos inconscientes se manifestam na díade transferência-contratransferência, iluminando as raízes desenvolvimentais desses fenômenos.

O surgimento da psicanálise lacaniana representou uma mudança paradigmática na conceitualização da transferência e da contratransferência. Baseando-se nas ideias originais de Freud, Jacques Lacan reinterpretou esses conceitos dentro da estrutura de sua própria teoria psicanalítica, enfatizando as dimensões linguísticas e simbólicas do inconsciente. A conceitualização lacaniana da transferência como uma manifestação do posicionamento do analisando na ordem simbólica e do papel do analista como objeto de desejo trouxe uma nova perspectiva, desafiando as interpretações convencionais e enriquecendo o discurso sobre a dinâmica relacional na análise.

A evolução desses conceitos também foi influenciada por mudanças mais amplas no campo da psicanálise, incluindo desenvolvimentos em abordagens relacionais e intersubjetivas. O reconhecimento da intersubjetividade na relação analítica destacou a influência mútua entre analista e analisando, lançando luz sobre a natureza recíproca da transferência e da contratransferência. Esse cenário em evolução ampliou o escopo da investigação, fomentando diálogos e debates contínuos sobre as implicações éticas e clínicas desses fenômenos complexos.

2. Interpretação lacaniana da transferência:

A transferência, um conceito fundamental em psicanálise, assume um significado singular dentro da estrutura lacaniana. Partindo da conceituação original de Freud, Lacan refina e reinterpreta a transferência através da lente dos processos linguísticos e simbólicos. Para Lacan, a transferência não é meramente uma manifestação de dinâmicas relacionais passadas, mas uma entrada na ordem simbólica, onde os desejos se entrelaçam com as estruturas linguísticas. Central a essa interpretação é a ideia de que a transferência é uma repetição de padrões inconscientes, rastreados até a iniciação do sujeito na linguagem e na cultura. Lacan enfatiza que o analista se torna o outro significativo para o analisando, servindo como um lócus para a transferência de afeto e significação. Nessa perspectiva, a transferência está intrinsecamente ligada ao jogo de significantes, refletindo o envolvimento do sujeito na teia da linguagem e do desejo. Através do processo de transferência, as necessidades não atendidas, as fantasias e os conflitos não resolvidos do analisando são transferidos para a figura do analista, moldando a dinâmica da relação analítica. Lacan destaca a natureza dual da transferência, que abrange tanto um meio de resistência quanto um caminho para acessar o inconsciente. Ele enfatiza a importância de reconhecer a transferência como um espaço de resistência, onde as intenções conscientes do analisando entram em conflito com motivações inconscientes subjacentes. De uma perspectiva lacaniana, o papel do analista é decodificar esses fenômenos de transferência. Ao traçar a interação dos significantes e revelar as fantasias e alienações subjacentes em jogo, Lacan amplia o conceito de transferência para além da relação diádica tradicional entre analista e analisando, abrangendo o contexto cultural e social mais amplo. Essa ampliação da transferência alinha-se à insistência de Lacan em considerar a psique individual como intrinsecamente ligada a forças socioculturais mais amplas. Consequentemente, a transferência situa-se na rede mais abrangente de trocas simbólicas, diluindo as fronteiras entre o inconsciente pessoal e o coletivo. Ao enfatizar a natureza simbólica da transferência, Lacan revoluciona suas implicações clínicas, instando os analistas a se engajarem com a complexa tapeçaria de significantes e significados que fundamentam a experiência subjetiva do analisando.

3. Contratransferência - Ecos na análise lacaniana:

A contratransferência, tal como percebida no âmbito da análise lacaniana, oferece uma lente singular para a compreensão das complexidades inerentes ao processo analítico. Contrariamente às perspectivas psicanalíticas tradicionais que frequentemente patologizam a contratransferência como um obstáculo à relação terapêutica, o pensamento lacaniano propõe uma compreensão redefinida desse fenômeno. Na visão de Lacan, a contratransferência não é meramente uma reação decorrente de conflitos pessoais não resolvidos do analista, mas sim um aspecto inevitável da interação dialética entre o analisando e o analista. É um eco, uma reverberação da dinâmica inconsciente em jogo no campo analítico. A contratransferência pode servir como uma ferramenta vital para a compreensão do material inconsciente transmitido pelo analisando. Através de uma exploração meticulosa das ressonâncias evocadas no analista, a análise lacaniana busca desvendar os significantes latentes e as representações simbólicas entrelaçadas na narrativa do analisando. Esta exploração ilumina as maneiras pelas quais o analista se entrelaça na mesma teia de significação que o analisando, lançando luz sobre as conexões entre suas posições subjetivas. Em vez de encarar a contratransferência como um obstáculo, a análise lacaniana convida o analista a abraçá-la como uma fonte de informações valiosas a respeito dos desejos, identificações e conflitos inconscientes que se manifestam no contexto terapêutico. Ao questionar a natureza dessas ressonâncias, os analistas lacanianos podem gerenciar melhor o terreno instável da transferência e da contratransferência, promovendo, assim, insights mais profundos sobre os movimentos inconscientes que ocorrem na relação analítica. Parte integrante desse processo é o reconhecimento da própria posição do analista como sujeito que supostamente sabe dentro da situação analítica, reconhecendo que o analista não é imune aos efeitos da transferência e da contratransferência. Dessa forma, o posicionamento subjetivo do analista torna-se um aspecto crucial do trabalho analítico, influenciando as maneiras pelas quais o material inconsciente se desdobra e é processado.

4. Dinâmica da relação analítica:

Na perspectiva lacaniana, a dinâmica da relação analítica engloba uma complexa interação de elementos simbólicos, imaginários e reais, entrelaçados com as manifestações de transferência e contratransferência. O analista, como figura do "outro" no contexto terapêutico, ocupa uma posição central para os processos inconscientes do analisando. À medida que o diálogo se desenvolve, a dimensão simbólica emerge, permeando a troca de linguagem, significantes e significados. Isso prepara o terreno para a emergência de desejos inconscientes, traumas reprimidos e fantasias profundamente arraigadas.

Simultaneamente, os aspectos imaginários da relação manifestam-se através do espelhamento e das identificações que ocorrem entre o analista e o analisando. Essas interações dinâmicas frequentemente dão origem a momentos profundos de reconhecimento equivocado e projeção, iluminando as teias da formação do ego e da autopercepção do analisando. A interação dessas dimensões imaginárias serve como terreno fértil para explorar conflitos não resolvidos e tensões psicológicas latentes, à medida que se desdobram no espaço terapêutico.

A investigação do real na relação analítica revela a falta fundamental e os aspectos inatingíveis inerentes à experiência humana. A presença do real perturba e desestabiliza as coordenadas simbólicas e imaginárias, expondo as verdades brutas e desorientadoras que escapam à captura linguística e perceptiva. Nesse terreno tumultuoso, a subjetividade tanto do analista quanto do analisando se debate com o imsimbolizável e o enigmático.

A relação analítica busca o equilíbrio entre revelar verdades ocultas e respeitar os limites da privacidade e da confidencialidade. A coreografia de desenterrar experiências reprimidas, ao mesmo tempo que se caminha delicadamente sobre as considerações éticas e se preserva a autonomia do analisando, ressalta as complexas dimensões éticas que sustentam a dinâmica da aliança terapêutica.

5. O conceito do sujeito que se supõe conhecer:

Na psicanálise lacaniana, essa noção elucida a posição ocupada pelo analista como suposto depositário do conhecimento e da compreensão no contexto analítico. A expressão capta a ideia de que o analista é percebido pelo analisando como possuidor de insights sobre o inconsciente que este não possui. Isso gera uma dinâmica na qual se atribui ao analista certa autoridade e conhecimento, o que acarreta implicações complexas para a relação terapêutica.

De uma perspectiva lacaniana, esse conceito se entrelaça com a ordem simbólica, onde a linguagem e suas estruturas de conhecimento a ela associadas formam um pano de fundo crucial. O analista torna-se a personificação do "outro" no diálogo analítico, simbolizando um lócus externo de conhecimento e interpretação. Consequentemente, o analisando investe o analista com uma qualidade enigmática de possuir respostas e interpretações, colocando-o, assim, na posição de "Sujeito que Supõe Saber".

Esse posicionamento gera equilíbrio no espaço analítico, estimulando a interação entre dinâmicas inconscientes e diferenças de poder. O analista deve desempenhar esse papel com perspicácia e sensibilidade, ciente da influência que exerce sobre a psique do analisando. Além disso, o conceito de "Sujeito que Supõe Saber" implica a responsabilidade do analista em abordar e interpretar as manifestações inconscientes do analisando, utilizando seu suposto conhecimento para guiar a jornada rumo à compreensão e à autodescoberta.

Contudo, a perspectiva lacaniana também sublinha a ilusão inerente a esse suposto conhecimento e autoridade. Ela enfatiza a natureza construída desse conhecimento, tornando-o contingente ao simbolismo e ao discurso presentes no contexto analítico. Assim, o analista é constantemente desafiado a lidar com a natureza elusiva de seu alegado conhecimento, reconhecendo que ele está fundamentalmente entrelaçado com as construções simbólicas e as estruturas linguísticas que moldam sua própria essência.

As ramificações do conceito de "Sujeito que Deve Saber" reverberam por todo o domínio psicanalítico, permeando a complexa relação de transferência, contratransferência e a dialética do desejo na díade analítica. Esse conceito convida os analistas a uma profunda introspecção sobre seu papel e os contornos em constante evolução do poder e do saber no meio terapêutico, incitando uma reavaliação permanente das nuances inerentes à assunção do papel de "Sujeito que Deve Saber". Em essência, essa perspectiva lacaniana desenterra as camadas de complexidade que subjazem à relação analítica, revelando a enigmática dança entre autoridade, saber e forças inconscientes que convergem no espaço sagrado da psicanálise.

6. Resistências e dinâmicas inconscientes:

Compreender e abordar eficazmente as resistências e dinâmicas inconscientes é fundamental na prática analítica lacaniana. Ao mergulharmos nas esferas da psique humana, inevitavelmente encontramos momentos de resistência, hesitação e mecanismos de defesa que se manifestam como barreiras ao desdobramento de desejos e traumas reprimidos. Essas resistências frequentemente emergem na forma de transferência, contratransferência ou obstruções simbólicas, refletindo a interação dialética entre o consciente e o inconsciente. Na perspectiva lacaniana, esses fenômenos são cruciais para a análise, pois oferecem insights profundos sobre a constituição psíquica do sujeito e as fantasias e conflitos subjacentes. Ao identificar e interpretar habilmente essas resistências, os analistas têm acesso ao não dito, ao não verbalizado e ao reprimido, desvendando, assim, a trama enigmática do inconsciente do analisando.

Por outro lado, é essencial que os analistas lidem com as complexidades da dinâmica inconsciente com sutileza e empatia. O analista serve como guia pelos corredores do inconsciente do analisando, acolhendo as incertezas, contradições e complexidades ali presentes. Através da aplicação criteriosa de conceitos lacanianos como o imaginário, o simbólico e o real, o analista ilumina as sombras do inconsciente, lançando luz sobre traumas suprimidos, conflitos não resolvidos e desejos reprimidos. Ao desvendar meticulosamente esses fios inconscientes, o analista engendra um processo transformador que cultiva a autoconsciência, a percepção e a emergência de novos significantes que reconfiguram a paisagem subjetiva do analisando.

Fundamentalmente, a dimensão ética do manejo das resistências e das dinâmicas inconscientes não pode ser subestimada. O analista deve gerir esses territórios com integridade, sensibilidade e respeito pela autonomia do analisando. Engajar-se nessa dança delicada exige vigilância para não impor os próprios desejos, preconceitos ou interpretações à narrativa do analisando. Encontrar um equilíbrio entre interpretação e contenção é primordial, pois sustenta o imperativo ético de fomentar um ambiente onde a agência e a subjetividade do analisando permaneçam sagradas. Além disso, reconhecer as limitações da interpretação e acolher os aspectos inefáveis do inconsciente reforça a conduta ética, ao mesmo tempo que fortalece o vínculo de confiança na relação analítica.

7. Ética na prática analítica lacaniana:

Ao lidarem com os desejos inconscientes dos indivíduos e com a busca pela verdade subjetiva, os terapeutas se deparam com dilemas éticos complexos. A prática analítica lacaniana exige, inerentemente, um profundo respeito pela autonomia e subjetividade do analisando, reconhecendo seu direito à autodeterminação e à capacidade de agir. Essa premissa fundamental sublinha os princípios éticos que regem a análise lacaniana.

Central à ética lacaniana é a ênfase na posição do analista como agente de neutralidade e não julgamento. O analista deve esforçar-se para manter uma postura de equanimidade e abster-se de impor enquadramentos morais ou normativos à experiência subjetiva do analisando. Isso exige um compromisso com a suspensão de preconceitos e ideias preconcebidas, fomentando assim um ambiente onde a verdade singular do analisando possa se desdobrar sem interferências indevidas.

O conceito de "desejo" na teoria lacaniana introduz complexidades ao terreno ético. Um princípio fundamental da ética lacaniana envolve o reconhecimento da natureza radical do desejo e das complexidades de lidar com suas manifestações no contexto analítico. Assim, os analistas têm a tarefa de se engajar com o desejo do analisando, evitando a exploração ou a manipulação. Isso exige uma vigilância atenta às diferenças de poder e um compromisso com a promoção de uma dinâmica equitativa e respeitosa.

Uma preocupação ética na prática lacaniana gira em torno do conceito de "desejo do analista". Enquanto as abordagens psicanalíticas tradicionais frequentemente priorizam a identificação e a mitigação dos desejos do analista, a ética lacaniana reformula essa noção. Aqui, o desejo do analista é reconhecido e utilizado como instrumento para promover a exploração subjetiva do analisando. Essa reorientação desafia os analistas a confrontarem introspectivamente seus próprios desejos e a utilizá-los a serviço da jornada analítica do analisando.

Na prática lacaniana, a revelação das relações pessoais e das experiências de contratransferência do analista é abordada com discernimento. Equilibrar a transparência com a preservação da autonomia do analisando exige uma gestão ética cuidadosa, dada a afirmação de Lacan de que as revelações do analista não devem eclipsar a emergência subjetiva do analisando.

Em última análise, a ética analítica lacaniana engloba uma interação contínua entre responsabilidade, sensibilidade e autorreflexão, ressaltando o equilíbrio entre intervenção e contenção dentro dos limites da prática analítica. Avaliar essas considerações éticas no contexto da interação dinâmica entre desejo, linguagem e inconsciente constitui um aspecto fundamental da prática lacaniana conscienciosa.

A ORDEM SIMBÓLICA - ESTRUTURA E FUNÇÃO

Fundamentos linguísticos

1. Introdução:

A teoria lacaniana está profundamente enraizada nos princípios linguísticos que formam a base de seu arcabouço psicanalítico. No cerne da teoria de Lacan está a crença de que a linguagem estrutura nossa experiência subjetiva e molda nossa identidade. A semiótica e o estruturalismo servem como pilares sobre os quais Lacan constrói seu edifício teórico. A semiótica, o estudo dos signos e símbolos, fornece uma estrutura para a compreensão da importância dos sistemas linguísticos na formação do significado e da subjetividade. O estruturalismo, por outro lado, enfatiza as estruturas e os sistemas subjacentes que governam a linguagem e o comportamento humano. A influência de Saussure é particularmente notável na formação das visões de Lacan sobre a linguística. Ele introduziu a noção de significante e significado, lançando as bases para a compreensão da natureza arbitrária dos signos linguísticos e do papel das diferenças na significação. Dentro da teoria lacaniana, esse conceito de significante e significado torna-se fundamental para elucidar os mecanismos do desejo e a formação de fantasias inconscientes. Aprofundando-nos ainda mais, encontramos a ideia da linguagem como uma estrutura do inconsciente. Lacan postula que a linguagem não apenas reflete, mas também constrói nossa realidade subjetiva. O inconsciente, segundo Lacan, é estruturado como uma linguagem, repleto de seu próprio conjunto de regras e significações. Essa perspectiva oferece um ponto de vista único para analisar as formações simbólicas que sustentam os fenômenos psicológicos. Fonemas e cadeias de significantes representam outra área crucial na linguística lacaniana. O fonema, como a menor unidade sonora de uma língua, desempenha um papel central na análise lacaniana, anunciando a natureza fragmentada da linguagem e apontando para as lacunas e falhas na fala. Cadeias de significantes, ou cadeias significantes, aludem à teia interconectada de palavras e significados que constituem a linguagem. Explorar esses elementos revela as complexidades das estruturas linguísticas dentro da teoria lacaniana, lançando luz sobre as maneiras pelas quais a linguagem opera como um meio para articular desejos e conflitos inconscientes.

2. Semiótica e estruturalismo:

A semiótica, desenvolvida por Ferdinand de Saussure e Charles Sanders Peirce, oferece uma estrutura para compreender como a linguagem opera como um sistema de significantes e significados. A obra seminal de Saussure sobre a natureza dos signos linguísticos postula que um signo é composto por um significante (a forma da palavra) e um significado (o conceito que ela representa). Essa relação definida constitui a base da linguística estrutural, que enfatiza a natureza relacional e diferencial da linguagem.

O estruturalismo, originado nas obras de Claude Lévi-Strauss, examina as estruturas e regularidades subjacentes em diversos fenômenos, incluindo linguagem, cultura e sistemas sociais. Essa abordagem defende que o significado deriva da interação de elementos dentro de uma estrutura, e não de qualidades inerentes, alinhando-se aos princípios fundamentais da semiótica.

A natureza dicotômica do signo, particularmente os conceitos de oposições binárias e os papéis que desempenham na construção do significado, é fundamental para a compreensão da ordem simbólica. Oposições binárias, como presença/ausência, masculino/feminino ou bem/mal, não apenas estruturam a linguagem, mas também influenciam nossa compreensão da realidade e moldam nossas experiências.

A abordagem estruturalista enfatiza a noção de 'langue' (sistema linguístico) como distinta de 'parole' (atos de fala individuais). Essa diferenciação é vital para compreender a ordem simbólica como uma rede coletiva de práticas de significação que regulam a interação social, a formação da identidade e os desejos inconscientes.

No discurso psicanalítico, a aplicação dos princípios estruturalistas revela o inconsciente como uma linguagem estruturada, regida pelos mesmos mecanismos do discurso consciente. O conteúdo reprimido manifesta-se por meio de formações simbólicas, permitindo a interpretação de processos inconscientes através da análise de significantes linguísticos e suas interconexões.

3. Influência saussuriana na ordem simbólica:

A obra seminal de Ferdinand de Saussure no campo da linguística, particularmente suas ideias sobre a natureza dos signos linguísticos e seu papel na formação da consciência humana, forneceu uma estrutura teórica que influenciou grandemente o desenvolvimento do registro simbólico por Lacan dentro da psicanálise.

A distinção entre significante e significado é central nas teorias de Saussure e estabelece as bases para a compreensão de como a linguagem opera como um sistema de diferenças. Em termos saussurianos, o significante é a forma perceptível ou o padrão sonoro de uma palavra, enquanto o significado é o conceito mental ou sentido associado a essa forma. Essa relação dicotômica torna-se um elemento-chave na formulação da ordem simbólica de Lacan, na qual o significante passa a representar o sujeito e a mediar sua entrada nos significados linguísticos e culturais.

A ênfase de Saussure na natureza arbitrária dos signos linguísticos, onde a conexão entre significante e significado não se baseia em semelhança intrínseca, mas sim em um acordo social convencional, alinha-se à concepção lacaniana da ordem simbólica como um domínio profundamente imbricado em normas culturais e estruturas sociais. A noção de arbitrariedade e a natureza relacional da linguagem permeiam a exploração lacaniana de como os sujeitos são constituídos e situados dentro da linguagem, destacando a interação entre significantes e a construção da identidade.

A abordagem estrutural de Saussure à linguagem como um sistema de elementos interconectados ressoa com a compreensão de Lacan do inconsciente como estruturado à semelhança de uma linguagem. A organização hierárquica das unidades linguísticas e as regras que governam suas combinações são paralelas à concepção lacaniana do simbólico como uma rede de significantes interconectados que produzem significado por meio de suas relações diferenciais. Essa visão estrutural fundamenta a articulação lacaniana do simbólico como o locus de símbolos e normas culturais compartilhados que moldam a subjetividade individual e as interações sociais.

4. O papel do significante e do significado:

Na ordem simbólica, as noções de significante e significado desempenham um papel fundamental na formação da nossa compreensão da linguagem e do seu impacto no inconsciente. Ferdinand de Saussure introduziu o conceito de significante e significado como componentes-chave do signo linguístico. O significante representa a forma física de uma palavra, enquanto o significado é o conceito ou sentido associado a essa forma. Essa dualidade constitui a base da linguagem e da comunicação, refletindo a natureza intrínseca da linguagem e do pensamento.

Dentro da estrutura psicanalítica, o significante assume uma importância adicional, tornando-se um elemento crucial na formação do inconsciente. É por meio dos significantes presentes na linguagem que os indivíduos chegam a compreender e a se engajar com suas experiências, emoções e desejos. Além disso, a interação entre os significantes molda a paisagem simbólica na qual a subjetividade humana emerge e evolui.

Lacan elaborou ainda mais sobre essa relação, destacando a interação dinâmica e frequentemente complexa entre significantes e significados. Essa interação não se limita a correspondências diretas e objetivas, mas envolve uma teia de associações e conexões que contribuem para a riqueza e a ambiguidade da linguagem e do significado. As estruturas linguísticas são repletas de significantes sobrepostos e significados multifacetados, permitindo a possibilidade de múltiplas interpretações e significados em camadas.

A interação entre significante e significado também ressoa profundamente com a conceituação mais ampla do inconsciente de Lacan. Dentro da ordem simbólica, esses elementos linguísticos se entrelaçam com processos inconscientes, influenciando as maneiras pelas quais os indivíduos percebem a si mesmos e o mundo ao seu redor. A instabilidade inerente à significação espelha a natureza elusiva do inconsciente, onde os significados se transformam e se alteram constantemente, muitas vezes escapando à consciência.

Esse processo de significação possui particular relevância na prática da psicanálise, pois ressalta a ligação entre a linguagem e o inconsciente. Tanto analistas quanto pacientes se envolvem com o terreno do simbólico, explorando as nuances dos significantes e desvendando os significados latentes embutidos nas expressões linguísticas. Assim, compreender o papel do significante e do significado é fundamental para decifrar os mecanismos em ação na ordem simbólica, lançando luz sobre as complexidades da subjetividade e da experiência humana.

5. A linguagem como estrutura do inconsciente:

Na teoria lacaniana, a linguagem funciona como um meio pelo qual a mente inconsciente expressa e oculta desejos, pensamentos e conflitos. A maneira como a linguagem molda nossas percepções e cognições é fundamental para a compreensão do funcionamento do inconsciente. Elementos linguísticos como sintaxe, gramática e vocabulário influenciam a formação de pensamentos e a codificação de conteúdo reprimido no inconsciente.

Lacan postulou que o inconsciente se estrutura como uma linguagem e se comunica por meio do uso de significantes e do jogo de significados. Isso implica que a ordem simbólica, baseada em construções linguísticas, serve como modelo para a organização do inconsciente, regulando a formação da subjetividade e da identidade. A ponte entre linguagem e inconsciente traz à tona a importância da interpretação e o papel do analista na decifração do conteúdo latente codificado nas formações linguísticas do analisando.

O conceito do inconsciente como estruturado à semelhança de uma linguagem ressalta a prevalência da ambivalência, das contradições e dos lapsos de língua na comunicação humana. Esses fenômenos linguísticos servem como manifestações dos processos inconscientes subjacentes, revelando material reprimido por meio da parapraxia e de outros desvios linguísticos. Compreender a linguagem como uma estrutura do inconsciente enriquece a prática psicanalítica, oferecendo insights sobre as resoluções simbólicas presentes nas expressões linguísticas.

A natureza linguística do inconsciente acentua a influência da cultura e do discurso social na formação e articulação dos desejos inconscientes. O inconsciente, moldado pela ordem simbólica, reflete normas sociais e culturais mais amplas, incorporadas na linguagem. Consequentemente, a psicanálise investiga as nuances linguísticas da fala e das narrativas do sujeito para revelar os significados ocultos influenciados por construções sociais e discursos predominantes.

O exame da linguagem como componente essencial do inconsciente leva a uma compreensão mais profunda de como a ordem simbólica permeia e estrutura as subjetividades individuais. Ao assimilar a linguagem como paradigma fundamental do inconsciente, a psicanálise obtém insights valiosos sobre as complexidades dos processos de pensamento humano, a dinâmica interpessoal e as manifestações simbólicas no contexto clínico.

6. Fonemas e cadeias de significantes:

Os fonemas representam as menores unidades sonoras capazes de distinguir significados distintos em uma determinada língua. Eles formam os blocos de construção da linguagem e desempenham um papel fundamental na formação de significantes dentro da ordem simbólica. Como tal, possuem relevância significativa no contexto da psicanálise e na decodificação de desejos inconscientes.

Lacan enfatizou a importância dos fonemas na linguagem, considerando-os portadores de significado inconsciente e componentes integrais na estrutura do simbólico. Por meio de sua reelaboração da linguística de Saussure, Lacan destacou o papel dos fonemas na criação de significado através de seu alinhamento em cadeias de significantes. Essas cadeias, ou sequências de fonemas interconectados, servem como manifestações de estruturas linguísticas que governam os padrões de pensamento e comunicação.

O conceito de cadeias de significantes vai além dos elementos individuais da linguagem, abrangendo as complexidades de como essas estruturas fonêmicas se relacionam entre si no discurso. Essa interação forma a base para a construção do significado e impulsiona os processos simbólicos que influenciam a subjetividade humana. À medida que os indivíduos se envolvem em trocas linguísticas, essas cadeias de significantes possibilitam a expressão e a interpretação de ideias, emoções e desejos, todos profundamente interligados ao inconsciente.

Dentro da estrutura psicanalítica, a manipulação e a distorção de fonemas e significantes possuem profunda importância. A exploração de Lacan sobre jogos de palavras, trocadilhos e deslizamentos linguísticos ressalta o potencial para múltiplos significados e conotações inconscientes inerentes à linguagem. Essa fluidez e ambiguidade inerentes às estruturas fonêmicas contribuem para a rica tapeçaria do inconsciente, destacando o potencial para que significados ocultos e pensamentos reprimidos venham à tona por meio da expressão linguística.

O exame de fonemas e cadeias de significantes revela a teia de simbolismo linguístico que sustenta a interação humana e a formação da subjetividade. Ele fornece uma lente através da qual o profundo impacto da linguagem no inconsciente se torna palpável, oferecendo insights profundos sobre as maneiras pelas quais as estruturas linguísticas moldam e influenciam nossa psique. Ao desvendar as complexidades dos arranjos fonêmicos e sua interação dentro das cadeias linguísticas, obtemos uma compreensão mais profunda do significado da linguagem na ordem simbólica e suas implicações para a prática psicanalítica.

7. Metáfora e metonímia no simbólico:

Metáfora e metonímia desempenham um papel crucial na forma como os indivíduos constroem e compreendem a realidade, moldando, assim, suas experiências subjetivas. Dentro da ordem simbólica, metáfora e metonímia operam como modos fundamentais de comunicação e representação simbólica. A metáfora, como figura de linguagem, facilita a associação de um conceito a outro, frequentemente de maneira não literal ou simbólica. Ao justapor elementos aparentemente não relacionados, a metáfora possibilita a expressão de ideias abstratas ou complexas, oferecendo uma rica tapeçaria de significados dentro da ordem simbólica. Em contraste, a metonímia funciona estabelecendo associações entre elementos contíguos ou relacionados, representando um modo de significação mais direto e interconectado. Ao fazer isso, a metonímia opera como um mecanismo para destacar a interconexão e a continuidade dos conceitos dentro da ordem simbólica. Além disso, essas duas construções linguísticas não apenas influenciam a comunicação, mas também permeiam o inconsciente. Na prática psicanalítica, metáforas e metonímias fornecem insights sobre os mecanismos subjacentes do inconsciente e os processos pelos quais desejos e conflitos são articulados. Elas servem como ferramentas para desvendar significados subliminares e revelar conteúdo latente no discurso, enfatizando a interação entre linguagem, significado e inconsciente na ordem simbólica. Além disso, as variações culturais e contextuais no emprego de metáforas e metonímias acentuam ainda mais sua importância para a compreensão da ordem simbólica em diversos contextos linguísticos e culturais. A interação entre metáforas e metonímias em diferentes línguas e culturas ilustra a adaptabilidade e a universalidade desses processos simbólicos, lançando luz sobre como os indivíduos constroem e negociam significados dentro de seus respectivos contextos sociais e comunicativos. Ademais, explorar as nuances da metáfora e da metonímia na ordem simbólica permite uma compreensão mais profunda de como a linguagem estrutura e influencia nossa compreensão da realidade, da identidade e das relações interpessoais.

8. Variações entre línguas e culturas:

A língua e a cultura estão intimamente ligadas, e as variações entre diferentes línguas e contextos culturais oferecem perspectivas valiosas sobre as complexidades da ordem simbólica. Ao examinarmos essas variações, podemos compreender melhor como a linguagem molda e reflete as estruturas simbólicas que influenciam indivíduos e sociedades. Um dos aspectos fundamentais a serem considerados são as diferentes estruturas e sistemas gramaticais presentes em várias línguas. Por exemplo, a presença de gênero gramatical em algumas línguas, enquanto ausente em outras, destaca as diversas maneiras pelas quais os sistemas linguísticos categorizam e conceituam o mundo. Além disso, variações na estrutura das frases, na ordem das palavras e nos padrões fonológicos demonstram as maneiras pelas quais as línguas codificam e transmitem significado. Essas distinções ressaltam a importância de estudar a diversidade linguística dentro da estrutura da ordem simbólica. Para além das diferenças estruturais, o vocabulário e o léxico de uma língua fornecem perspectivas únicas sobre valores culturais, normas sociais e experiências históricas. Através da análise de termos linguísticos e expressões idiomáticas, obtemos insights profundos sobre a psique coletiva e a visão de mundo de uma cultura específica. Além disso, a presença de palavras intraduzíveis em uma língua, mas não em outra, lança luz sobre nuances da experiência humana que podem ser mais salientes ou implicitamente compreendidas em contextos culturais específicos. É crucial reconhecer que essas variações linguísticas não existem isoladamente; elas estão inseridas em práticas culturais, rituais e sistemas de crenças mais amplos. Assim, o estudo da linguagem e da cultura dentro da ordem simbólica exige uma abordagem interdisciplinar que integre antropologia, sociologia e linguística. Essa perspectiva interdisciplinar permite uma compreensão mais profunda de como a linguagem reflete e perpetua estruturas sociais, dinâmicas de poder e formação de identidade. Ademais, o exame de ambientes multilíngues e fenômenos de contato linguístico proporciona insights valiosos sobre a negociação de múltiplos sistemas simbólicos e o impacto da hibridez linguística na subjetividade individual.

9. Determinismo linguístico e suas críticas:

O determinismo linguístico, um conceito enraizado na hipótese de Sapir-Whorf, propõe que a estrutura de uma língua molda ou determina os padrões de percepção e pensamento de seus falantes. Em outras palavras, o sistema linguístico no qual o indivíduo está imerso influencia significativamente a cognição e a visão de mundo. Essa noção controversa tem sido amplamente debatida nos campos da linguística, psicologia e antropologia, particularmente devido às suas potenciais implicações na agência individual, no relativismo cultural e nos processos cognitivos. Os defensores do determinismo linguístico argumentam que a linguagem não apenas reflete, mas também molda nossa compreensão da realidade, influenciando a forma como percebemos e interpretamos o mundo ao nosso redor. Eles defendem que diferentes línguas codificam categorias conceituais e modos de pensamento distintos, levando a perspectivas cognitivas únicas entre os falantes dessas línguas. No entanto, os críticos do determinismo linguístico questionam a extensão de sua influência na cognição humana, afirmando que, embora a linguagem possa influenciar o pensamento, ela não o determina ou restringe rigidamente. Eles apontam para a diversidade das experiências humanas e para a capacidade dos indivíduos de adotar múltiplas estruturas linguísticas e culturais, sugerindo que a flexibilidade cognitiva transcende as fronteiras linguísticas. Além disso, estudos empíricos têm apresentado evidências mistas quanto à força do determinismo linguístico, com algumas pesquisas apoiando sua influência em domínios cognitivos específicos, enquanto outras demonstram uma relação mais matizada entre linguagem e pensamento. A crítica aprofunda-se ainda no desafio de separar as influências linguísticas de outros fatores sociais, históricos e psicológicos que moldam a cognição, destacando a complexidade de compreender o papel da linguagem na formação da percepção e do comportamento humanos. Ao examinar criticamente as premissas e implicações do determinismo linguístico, os pesquisadores buscam elucidar a interação multifacetada entre linguagem e cognição, lançando luz sobre a dinâmica dos processos de pensamento humano e a diversidade cultural.

O papel da linguagem e dos significantes

1. Introdução:

A linguagem humana é um sistema complexo e dinâmico que permeia todos os aspectos de nossas vidas, influenciando não apenas a forma como nos comunicamos, mas também como percebemos e construímos a realidade. No contexto da teoria psicanalítica, a linguagem desempenha um papel fundamental na formação da consciência e da subjetividade humanas. A importância da linguagem na ordem simbólica, conforme elucidada por Jacques Lacan, vai muito além da mera expressão verbal ou escrita; ela abrange a rede de símbolos e significantes por meio dos quais os indivíduos se relacionam com sua existência. Ao aprofundarmos as teorias linguísticas e suas implicações, podemos começar a desvendar o profundo impacto da linguagem na formação do eu e das relações sociais. Através das lentes estruturalistas e pós-estruturalistas, o estudo da linguagem como um sistema de significação revela sua capacidade de organizar e designar significados dentro de estruturas culturais, afetando, assim, as maneiras pelas quais os indivíduos vivenciam e significam o mundo. A consideração da arbitrariedade, dualidade e aspectos relacionais dos signos linguísticos, conforme exposto por Ferdinand de Saussure, sublinha como a linguagem opera como uma força potente na estruturação das percepções e interações humanas. Além disso, as complexidades da aquisição da linguagem e seus laços intrínsecos com a cognição enfatizam ainda mais a influência abrangente da linguagem na formação do sujeito, onde as representações simbólicas interagem com o desenvolvimento psíquico individual. Ademais, a reavaliação do determinismo linguístico e sua relação com os registros psicológicos representa uma exploração essencial para a compreensão da dinâmica de poder inerente à linguagem e sua construção da subjetividade. Ao embarcarmos em uma exploração multifacetada da linguagem e seus fundamentos filosóficos, socioculturais e psicanalíticos, podemos começar a desvendar a tapeçaria de significação e comunicação tecida no tecido da existência humana.

2. O conceito de significante:

Ao mergulharmos no complexo registro da ordem simbólica, deparamo-nos com o conceito fundamental de significante. O significante, conforme elucidado por Ferdinand de Saussure e posteriormente desenvolvido por Jacques Lacan, constitui um elemento essencial para a compreensão da natureza da linguagem e seu papel na psique humana. Em sua essência, o significante é uma entidade linguística que abrange não apenas um som ou um símbolo escrito, mas sim uma unidade fundamental de significado dentro de um sistema linguístico. Esse significado, contudo, não é inerente ao significante em si, mas emerge de sua relação com outros significantes dentro da rede linguística.

Fundamentalmente, o conceito de significante denota a arbitrariedade dos signos linguísticos; ou seja, a ausência de uma conexão intrínseca entre o significante e o significado. Essa noção rompe com qualquer suposta ligação direta entre a linguagem e a realidade objetiva, destacando, em vez disso, a natureza construída e simbólica da comunicação humana. Ao reconhecermos o significante como um elemento fundamental da linguagem, somos levados a considerar o profundo impacto dessa construção nos processos de formação do sujeito e nas relações intersubjetivas.

A integração do significante por Lacan em seu arcabouço psicanalítico ilumina seu papel na constituição do inconsciente. Aqui, o significante não serve simplesmente como um transmissor de significados explícitos, mas também opera no inconsciente, dando origem à teia de desejos e identificações que moldam a paisagem psíquica de um indivíduo. Por meio de uma exploração da teoria lacaniana, passamos a apreciar o significante como algo mais do que uma mera entidade linguística, mas como um veículo para a transmissão de significado e a formação da experiência subjetiva.

O estudo do significante nos convida a considerar as diversas dimensões culturais e históricas da linguagem. Cada significante encapsula uma riqueza de ressonâncias sociais, históricas e culturais, refletindo as experiências e interpretações coletivas de uma determinada comunidade. Essa qualidade multifacetada do significante ressalta a natureza dinâmica e evolutiva da linguagem, na qual os significados são continuamente negociados e remodelados por meio de práticas e discursos socioculturais.

3. Linguística saussuriana e teoria lacaniana:

A linguística saussuriana constitui uma base fundamental para a compreensão da linguagem e seu papel na construção do significado dentro da ordem simbólica. Esse paradigma enfatiza a distinção fundamental entre significante e significado, afirmando que a linguagem opera por meio de um sistema de diferenças, e não por significados fixos e inerentes. No contexto da teoria lacaniana, essa estrutura fornece insights valiosos sobre a natureza das estruturas linguísticas e sua influência na subjetividade. O próprio Lacan se baseou amplamente na obra de Saussure, integrando-a à sua estrutura psicanalítica para iluminar a dimensão simbólica da existência humana. Por meio dessa integração, Lacan explorou as maneiras pelas quais a linguagem e os significantes moldam nossa compreensão de nós mesmos e da realidade, ressaltando o papel crucial da linguagem na estruturação da experiência subjetiva. Dentro da perspectiva lacaniana, a linguagem não é meramente uma ferramenta de comunicação, mas um constituinte fundamental do inconsciente e dos mecanismos pelos quais a subjetividade individual é formada. Ao aprofundar a interação entre a linguística saussuriana e a teoria lacaniana, acadêmicos e profissionais obtêm uma compreensão mais profunda de como a linguagem funciona como uma força dinâmica dentro da ordem simbólica, moldando e mediando nossas percepções, desejos e relacionamentos. Além disso, essa síntese ressalta as profundas implicações das estruturas linguísticas na constituição de normas sociais, dinâmicas de poder e formação da identidade. Assim, a exploração da linguística saussuriana no contexto da teoria lacaniana serve para destacar a rica tapeçaria de conexões entre linguagem, subjetividade e o tecido social mais amplo. Ela elucida as maneiras pelas quais os sistemas linguísticos se intercruzam com a ordem simbólica, oferecendo implicações profundas para campos como a psicanálise, a semiótica e os estudos culturais. Compreender esse nexo não apenas enriquece nossa compreensão da experiência humana, mas também lança luz sobre as complexidades do discurso, da representação e dos processos de construção de significado dentro do simbólico.

4. A função da linguagem na formação da subjetividade:

Ao interagirem com a linguagem, os indivíduos não são meros receptores passivos de símbolos linguísticos; pelo contrário, participam ativamente do processo de significação e construção de significado. Através da linguagem, os indivíduos se envolvem com suas experiências, emoções e relacionamentos, interpretando-os e, assim, construindo suas realidades subjetivas. A ordem simbólica, conforme concebida por Lacan, abrange essa rede de interações linguísticas e simbólicas que fundamentam a formação da subjetividade.

O conceito de significante simbólico é central para a função da linguagem na formação da subjetividade. Palavras, frases e símbolos linguísticos atuam como significantes que mediam experiências e sentimentos individuais, traduzindo-os em expressões coerentes e comunicáveis. Esse processo de significação não é apenas um meio de comunicação, mas também um mecanismo fundamental pelo qual os indivíduos internalizam e compreendem seus próprios pensamentos e emoções. A interação de significantes na linguagem permite que os indivíduos atribuam significado e importância às suas experiências vividas, contribuindo assim para a construção de suas identidades subjetivas.

A linguagem serve como um meio pelo qual os indivíduos negociam seus contextos sociais e culturais, influenciando, assim, o desenvolvimento de sua subjetividade. As estruturas e normas linguísticas predominantes em uma determinada sociedade ou comunidade moldam as maneiras pelas quais os indivíduos articulam e compreendem seus pensamentos e sentimentos, consequentemente moldando suas perspectivas subjetivas. Nesse sentido, a linguagem opera como uma ferramenta primordial para que os indivíduos se situem dentro de estruturas sociais e estabeleçam seus papéis e identidades em diversas estruturas sociais.

A função da linguagem na formação da subjetividade vai além das experiências individuais, abrangendo narrativas sociais e históricas mais amplas. A linguagem, como repositório de conhecimento coletivo, mitos e roteiros culturais, influencia e molda a própria essência da subjetividade de um indivíduo. Por meio da linguagem, os indivíduos acessam e internalizam a herança cultural e as tradições que fundamentam sua compreensão de si mesmos e de seu lugar no mundo. Além disso, a linguagem atua como um canal para a transmissão de ideologias sociais, dinâmicas de poder e normas, que contribuem para a construção contínua da subjetividade dentro da ordem simbólica.

5. Representação simbólica na interação humana:

No âmbito da psicanálise, o conceito de ordem simbólica transcende a psique individual e permeia a interação humana. Através da linguagem e da representação simbólica, os indivíduos se envolvem em uma complexa rede de comunicação e troca social profundamente enraizada na ordem simbólica.

A representação simbólica na interação humana abrange diversas formas de comunicação, desde o discurso verbal até sinais e gestos não verbais. No contexto da teoria psicanalítica, essas interações são carregadas de significado simbólico, frequentemente manifestando-se por meio de processos inconscientes enraizados na linguagem, nos significantes e nos códigos culturais. Através da conversa, os indivíduos estabelecem e negociam seu lugar dentro das estruturas sociais, refletindo a interação entre o indivíduo e a ordem simbólica.

Na interação humana, a representação simbólica serve como um mecanismo fundamental para a expressão e interpretação de desejos, identidades e dinâmicas de poder. A linguagem, como principal meio de representação simbólica, molda a construção da realidade social e a formação de relações interpessoais. A troca de significantes e símbolos facilita a negociação de significados e o estabelecimento de entendimentos compartilhados, permitindo que os indivíduos lidem com as complexidades dos encontros sociais.

A dinâmica da representação simbólica na interação humana está profundamente interligada com conceitos lacanianos como o outro e o falo. Essas noções iluminam as maneiras pelas quais os indivíduos se posicionam em relação aos outros, lidando com questões de reconhecimento, autoridade e desejo dentro da ordem simbólica. As dimensões simbólicas de gênero, sexualidade e normas culturais também se tornam relevantes na formação da dinâmica da interação humana, destacando a influência da representação simbólica nas estruturas sociais.

6. A inter-relação entre significantes e significado:

O significante, conforme concebido na teoria lacaniana, abrange não apenas símbolos linguísticos, mas também qualquer entidade que represente ou signifique algo. Isso pode variar desde palavras faladas e textos escritos até imagens, gestos ou mesmo práticas culturais. O que distingue o significante é sua função como transmissor de significado, frequentemente mantendo uma relação complexa com o significado. Ao explorarmos essa interação, torna-se evidente que o significado e a interpretação dos significantes estão profundamente enraizados no contexto sociocultural, permitindo, assim, uma multiplicidade de nuances de significado que contribuem para a riqueza da comunicação humana.

O aspecto conotativo dos significantes adiciona uma camada extra de complexidade à sua relação com o significado. Essa conotação é moldada não apenas por experiências individuais, mas também pelo inconsciente coletivo, conforme proposto pelas abordagens psicanalíticas. Consequentemente, o mesmo significante pode evocar significados e respostas emocionais variadas, ilustrando assim a natureza fluida e dinâmica dessa inter-relação. É por meio dessa ambiguidade inerente e da pluralidade de significados que a comunicação prospera, fomentando infinitas possibilidades de interpretação e compreensão.

Uma elucidação pertinente sobre a inter-relação entre significantes e significado reside em sua função no contexto psicanalítico. A linguagem, carregada de significantes, torna-se um canal para explorar as profundezas do inconsciente e decifrar as representações simbólicas incorporadas nos pensamentos, sonhos e expressões dos indivíduos. A desconstrução desses significantes revela camadas de significado que poderiam ter permanecido ocultas, oferecendo insights profundos e facilitando o processo de autodescoberta e cura.

Considerando a natureza em constante evolução da linguagem, é crucial reconhecer a contínua reconfiguração e expansão dos significantes e seus significados associados. Essa adaptabilidade não apenas reflete as mudanças sociais, mas também ressalta a negociação contínua de significados dentro da ordem simbólica. Ao reconhecer e acolher esse fluxo, obtemos uma apreciação mais profunda do poder inerente aos significantes e de seu papel fundamental na formação de nossas experiências subjetivas e conexões interpessoais.

7. Variações linguísticas em diferentes contextos culturais:

A linguagem exibe variações fascinantes em diferentes contextos culturais. Um aspecto marcante dessas variações é a diversidade de léxico e nuances semânticas presentes em diferentes línguas. Por exemplo, o povo Inuit possui inúmeras palavras para descrever a neve, refletindo a centralidade desse fenômeno em seu ambiente e em suas vidas. Em contraste, o inglês pode não apresentar a mesma especificidade em sua terminologia relacionada à neve. Essas variações destacam a profunda influência de fatores culturais e ambientais no desenvolvimento e uso da linguagem.

As estruturas gramaticais e as convenções sintáticas presentes em diversas línguas podem diferir significativamente, levando a diferentes estruturas cognitivas e modos de apreensão da realidade. Por exemplo, o conceito de tempo pode ser expresso de maneira diferente em diferentes línguas, influenciando a orientação temporal e a percepção dos indivíduos dentro dessas comunidades linguísticas. Considere a diferença entre línguas que utilizam principalmente termos espaciais absolutos (por exemplo, norte, sul, leste, oeste) e aquelas que se baseiam em termos espaciais relativos (por exemplo, esquerda, direita). Tais variações têm implicações profundas sobre como os indivíduos compreendem e interpretam o mundo ao seu redor.

Expressões idiomáticas, metáforas e provérbios culturais exemplificam ainda mais as nuances da linguagem em contextos culturais específicos. Essas características linguísticas frequentemente encapsulam valores culturais mais profundos, crenças e experiências coletivas, oferecendo uma janela para os fundamentos simbólicos de uma determinada sociedade. Ao explorar essas complexidades linguísticas, obtemos uma compreensão mais profunda dos mecanismos simbólicos que sustentam a comunicação humana e a interação social em diversos contextos culturais.

As formas como as línguas codificam e expressam hierarquia social, dinâmicas de poder e normas sociais variam significativamente, refletindo a complexa interação entre a linguagem e a ordem simbólica. O uso de honoríficos, termos de parentesco e marcadores de polidez em diferentes línguas reflete as estruturas sociais e as dinâmicas relacionais inerentes a esses sistemas linguísticos. Compreender o significado cultural e simbólico desses marcadores linguísticos é crucial para a compreensão do funcionamento da ordem simbólica em contextos socioculturais específicos.

8. Desafios e limitações da linguagem no âmbito simbólico:

A linguagem, como principal meio de comunicação e representação simbólica, desempenha um papel fundamental na formação da subjetividade individual e da identidade cultural. No entanto, apesar de sua importância, a linguagem também apresenta desafios e limitações inerentes dentro da estrutura da ordem simbólica. Um dos principais desafios surge da natureza inerentemente arbitrária da linguagem, em que a relação entre significantes e significados não é fixa, mas sim contingente a um acordo convencional dentro de uma determinada comunidade linguística. Essa arbitrariedade pode levar a mal-entendidos e conflitos, especialmente quando indivíduos de diferentes contextos culturais tentam se comunicar. Além disso, a multiplicidade de significados dentro de uma mesma língua complica ainda mais o processo de significação, uma vez que palavras e símbolos podem evocar diversas conotações e interpretações com base em experiências individuais e contexto social. A linguagem também enfrenta limitações para capturar adequadamente a complexidade e a profundidade das emoções e experiências humanas. A inefabilidade de certas emoções ou conceitos representa um desafio para a capacidade da linguagem de representar e articular plenamente as complexidades dos mundos interiores subjetivos. Além disso, a estrutura e a gramática da linguagem impõem restrições à expressão de ideias abstratas e complexas, limitando, assim, a precisão e a exatidão na transmissão de certos pensamentos ou percepções. Ademais, a influência da dinâmica de poder no uso da linguagem representa outro desafio dentro da ordem simbólica. Discursos dominantes e normas linguísticas podem marginalizar ou silenciar certas vozes, levando à perpetuação da desigualdade e da opressão na sociedade. Além disso, os vieses e preconceitos inerentes à linguagem podem contribuir para o reforço das hierarquias sociais e da discriminação sistêmica. Esses desafios e limitações ressaltam a relação entre a linguagem e a ordem simbólica, exigindo um exame crítico e uma reflexão sobre o papel da linguagem na formação das subjetividades individuais e das estruturas sociais. Abordar essas complexidades é crucial para promover a inclusão e a equidade em diversos contextos linguísticos e culturais, reconhecendo, ao mesmo tempo, as limitações inerentes à linguagem na representação da rica tapeçaria da experiência humana.

Estruturas dentro da ordem simbólica

1. Introdução às estruturas simbólicas:

A exploração das estruturas simbólicas constitui um pilar fundamental no domínio da teoria psicanalítica e da sociolinguística. Em sua essência, as estruturas simbólicas formam a rede de significações e significantes que sustentam e organizam o tecido da realidade humana. Fundamentada nas obras seminais de Ferdinand de Saussure e desenvolvida por Jacques Lacan, a estrutura das estruturas simbólicas gira fundamentalmente em torno da capacidade da linguagem e dos símbolos de moldar nossa compreensão do mundo. Essa rede de códigos linguísticos e culturais cria uma tapeçaria através da qual os indivíduos atuam em sua existência, constroem suas identidades e interagem com os outros.

Central a esse discurso é o conceito de significante — um elemento da linguagem que transmite significado por meio de sua relação com outros significantes. Dentro dessa estrutura, a interação dinâmica entre significante e significado dá origem ao complexo sistema de significados e representações que abrange a experiência humana. Além disso, as estruturas simbólicas se estendem para além do âmbito da linguagem, permeando instituições sociais, rituais e normas. A construção dessas estruturas simbólicas desempenha um papel fundamental na formação das subjetividades individuais, das hierarquias sociais e das dinâmicas de poder.

A influência das estruturas simbólicas estende-se ao inconsciente, conforme postulado pela teoria lacaniana. A ordem simbólica, um dos três registros de Lacan, constitui a cultura e a linguagem, moldando as maneiras pelas quais os indivíduos se percebem e se relacionam com o mundo externo. Imersos nas estruturas simbólicas estão os mitos culturais, as narrativas e os arquétipos que conferem significado e sentido à experiência humana.

2. O quadro de referência da linguística estrutural:

A linguística estrutural oferece uma perspectiva singular para examinar a relação entre a linguagem e a ordem simbólica. Em sua essência, essa abordagem investiga a estrutura subjacente da linguagem, enfatizando o papel fundamental dos significantes e significados na formação do sentido. Desenvolvida por linguistas proeminentes como Ferdinand de Saussure e posteriormente adotada e expandida por Jacques Lacan, a linguística estrutural apresenta implicações fundamentais para nossa compreensão da comunicação, da cultura e da psique humana.

O conceito central da linguística estrutural é o de signo linguístico, composto pelo significante (a imagem sonora) e pelo significado (o conceito que representa). A obra seminal de Saussure destacou a natureza arbitrária do signo, onde a conexão entre significante e significado não se baseia em um sentido intrínseco, mas sim em convenções dentro de uma determinada comunidade linguística. Essa percepção ressoa profundamente na ordem simbólica, sublinhando a natureza construída do significado e da identidade.

A estrutura teórica define a noção de langue (sistema linguístico) e parole (atos de fala individuais), elucidando a dualidade da linguagem como um sistema estruturado e uma manifestação dinâmica na comunicação cotidiana. Dentro dessa dicotomia reside a tensão entre o coletivo e o individual, refletindo a interação entre normas sociais e expressão pessoal dentro da ordem simbólica. Ao examinar as regras e os padrões que governam o uso da linguagem, a linguística estrutural revela os mecanismos ocultos que ditam nossas interações e o discurso cultural.

A abordagem estruturalista vai além dos limites da sintaxe e da semântica, ampliando seu escopo para abranger o tecido mais amplo da sociedade e da cultura. Por meio da análise de mitos, rituais e instituições sociais, discernem-se estruturas linguísticas, revelando padrões recorrentes e significados simbólicos profundos. Esse alcance interdisciplinar ressalta as implicações abrangentes da perspectiva estruturalista, transcendendo a investigação linguística para oferecer insights profundos sobre os fundamentos simbólicos da experiência humana.

3. Redes simbólicas e suas implicações:

Ao explorarmos as redes simbólicas e suas implicações, mergulhamos na teia de significados e representações interconectadas que definem a ordem simbólica. As redes simbólicas abrangem um sistema complexo de significantes, códigos e símbolos que estruturam nossa compreensão do mundo e mediam nossas interações nele. Essas redes não se limitam à comunicação linguística, mas se estendem a várias formas de expressão cultural, incluindo rituais, costumes e tradições. Compreender as implicações dessas redes é crucial para entender o profundo impacto que elas têm sobre a identidade individual, as normas sociais e os comportamentos coletivos. As redes simbólicas desempenham um papel central na formação de nossas percepções, crenças e valores, influenciando não apenas nossos pensamentos conscientes, mas também nossos desejos e motivações inconscientes. Além disso, essas redes contribuem para a construção e perpetuação de dinâmicas de poder, hierarquias e estruturas sociais. Ao examinarmos as implicações das redes simbólicas, podemos obter insights sobre como elas influenciam nossas experiências, relacionamentos e senso de pertencimento em diferentes contextos sociais. Além disso, o estudo das redes simbólicas permite-nos desvendar os mecanismos subjacentes através dos quais o significado é produzido, negociado e contestado em diversos contextos culturais. Compreender as implicações das redes simbólicas também lança luz sobre as formas como indivíduos e comunidades se envolvem em processos de construção de significado, interpretação e negociações semióticas. Essa consciência é essencial para fomentar a compreensão intercultural, abordar conflitos decorrentes de interpretações divergentes e promover o diálogo inclusivo entre diversos grupos sociais. À medida que exploramos mais a fundo as implicações das redes simbólicas, passamos a apreciar o papel significativo que desempenham na formação das nossas realidades, na construção das nossas identidades e na perpetuação dos sistemas culturais. Ao examinarmos criticamente essas implicações, abrimos caminhos para reimaginar e transformar as paisagens simbólicas de maneiras que promovam a equidade, a solidariedade e a apreciação intercultural.

4. Interconexões com construções sociais:

As interconexões entre a ordem simbólica e as construções sociais são essenciais para a compreensão das complexidades da interação humana e do funcionamento da sociedade. A ordem simbólica, conforme exposta pela teoria lacaniana, está profundamente interligada com as construções sociais, desempenhando um papel fundamental na formação e regulação do comportamento humano em diversos contextos culturais.

No cerne desta discussão reside o conceito de normas e rituais simbólicos, que constituem a base das estruturas sociais. Essas normas e rituais são imbuídos de significados simbólicos que regem as relações interpessoais, as identidades coletivas e as normas sociais. Considerações sobre dinâmicas de poder, papéis de gênero, distinções de classe e práticas culturais estão enraizadas na ordem simbólica, permeando todos os aspectos da vida social. Além disso, a ordem simbólica serve como estrutura através da qual os indivíduos se orientam e interpretam seu lugar no contexto social mais amplo, influenciando suas percepções, aspirações e interações.

Uma exploração dos fundamentos simbólicos da linguagem e da comunicação revela a ligação indispensável com as construções sociais. A linguagem, como veículo primordial da ordem simbólica, não apenas reflete os valores e normas sociais vigentes, mas também contribui ativamente para sua perpetuação e evolução. Por meio de códigos linguísticos e práticas discursivas, os indivíduos interagem com as construções sociais estabelecidas e as reforçam, perpetuando ou desafiando os sistemas de significado vigentes. A relação dialética entre linguagem e sociedade revela, portanto, a natureza simbiótica de sua interação, ressaltando a conexão inextricável entre a ordem simbólica e as construções sociais.

Uma análise de como as representações simbólicas e os símbolos culturais permeiam as instituições sociais ilumina a influência abrangente da ordem simbólica sobre as construções sociais. Seja em sistemas jurídicos, instituições religiosas, estruturas educacionais ou expressões artísticas, os significados e representações simbólicas desempenham um papel fundamental na formação e perpetuação de hierarquias sociais, valores e sistemas de crenças. Ao examinar essas manifestações simbólicas em diferentes contextos institucionais, obtém-se uma compreensão das maneiras pelas quais as construções sociais são mantidas, contestadas e transformadas dentro da ordem simbólica.

5. A arquitetura das relações simbólicas:

Ao aprofundar-se nas complexidades da ordem simbólica, é essencial explorar a arquitetura das relações simbólicas. A estrutura dentro da qual as relações simbólicas são estabelecidas e mantidas desempenha um papel fundamental na formação das interações do indivíduo com o mundo externo e com os outros na sociedade. As relações simbólicas podem ser vistas como a rede dinâmica de significantes e símbolos por meio da qual os indivíduos criam significado e se envolvem com sua realidade social.

No cerne das relações simbólicas reside o conceito de linguagem e comunicação. A linguagem serve como o principal meio pelo qual as relações simbólicas são construídas e articuladas. Dentro das estruturas linguísticas, as relações simbólicas se manifestam através do uso de significantes e do processo de significação. Essa base linguística fornece o arcabouço para a construção de significados e representações simbólicas.

A arquitetura das relações simbólicas vai além das interações individuais, abrangendo contextos sociais e culturais mais amplos. Instituições sociais, como a família, os sistemas educacionais e as organizações religiosas, contribuem para o estabelecimento e a perpetuação das relações simbólicas na sociedade. Essas instituições servem como plataformas por meio das quais os indivíduos adquirem e internalizam significados simbólicos, normas e valores que moldam sua compreensão do mundo.

Os códigos culturais também desempenham um papel significativo na formação da arquitetura das relações simbólicas. Eles abrangem os sistemas compartilhados de significado e interpretação dentro de uma determinada cultura ou sociedade. Esses códigos influenciam a maneira como os indivíduos interpretam e respondem às expressões simbólicas, influenciando, assim, a dinâmica das relações simbólicas dentro de um contexto cultural.

A arquitetura das relações simbólicas se cruza com as dinâmicas de poder e as hierarquias sociais. As relações simbólicas não são neutras; elas são imbuídas de dinâmicas de poder que refletem e perpetuam as desigualdades sociais. Certos símbolos e significantes podem carregar significados privilegiados, enquanto outros podem ser marginalizados ou excluídos dentro da ordem simbólica, contribuindo para estratificações e disparidades nas interações sociais.

6. A influência dos códigos culturais:

Os códigos culturais são fundamentais para determinar como os indivíduos percebem e interagem com o mundo ao seu redor. Esses códigos abrangem uma ampla gama de convenções sociais, normas, tradições, rituais e sistemas de crenças que são transmitidos através das gerações. Ao examinarmos a influência dos códigos culturais dentro da estrutura da ordem simbólica, obtemos informações valiosas sobre os mecanismos que governam a cognição humana, o comportamento e a dinâmica social.

Em sua essência, a codificação cultural opera como um conjunto de representações simbólicas que atribuem significado a objetos, ações e fenômenos, criando uma paisagem semiótica compartilhada dentro de uma determinada comunidade ou sociedade. Essa semiótica comunitária que fundamenta os códigos culturais possibilita a interpretação de símbolos e a construção de narrativas coletivas, fomentando um senso de pertencimento e identidade entre os indivíduos. Além disso, os códigos culturais servem como uma lente através da qual os indivíduos dão sentido às suas experiências, orientando sua compreensão de relacionamentos, costumes e questões existenciais.

Os códigos culturais permeiam diversas dimensões da vida, desde expressões artísticas e linguagem até estruturas morais e hierarquias sociais. Eles contribuem para a formação de estruturas de poder, influenciam os modos de comunicação e moldam as percepções da realidade. Além disso, os códigos culturais frequentemente delineiam papéis sociais, expectativas comportamentais e padrões de moralidade, gerando uma consciência coletiva que exerce um profundo impacto sobre a subjetividade individual e as interações intersubjetivas.

Compreender a importância dos códigos culturais é fundamental para decifrar as complexidades da existência humana dentro da ordem simbólica. Os códigos culturais não apenas facilitam a transmissão de conhecimento e valores, mas também atuam como mediadores entre o indivíduo e o tecido social mais amplo, ancorando os indivíduos em uma rede de significados e práticas compartilhadas. Ao examinar criticamente os códigos culturais prevalentes em diferentes sociedades, elucidamos as maneiras pelas quais normas, tradições e rituais se intercruzam com a ordem simbólica, lançando luz sobre as forças estabilizadoras e transformadoras inerentes à codificação cultural.

7. Ordem simbólica na dinâmica familiar:

A estrutura familiar é um microcosmo da ordem simbólica social mais ampla, desempenhando um papel crucial na formação da compreensão que o indivíduo tem da linguagem, da cultura e das normas sociais. Dentro da dinâmica familiar, a ordem simbólica está intrinsecamente ligada à estrutura das relações, influenciando padrões de comunicação, dinâmicas de poder e a transmissão de códigos culturais de uma geração para a seguinte. Por meio das interações no seio familiar, os indivíduos são apresentados ao registro simbólico, onde a linguagem e os significantes constroem significados e criam uma estrutura para a compreensão do mundo. Esse processo começa na infância, quando as crianças internalizam os elementos linguísticos e culturais presentes em seu contexto familiar.

A ordem simbólica na dinâmica familiar vai além da linguagem, abrangendo um sistema de valores, crenças e tradições transmitidas de geração em geração. Essas estruturas simbólicas moldam os papéis e expectativas familiares, regendo o comportamento e as interações dos membros da família. Nesse contexto, a ordem simbólica serve como um mecanismo para manter a continuidade e a coesão dentro da unidade familiar, fornecendo uma estrutura para a compreensão do lugar de cada um na hierarquia familiar e na sociedade em geral.

A dinâmica familiar é influenciada pelas representações simbólicas de gênero, autoridade e parentesco, que são construídas e reforçadas pela linguagem e pelas práticas culturais. A ordem simbólica dentro das famílias influencia a construção das identidades de gênero, a distribuição de poder e a formação dos laços familiares. Essa dinâmica simbólica pode contribuir para a perpetuação de papéis de gênero tradicionais, estruturas hierárquicas e paradigmas culturais, impactando as experiências e a socialização dos indivíduos no contexto familiar.

A ordem simbólica dentro da dinâmica familiar desempenha um papel fundamental na transmissão intergeracional de códigos e práticas culturais. Rituais, tradições e narrativas familiares servem como veículos para a preservação e disseminação do conhecimento cultural, moldando a identidade coletiva da unidade familiar. As estruturas simbólicas inerentes a essas práticas familiares refletem e reforçam valores sociais mais amplos, servindo como elo entre a esfera privada da família e a esfera pública do contexto cultural mais amplo.

8. Instituições e a estrutura simbólica:

As instituições desempenham um papel fundamental na formação e perpetuação da estrutura simbólica dentro da sociedade. Esses sistemas organizados, como órgãos governamentais, instituições de ensino, organizações religiosas e entidades econômicas, exercem influência significativa sobre a construção e disseminação de significados e valores simbólicos. A dinâmica estrutural dentro das instituições está profundamente interligada ao funcionamento da ordem simbólica, muitas vezes servindo como condutos para a transmissão e o reforço de representações simbólicas. Assim, é essencial explorar a relação entre instituições e a estrutura simbólica, lançando luz sobre seu impacto mútuo. Ao examinar a interseção entre instituições e ordem simbólica, deve-se considerar as maneiras pelas quais as práticas e normas institucionais contribuem para a manutenção das hierarquias simbólicas e das dinâmicas de poder. Além disso, a institucionalização de certos símbolos e rituais pode solidificar seu significado dentro da estrutura social mais ampla, consolidando seu papel como árbitros de significado e identidade. Ademais, as instituições frequentemente atuam como guardiãs da produção e disseminação do conhecimento, exercendo, portanto, imensa autoridade na definição e regulação dos parâmetros do registro simbólico. Além disso, a estrutura simbólica exerce sua influência dentro das instituições por meio da codificação da linguagem, dos mecanismos disciplinares e dos comportamentos normativos, gerando um conjunto de regras e normas que governam as interações sociais e perpetuam a ordem simbólica. Esse processo não apenas reforça as hierarquias simbólicas existentes, mas também contribui para a reprodução e internalização das formas simbólicas dominantes. Ademais, as instituições atuam como espaços de negociação e contestação de significados simbólicos, com diversos atores buscando afirmar suas interpretações e valores dentro do contexto institucional. Consequentemente, a interação dialética entre instituições e estrutura simbólica dá origem a complexas lutas de poder e conflitos ideológicos, influenciando a trajetória da evolução simbólica na sociedade. Em última análise, desvendar a complexa rede de relações entre instituições e estrutura simbólica é fundamental para compreender as múltiplas maneiras pelas quais os significados simbólicos são construídos, transmitidos e transformados no tecido da vida social.

9. Símbolos como mediadores da realidade:

Sob a perspectiva da ordem simbólica, os símbolos não são meras representações, mas entidades dinâmicas que moldam nossas percepções, comportamentos e interações sociais. No cerne desta exploração está o conceito de significação, onde os símbolos atuam como portadores de significado. Inspirando-nos na semiótica, examinamos como os símbolos funcionam como signos linguísticos, transmitindo significado cultural, social e psicológico. Seja na forma de linguagem, imagens ou rituais, os símbolos encapsulam ricas camadas de interpretação, refletindo as complexidades do pensamento e da expressão humana.

Os símbolos operam dentro de uma rede de significados interconectados, formando uma teia de associações que constroem nossa compreensão do mundo. A mediação simbólica da realidade se estende além da experiência pessoal, abrangendo dinâmicas sociais mais amplas. De bandeiras nacionais a emblemas religiosos, os símbolos servem como condutos para expressar ideologias, valores e identidades coletivas. Essas representações simbólicas não apenas refletem narrativas sociais, mas também influenciam a construção de normas sociais e estruturas de poder.

Os símbolos, enquanto mediadores da realidade, estão inseridos em códigos e práticas culturais, moldando nossas percepções de nós mesmos e dos outros. Por exemplo, o simbolismo dos papéis e estereótipos de gênero abrange uma ampla gama de pistas e sinais que influenciam os relacionamentos interpessoais e as expectativas sociais. Ao dissecar essas construções simbólicas, obtemos insights sobre os mecanismos pelos quais o significado é atribuído e negociado em diversos contextos culturais.

A mediação simbólica transcende os domínios individuais e interpessoais, permeando também as estruturas institucionais. Nos sistemas educacionais, jurídicos e políticos, os símbolos assumem papéis significativos na definição de protocolos, hierarquias e medidas disciplinares. Sua influência abrangente ressalta o impacto das estruturas simbólicas na dinâmica organizacional e nas relações de poder, ilustrando como os símbolos sustentam e perpetuam as ordens e os arranjos sociais.

Em conclusão, a exploração dos símbolos como mediadores da realidade reafirma sua profunda influência na consciência humana, nas interações sociais e nos paradigmas culturais. Compreender a complexa interação entre símbolos e realidade ilumina os mecanismos subjacentes à construção de significado e à simbolização, oferecendo perspectivas valiosas para campos interdisciplinares como psicologia, linguística, antropologia e sociologia.

Identidade individual e estruturas sociais influenciadas pelo simbólico

1. O conceito de identidade na psicanálise lacaniana:

Em contraste com as perspectivas psicológicas tradicionais, a teoria de Jacques Lacan aprofunda-se na noção de identidade como algo construído e influenciado por forças externas, particularmente através da linguagem e da interação social. No cerne do pensamento lacaniano está a compreensão de que a identidade não é fixa ou inerente, mas sim constitui um processo contínuo moldado dentro da ordem simbólica. Em vez de considerar a identidade como a essência interna de um indivíduo, Lacan postula que ela emerge através de uma complexa interação de significantes linguísticos, normas culturais e estruturas psíquicas.

Central para a psicanálise lacaniana é a ideia do "ego" como produto da identificação com representações simbólicas, ditadas pelo outro e internalizadas durante os estágios formativos do desenvolvimento. Esse processo de identificação fundamenta a construção da identidade do indivíduo dentro da estrutura simbólica. Consequentemente, o ego evolui como um reflexo da percepção que o sujeito tem de si mesmo em relação às demandas e normas sociais, e não como uma expressão autêntica de seu eu interior. A ênfase de Lacan no "estágio do espelho" ressalta a importância das imagens externas na formação do senso de si do indivíduo, destacando o impacto do registro simbólico na autopercepção.

A análise lacaniana reconhece a natureza fragmentária da identidade, na qual o senso de si do sujeito é permeado por contradições e inconsistências. Essa dissonância surge da disjunção entre o eu real e a imagem idealizada construída dentro da ordem simbólica. À medida que os indivíduos se esforçam para se conformar às expectativas sociais e estabelecer suas identidades dentro da estrutura simbólica, eles encontram rupturas e desestruturações inevitáveis que dão origem a sentimentos de alienação e inadequação.

De uma perspectiva lacaniana, a identidade está profundamente interligada com a linguagem e a rede de representações simbólicas. A linguagem serve como o principal meio pelo qual os indivíduos negociam suas identidades dentro da ordem simbólica, pois fornece a estrutura para a significação e a construção de sentido. O processo de formação do sujeito se desdobra por meio da mediação linguística, abrangendo a aquisição de códigos simbólicos, narrativas e discursos culturais que moldam a compreensão que o indivíduo tem de si mesmo e de seu lugar na sociedade.

Em essência, o conceito de identidade na psicanálise lacaniana elucida a rede de influências que moldam a subjetividade dentro da ordem simbólica. Ao examinar como os indivíduos interagem com a complexa interação entre linguagem, normas culturais e construções sociais, a teoria lacaniana oferece insights profundos sobre a formação, a negociação e a dissonância da identidade na sociedade contemporânea.

2. Formação da subjetividade na ordem simbólica:

A formação da subjetividade na ordem simbólica constitui um aspecto central da psicanálise lacaniana, aprofundando-se na construção da identidade individual dentro da estrutura da linguagem e das estruturas sociais. Esse processo elucida a interação entre os significantes linguísticos e o estabelecimento do eu em um contexto social mais amplo. Nesse domínio, a subjetividade não é gerada autonomamente, mas está profundamente entrelaçada com a ordem simbólica, que serve como mecanismo regulador, moldando a percepção da realidade pelo indivíduo. A ordem simbólica atua como uma vasta rede de significantes que influenciam e estruturam a maneira como os indivíduos se relacionam com o mundo ao seu redor. Por meio da aquisição da linguagem e da entrada no registro simbólico, os indivíduos internalizam essas construções sociais, culturais e linguísticas, afetando, assim, suas experiências e percepções subjetivas. Além disso, a ordem simbólica desempenha um papel crucial na mediação e regulação das relações e interações interpessoais, influenciando ainda mais a formação da subjetividade. À medida que os indivíduos se envolvem com o domínio simbólico, eles se integram a sistemas sociais mais amplos, solidificando seu senso de si por meio da interação de normas, valores e expectativas sociais. Essas influências externas são internalizadas, imprimindo-se na realidade subjetiva do indivíduo e contribuindo para o desenvolvimento de sua identidade única. Além disso, a formação da subjetividade dentro da ordem simbólica envolve a internalização de códigos linguísticos e culturais, levando à adoção de papéis, comportamentos e sistemas de crenças específicos que se alinham à estrutura social. Esse processo molda a compreensão que o indivíduo tem de si mesmo e de sua posição no tecido social, contribuindo, em última instância, para a construção contínua de sua subjetividade. Consequentemente, a formação da subjetividade na ordem simbólica abrange um complexo entrelaçamento de elementos linguísticos, culturais e sociais que moldam e esculpem o senso de si do indivíduo dentro do panorama simbólico mais amplo, enfatizando a profunda influência do registro simbólico na construção da identidade subjetiva.

3. O papel do 'outro' - Linguagem e interação social:

Como mencionado anteriormente, o "outro" não se limita a uma pessoa específica, mas representa a esfera social mais ampla que engloba a linguagem, as normas culturais e as estruturas sociais. As interações linguísticas dentro desse "outro" impactam profundamente a compreensão que o indivíduo tem de si mesmo e dos outros. Dentro da ordem simbólica, a linguagem serve como o principal meio pelo qual o "outro" influencia a identidade pessoal. Por meio das trocas linguísticas, os indivíduos aprendem a interagir com o cenário sociocultural, internalizando significados compartilhados e integrando-os à sua autopercepção. Esse processo envolve inerentemente uma negociação constante de significados e identidades dentro do contexto social mais amplo. Além disso, o "outro" também incorpora a presença de figuras de autoridade, instituições e dinâmicas de poder que contribuem para a regulação dos comportamentos e normas sociais. As influências do "outro" por meio da linguagem e da interação social não são meramente passivas, mas moldam ativamente a construção da identidade e do papel do indivíduo na sociedade. Ademais, a exposição a diversas perspectivas e ideologias dentro do "outro" fomenta uma complexa interação de crenças, valores e papéis sociais. Consequentemente, os indivíduos se envolvem em diversas identificações simbólicas, posicionando-se em relação aos discursos predominantes e às expectativas sociais. Por meio desse engajamento dinâmico com o 'outro', os indivíduos forjam sua subjetividade, contribuindo simultaneamente para a perpetuação e a evolução das estruturas sociais. É essencial reconhecer que o impacto do 'outro' não é unidirecional, visto que os indivíduos também participam da construção do registro simbólico por meio de suas expressões linguísticas e sociais. Ao participarem de conversas, debates e discursos, os indivíduos influenciam e remodelam ativamente a rede simbólica, perpetuando ou desafiando paradigmas existentes. Portanto, o 'outro' funciona como uma força multidimensional que molda substancialmente a identidade individual e a dinâmica social por meio da teia da linguagem e da interação.

4. Normas culturais e seu impacto na identidade pessoal:

Na psicanálise lacaniana, as normas culturais são vistas como influências externas que contribuem para a formação da identidade subjetiva de um indivíduo. Essas normas abrangem uma ampla gama de expectativas, valores, crenças e comportamentos sociais transmitidos por meio de processos de socialização, linguagem e representações simbólicas dentro de uma cultura ou comunidade específica. O impacto das normas culturais na identidade pessoal é multifacetado e pode se manifestar em vários aspectos da vida de um indivíduo, incluindo a autoimagem, os relacionamentos interpessoais e os papéis sociais. É essencial reconhecer a interação entre normas culturais e identidade pessoal dentro do contexto da ordem simbólica. As normas culturais podem influenciar a compreensão que um indivíduo tem de si mesmo e dos outros, bem como suas aspirações, expressões e experiências. Além disso, podem moldar a construção de gênero, raça, etnia, sexualidade e outros aspectos da identidade, contribuindo para as complexidades da subjetividade humana. Ademais, as normas culturais podem criar expectativas e pressões que os indivíduos podem internalizar, levando à formação de desejos inconscientes, ansiedades e conflitos relacionados à conformidade e à aceitação dentro de seu ambiente cultural. Além disso, a imposição de normas culturais pode afetar o posicionamento simbólico dos indivíduos dentro das estruturas sociais, delineando dinâmicas de poder, privilégios e desigualdades. Compreender o impacto das normas culturais na identidade pessoal é crucial para avaliar as maneiras pelas quais os indivíduos negociam seu senso de si mesmos dentro do contexto social mais amplo. Também levanta questões importantes sobre as potenciais restrições e liberdades que resultam das normas culturais, bem como as possibilidades de ação, resistência e transformação. Explorar a relação entre normas culturais e identidade pessoal oferece insights valiosos sobre a complexa dinâmica da subjetividade humana, do pertencimento social e da perpetuação ou subversão da hegemonia cultural.

5. Estruturas sociais - Autoridade, hierarquias e influência:

As estruturas sociais são componentes integrais da ordem simbólica, moldando as experiências e identidades dos indivíduos. Dentro dessas estruturas, a autoridade, as hierarquias e a influência desempenham papéis cruciais na determinação da dinâmica de poder e das relações sociais. A autoridade, frequentemente investida em instituições ou indivíduos, dita normas, regras e regulamentos que governam o comportamento e as interações dentro de uma sociedade. Essa influência autoritária pode emanar de diversas fontes, como órgãos governamentais, organizações religiosas, sistemas educacionais ou tradições culturais, e molda as expectativas e os limites da conduta aceitável. As hierarquias dentro das estruturas sociais estabelecem níveis de status, privilégio e acesso a recursos, que impactam significativamente as oportunidades e as trajetórias de vida dos indivíduos. Seja no ambiente de trabalho, na comunidade ou em contextos sociais mais amplos, as hierarquias criam estratificações que influenciam o senso de pertencimento e valor das pessoas. Além disso, a influência permeia as estruturas sociais por meios persuasivos ou coercitivos, moldando atitudes, crenças e comportamentos coletivos. Os indivíduos podem exercer influência por meio de papéis de liderança, ativismo ou defesa de direitos, enquanto a mídia, a tecnologia e os sistemas econômicos também exercem considerável influência sobre os valores e práticas sociais. Compreender a dinâmica da autoridade, das hierarquias e da influência dentro das estruturas sociais é essencial para entender a complexa interação entre a identidade individual e o contexto sociocultural mais amplo. Além disso, é crucial que os profissionais da psicanálise explorem como essas dinâmicas impactam as experiências e percepções de seus clientes, bem como examinem criticamente suas próprias posições e responsabilidades dentro dessas estruturas. Ao reconhecer e questionar essas dinâmicas, é possível promover uma compreensão mais matizada da maneira como as estruturas sociais moldam a subjetividade, a identidade e as relações interpessoais, enriquecendo, assim, as intervenções terapêuticas e o discurso social. Ademais, reconhecer as complexidades inerentes e as diferenças de poder dentro das estruturas sociais permite uma compreensão mais profunda das maneiras pelas quais a ordem simbólica se intercruza com as forças sociais para moldar as subjetividades individuais e as identidades coletivas.

6. Identidade de gênero e o domínio simbólico:

A identidade de gênero no domínio simbólico é um tema complexo e multifacetado que se cruza com vários aspectos da psicanálise lacaniana e da teoria social. Ao examinar a identidade de gênero pela lente da ordem simbólica, torna-se evidente que a linguagem, a cultura e as normas sociais desempenham papéis cruciais na formação da compreensão e da experiência que os indivíduos têm de seu próprio gênero. Um conceito fundamental é a ideia de que a identidade de gênero não é produto apenas de determinantes biológicos, mas sim influenciada significativamente por representações simbólicas e estruturas linguísticas. A teoria lacaniana enfatiza o papel da linguagem na construção da subjetividade, e isso se estende à formação e expressão da identidade de gênero. O domínio simbólico fornece uma estrutura para compreender como os indivíduos se identificam e se expressam dentro de categorias de gênero culturalmente definidas. Além disso, a ordem simbólica contribui para o estabelecimento de normas e expectativas de gênero, que moldam as experiências dos indivíduos com seu próprio gênero e suas interações na sociedade. É nesse contexto que o conceito de "outro" adquire particular importância em relação à identidade de gênero. O "outro" representa as forças e expectativas sociais externas que influenciam o senso de si e a identidade de um indivíduo. Isso inclui as percepções sociais do que significa ser masculino ou feminino, bem como a internalização dessas percepções na psique individual. A identidade de gênero no domínio simbólico também abrange questões de dinâmicas de poder, uma vez que a ordem simbólica constrói e perpetua hierarquias e diferenciais de poder entre os gêneros. Essas dinâmicas de poder são evidentes nas instituições sociais, representações culturais e relações interpessoais, onde o gênero frequentemente se cruza com questões de autoridade e influência. Além disso, o domínio simbólico influencia as maneiras pelas quais o gênero é representado e percebido nos discursos culturais, na mídia e no uso da linguagem. Compreender o impacto da ordem simbólica na identidade de gênero abre caminhos para explorar as complexidades da identificação simbólica. Ao analisar estudos de caso e aplicações, podemos obter insights sobre como os indivíduos se relacionam com suas identidades de gênero dentro da estrutura simbólica mais ampla. Por meio dessas investigações, podemos analisar as maneiras pelas quais o domínio simbólico molda as relações dos indivíduos com suas próprias identidades de gênero, bem como as implicações para o bem-estar psicológico, a integração social e as práticas culturais. Em última análise, examinar a identidade de gênero no domínio simbólico amplia nossa compreensão da interação entre linguagem, cultura e subjetividade individual, oferecendo perspectivas valiosas tanto para o desenvolvimento teórico quanto para aplicações práticas no campo da psicanálise e dos estudos de gênero.

7. Conflito e resolução - A interação com a realidade:

Na psicanálise lacaniana, o conceito de "real" se cruza com os registros simbólico e imaginário, contribuindo para a formação da identidade individual e influenciando as estruturas sociais. No cerne dessa exploração reside a tensão entre a experiência inconsciente e a consciente, bem como a manifestação de desejos reprimidos e traumas não resolvidos no cotidiano. O real rompe com a ordem simbólica estabelecida, introduzindo elementos que resistem à simbolização e à representação linguística, dando origem a conflitos caracterizados por dissonância e ambiguidade. Esses conflitos permeiam as experiências subjetivas dos indivíduos, levando a lutas internas e tensões externas dentro das estruturas sociais. Além disso, o real está ligado ao trauma, evocando experiências angustiantes e frequentemente inassimiláveis que desafiam o senso de si do indivíduo e seu engajamento com os outros. Assim, torna-se imperativo investigar os mecanismos de resolução na interação com o real. Superar esses conflitos exige um complexo processo de reconhecimento, processamento e integração, essencial para a restauração do equilíbrio e do bem-estar. Além disso, o engajamento com o real exige o reconhecimento das limitações da linguagem e da inadequação dos sistemas simbólicos para abarcar certos aspectos da experiência humana. Ao acolher essas limitações, os indivíduos podem buscar uma introspecção genuína e conexões autênticas, fomentando, assim, o crescimento pessoal e enriquecendo as interações sociais. Ademais, a resolução de conflitos decorrentes do real transcende o indivíduo, permeando as dimensões comunitárias e sociais. Abordar traumas coletivos e reconhecer vulnerabilidades compartilhadas torna-se fundamental para a construção de estruturas sociais empáticas e inclusivas.

Funcionalidade da ordem simbólica na prática psicanalítica

1. Introdução à relevância clínica do simbólico

A relevância clínica da ordem simbólica vai muito além da abstração teórica; ela permeia a própria essência da prática psicanalítica e molda os contornos da transformação psicológica. À medida que o analista assume a responsabilidade de mediar o simbólico, a interação entre linguagem, significantes e referenciais culturais torna-se palpável no processo terapêutico. O simbólico funciona como uma lente indispensável através da qual as nuances da subjetividade humana são decifradas, tornando-se essencial para a compreensão das complexidades dos processos inconscientes e da comunicação simbólica. Ao aprofundar-se no simbólico, o analista obtém insights sobre os fundamentos estruturais dos mundos psíquicos de seus pacientes, facilitando, assim, uma compreensão mais rica da narrativa individual e das dinâmicas intersubjetivas em jogo. Além disso, o simbólico se revela como uma pedra angular que elucida o impacto das construções linguísticas e dos contextos socioculturais na formação de desejos inconscientes e nas complexidades da construção da identidade. Essa consciência crítica possibilita a exploração de como a linguagem e os costumes culturais moldam a manifestação dos sintomas e a articulação do sofrimento subjetivo no contexto terapêutico. Além disso, ao reconhecer o papel fundamental do simbólico na mediação do significado e na estruturação do terreno da experiência humana, os analistas podem percorrer habilmente a teia de representações simbólicas, promovendo assim um envolvimento mais profundo com o mundo interno do paciente. É importante ressaltar que, ao integrar a estrutura Simbólica ao processo terapêutico, os analistas podem iluminar as trocas simbólicas implícitas que subjazem às comunicações inconscientes, aprimorando, dessa forma, a acuidade interpretativa necessária para desvendar significados latentes incorporados em enunciados verbais, sonhos e interações interpessoais. Ao fazer isso, a terapia transcende os limites das manifestações superficiais, permitindo uma exploração profunda do substrato simbólico que informa a realidade subjetiva do paciente.

2. O papel do analista como mediador do simbólico:

Na prática psicanalítica, o analista atua como mediador do registro simbólico no contexto terapêutico. Fundamental para esse papel é a capacidade do analista de se engajar com o inconsciente do paciente por meio da linguagem e dos símbolos que permeiam a ordem simbólica. O analista serve como tradutor, decifrando as expressões, os sonhos e as fantasias do paciente para identificar os significantes subjacentes que se manifestam dentro da estrutura simbólica. Ao mergulhar na teia de construções linguísticas e culturais, o analista facilita a exploração e a interpretação das experiências subjetivas do paciente. O engajamento com o simbólico exige do analista a habilidade de navegar pelas camadas de significado atribuídas às palavras e aos símbolos, reconhecendo também as nuances e ambiguidades que caracterizam essas manifestações. Além disso, o analista deve permanecer atento às suas próprias reações de contratransferência, pelas quais pode, inadvertidamente, projetar suas próprias interpretações simbólicas sobre o paciente, potencialmente distorcendo o processo terapêutico. Portanto, a capacidade de autorreflexão e introspecção do analista é crucial para manter a integridade da mediação simbólica. Como mediador, o analista se esforça para preencher a lacuna entre os registros consciente e inconsciente, proporcionando um espaço seguro para que o paciente articule e explore as representações simbólicas que fundamentam sua realidade psíquica. Isso envolve fomentar um diálogo colaborativo no qual o paciente se sinta empoderado para expressar seus pensamentos, permitindo ao analista discernir padrões e temas que emergem do tecido simbólico. O papel do analista vai além da mera interpretação; abrange a criação de um ambiente onde o paciente se sinta validado em suas expressões simbólicas, incentivando uma exploração e compreensão mais profundas. Por meio de uma mediação hábil, o analista auxilia o paciente a desvendar as complexidades de seu mundo interno, promovendo insights e transformação.

3. Dinâmica da transferência simbólica e da contratransferência:

O conceito de transferência, originalmente idealizado por Sigmund Freud e posteriormente desenvolvido por Jacques Lacan, refere-se ao redirecionamento inconsciente dos sentimentos, desejos e expectativas do paciente para o analista, frequentemente espelhando relações significativas do passado. Dentro da ordem simbólica, essa transferência de emoções e apego pode se manifestar por meio da linguagem e da comunicação, ilustrando a conexão entre símbolos linguísticos e estrutura psíquica. Consequentemente, compreender e interpretar a transferência dentro do contexto da ordem simbólica é essencial para navegar pelas complexidades do processo terapêutico.

A contratransferência, por outro lado, abrange as reações emocionais e as respostas subjetivas do analista em relação ao paciente, influenciadas por seus próprios conflitos não resolvidos e processos inconscientes. No âmbito simbólico, a dinâmica da contratransferência pode fornecer insights valiosos sobre a interação entre significantes e a subjetividade do analista, oferecendo uma compreensão mais profunda das trocas simbólicas que ocorrem na relação terapêutica.

A teoria lacaniana enfatiza a importância da capacidade do analista de transitar pela dimensão simbólica, estabelecendo um espaço intersubjetivo onde tanto a transferência quanto a contratransferência podem ser examinadas criticamente. Essa abordagem exige uma maior consciência dos componentes linguísticos e simbólicos subjacentes às narrativas e expressões do paciente. Ao reconhecer as estruturas simbólicas em jogo, os analistas podem orquestrar a dinâmica da transferência e da contratransferência para desvendar significados latentes e significantes inconscientes inseridos no discurso do paciente.

A dinâmica da transferência e contratransferência simbólicas também lança luz sobre as influências sociais e culturais mais amplas que moldam as interações simbólicas de um indivíduo. As representações simbólicas coletivas e os significantes compartilhados presentes no meio cultural contribuem para a formação e expressão dos fenômenos de transferência, enriquecendo a compreensão de como as estruturas culturais afetam o desenvolvimento psíquico e os processos terapêuticos.

Ao analisar as dinâmicas de transferência e contratransferência simbólicas, torna-se evidente que a ordem simbólica serve como uma rica tapeçaria entrelaçada com fios linguísticos, culturais e históricos, moldando fundamentalmente o encontro psicanalítico. O engajamento bem-sucedido com essas dinâmicas capacita os analistas a facilitar transformações profundas e promover a evolução da subjetividade individual no contexto do registro simbólico.

4. Técnicas lacanianas para lidar com a ordem simbólica:

No contexto da psicanálise, as técnicas lacanianas para lidar com a ordem simbólica desempenham um papel fundamental na descoberta das dinâmicas inconscientes que governam a psique de um indivíduo. Central para a teoria lacaniana é o conceito do "estágio do espelho", no qual o bebê começa a formar um senso de identidade por meio de seu reflexo no espelho e, posteriormente, entra na ordem simbólica através da linguagem e das interações sociais. Partindo desse fundamento, o processo terapêutico emprega diversas técnicas para lidar com a ordem simbólica.

Uma técnica significativa é o uso da associação livre, na qual o paciente verbaliza pensamentos, sentimentos e imagens sem censura. Essa expressão sem filtros proporciona acesso ao inconsciente do paciente e permite ao analista discernir padrões simbólicos e conflitos subjacentes. Além disso, o terapeuta pode introduzir o "terceiro analítico" como uma ferramenta para situar o paciente dentro do contexto mais amplo da ordem simbólica. Por meio dessa lente, as experiências individuais são reformuladas dentro das estruturas sociais e linguísticas, possibilitando uma compreensão mais profunda da realidade subjetiva do paciente.

A psicanálise lacaniana utiliza ainda a interpretação dos sonhos como meio de decodificar o conteúdo simbólico inerente ao inconsciente. O sonho, visto como a "via real para o inconsciente", serve como uma rica fonte de material simbólico, oferecendo insights sobre os desejos, conflitos e ansiedades inconscientes do paciente. Ao decodificar o conteúdo latente dos sonhos, o terapeuta interage com as manifestações simbólicas do mundo interior do paciente, facilitando insights profundos e promovendo o crescimento terapêutico.

A própria linguagem torna-se uma ferramenta crucial para a compreensão da ordem simbólica. Lacan enfatiza a importância da fala e seu impacto na formação do sujeito, postulando que a linguagem constrói e molda a experiência da realidade. Terapeutas versados em técnicas lacanianas exploram as nuances da linguagem para desvendar os fundamentos simbólicos das narrativas do paciente, lançando luz sobre símbolos reprimidos e significados culturais.

Por fim, as técnicas lacanianas empregam a análise da resistência como uma via frutífera para lidar com a ordem simbólica. A resistência, frequentemente manifestada na forma de oposição ou relutância, revela conflitos e defesas subjacentes arraigados na estrutura simbólica. Ao examinar cuidadosamente a resistência, os terapeutas têm acesso às redes simbólicas que contribuem para os impasses psicológicos, abrindo caminho para intervenções transformadoras e maior autoconsciência.

5. A linguagem como ferramenta na intervenção psicanalítica:

No contexto da ordem simbólica, a linguagem serve como o principal veículo através do qual desejos e conflitos inconscientes são expressos e explorados. À medida que os pacientes se envolvem no discurso, fornecem pistas linguísticas valiosas que lançam luz sobre seus pensamentos e emoções mais íntimos. O analista, munido de uma profunda compreensão dos significantes linguísticos e seus significados simbólicos, é capaz de decifrar essas expressões linguísticas, desvendando a complexa teia de significados tecida pelas palavras do paciente.

A teoria lacaniana destaca a importância da linguagem não apenas como meio de comunicação, mas também como determinante fundamental da subjetividade. Por meio da análise linguística, o analista identifica o uso de significantes específicos pelo paciente e considera como essas manifestações verbais moldam a realidade subjetiva do indivíduo dentro da ordem simbólica. A linguagem torna-se, assim, uma ferramenta indispensável para aprofundar a construção da identidade, elucidar o inconsciente e percorrer o terreno da psique humana.

O psicanalista hábil em utilizar a linguagem como ferramenta emprega intervenções linguísticas para desestabilizar padrões arraigados de pensamento e comportamento. Ao estimular o paciente a examinar os significados subjacentes à sua fala, o analista facilita uma maior consciência das forças inconscientes em ação. Esse processo analítico promove uma jornada transformadora, permitindo ao indivíduo confrontar aspectos anteriormente ignorados de seu mundo interior.

Na terapia, a linguagem funciona como um mecanismo para promover a catarse e a compreensão. À medida que o paciente articula suas experiências e dialoga, o ato de verbalizar emoções e memórias profundas pode levar a revelações profundas e à libertação emocional. A troca linguística cuidadosamente guiada torna-se um canal para a expressão catártica e a exploração introspectiva, catalisando o processo terapêutico.

Dentro da estrutura da ordem simbólica, a linguagem assume um papel multifacetado, servindo tanto como meio de comunicação quanto como portal para as profundezas do inconsciente. Ao explorar o poder da linguagem, o psicanalista se envolve em uma dança sutil de interpretação, diálogo e exploração linguística, revelando, em última instância, as complexidades da psique humana e lançando as bases para uma profunda transformação terapêutica.

6. A interpretação dos sonhos através da lente simbólica:

Como psicanalistas, frequentemente recorremos aos sonhos como uma rica fonte de material para compreender a dinâmica inconsciente presente em nossos pacientes. Os sonhos, em sua natureza fragmentada e muitas vezes sem sentido, fornecem um caminho direto para o inconsciente, representando desejos não realizados, ansiedades e emoções reprimidas.

Ao aplicar a lente simbólica à interpretação dos sonhos, é crucial reconhecer que o conteúdo manifesto dos sonhos, ou seja, os eventos e imagens reais vivenciados pelo sonhador, serve como disfarce para o conteúdo latente, que encapsula o verdadeiro significado simbólico. Ao interagir com os pacientes para explorar o conteúdo latente de seus sonhos, os analistas obtêm insights sobre os significantes e estruturas inconscientes que moldam a psique.

A ênfase de Lacan na linguagem e nos significantes ressalta a importância da interpretação dos símbolos presentes nos sonhos. Por meio da análise desses elementos simbólicos, como objetos, pessoas e ações, podemos desvendar os significados ocultos codificados no inconsciente do sonhador. Além disso, o uso de ferramentas linguísticas, como a associação livre e a exploração das múltiplas interpretações possíveis de um símbolo, permite-nos percorrer a complexa rede de associações dentro do sonho.

A interpretação de sonhos através da lente simbólica também exige a compreensão da interação entre as diversas ordens — simbólica, imaginária e real — dentro do cenário onírico. Ao discernir como essas ordens se cruzam e se entrelaçam, os analistas podem decifrar os conflitos e tensões subjacentes que se manifestam na narrativa do sonho. Essa abordagem holística não só enriquece o processo interpretativo, como também proporciona uma compreensão mais profunda do mundo interno do paciente.

7. Resistência e aceitação no âmbito simbólico:

Quando os indivíduos se envolvem em terapia, muitas vezes demonstram resistência em explorar aspectos mais profundos de seu inconsciente. Essa resistência pode se manifestar como mecanismos de defesa, como negação ou repressão, numa tentativa de se protegerem do desconforto emocional ou do enfrentamento de conflitos não resolvidos. É crucial que os psicanalistas reconheçam e explorem esses padrões de resistência para facilitar avanços significativos no processo terapêutico.

Por outro lado, a aceitação dentro da estrutura simbólica referese à disposição do indivíduo em reconhecer e confrontar os símbolos, significantes e representações inconscientes que emergem durante a jornada terapêutica. Acolher esses elementos permite uma compreensão mais profunda de si mesmo e abre caminho para insights transformadores e crescimento pessoal. Através da aceitação de suas realidades simbólicas internas, os indivíduos podem desvendar as camadas de sua psique e trabalhar para resolver conflitos internos e sofrimentos.

Na prática psicanalítica, lidar com a resistência e promover a aceitação envolve um equilíbrio entre empatia, paciência e interpretação hábil. Os analistas devem abordar a resistência com compreensão, reconhecendo-a como uma resposta natural ao desconforto associado à revelação de pensamentos e emoções reprimidos. Ao criar um espaço seguro e livre de julgamentos, os analistas podem ajudar os clientes a superar gradualmente sua resistência e explorar o panorama simbólico do seu subconsciente sem medo de críticas ou condenações.

Cultivar a aceitação dentro da estrutura simbólica requer fomentar uma atmosfera de confiança e abertura. Os indivíduos precisam se sentir validados e apoiados enquanto lidam com as complexidades de seus mundos interiores. Ao enfatizar a importância da autodescoberta e o potencial de cura por meio da aceitação, os analistas podem capacitar seus clientes a acolher as manifestações simbólicas que emergem, pavimentando o caminho para a autorrealização e a compreensão.

8. Considerações éticas no envolvimento com o simbólico:

Percorrer o terreno complexo da ordem simbólica na prática psicanalítica exige uma profunda consciência das considerações éticas que fundamentam esse delicado empreendimento. As considerações éticas em psicanálise são primordiais, dada a possibilidade de revelar aspectos profundamente pessoais e sensíveis do mundo interior dos indivíduos. No contexto da Ordem Simbólica, a deliberação ética torna-se ainda mais crucial à medida que os analistas se envolvem com os significados simbólicos e as construções culturais que moldam a identidade e a percepção da realidade de um indivíduo.

Uma importante consideração ética ao se trabalhar com o simbólico gira em torno da questão da confidencialidade. Como a exploração do simbólico frequentemente envolve mergulhar nas esferas íntimas da estrutura linguística e cultural do paciente, manter estrita confidencialidade torna-se imprescindível. Os analistas devem estar vigilantes na proteção da privacidade e da dignidade de seus pacientes, garantindo que as informações sensíveis permaneçam estritamente dentro dos limites do espaço terapêutico.

As implicações éticas da dinâmica de poder tornam-se evidentes ao se explorar o registro simbólico. Os psicanalistas exercem influência significativa sobre o processo interpretativo do simbólico e devem gerenciar essa dinâmica de poder de forma consciente. É essencial que os analistas reconheçam e abordem quaisquer desequilíbrios de poder que possam surgir durante a exploração do simbólico, garantindo que a relação terapêutica permaneça fundamentada no respeito mútuo e na autonomia. A gestão transparente das diferenças de poder contribui para a integridade ética do processo terapêutico e fomenta um ambiente de confiança e colaboração.

As considerações éticas estendem-se ao uso da linguagem e da interpretação dentro da ordem simbólica. Dado o papel fundamental da linguagem na formação do simbólico, os analistas devem abordar a interpretação linguística com sensibilidade e competência cultural. O engajamento respeitoso com diversas origens linguísticas e culturais é vital para honrar as ricas complexidades inerentes à estrutura Simbólica. Ademais, o uso ético da interpretação exige que os analistas permaneçam atentos ao impacto potencial de suas interpretações na autopercepção e na visão de mundo do paciente, priorizando a preservação da autonomia e da autenticidade do paciente.

Por fim, as considerações éticas abrangem a integração das percepções simbólicas no processo terapêutico mais amplo. Garantir que as revelações simbólicas sejam integradas eticamente aos planos de tratamento requer discernimento cuidadoso e consideração pelo bem-estar do paciente. A aplicação ética das percepções simbólicas busca capacitar os indivíduos a atravessar e transcender as limitações simbólicas que possam ter impedido seu crescimento psicológico, fomentando um senso de autoconsciência e autonomia dentro das realidades construídas da ordem simbólica. Ao incorporar as dimensões éticas do simbólico na prática psicanalítica, os analistas podem se esforçar para criar um ambiente terapêutico que defenda os princípios da beneficência, da não maleficência e da justiça, promovendo assim o bem-estar holístico de seus pacientes.

Interação com as ordens imaginária e real

1. Simbólico e imaginário - Dinâmicas e tensões:

A ordem imaginária, como já foi explicado, abrange imagens e percepções que contribuem para a noção de si mesmo e dos outros. Dentro dessa estrutura, a ordem simbólica opera como um sistema estruturante, empregando linguagem e significantes para organizar e dar sentido a essas construções percebidas. Essa relação entre as ordens simbólica e imaginária gera tensões dinâmicas, uma vez que a simbólica impõe suas próprias estruturas aos aspectos fluidos e imaginativos do imaginário.

No cerne da dinâmica entre essas duas ordens reside o conceito do estágio do espelho, um momento crucial no desenvolvimento inicial, conforme proposto pela teoria lacaniana. Essa fase marca o reconhecimento, pelo bebê, de sua imagem no espelho como algo separado de seu eu real, iniciando, assim, uma relação dual com o mundo externo – uma por meio do simbolismo da imagem e a outra por meio da experiência corporal. Essa dualidade prepara o terreno para tensões contínuas entre o simbólico e o imaginário, à medida que o indivíduo oscila entre as representações linguísticas estruturadas e a dimensão fluida e pré-linguística do imaginário.

As tensões decorrentes dessa interação são ainda mais agravadas pelas diferentes temporalidades inerentes a cada ordem. Enquanto a ordem simbólica é caracterizada por uma temporalidade linear e sequencial, a ordem imaginária é marcada por uma qualidade atemporal e simultânea, encapsulada em imagens visuais e fantasias. Essa incongruência temporal permeia a relação com tensão, à medida que os indivíduos oscilam entre interpretar suas experiências dentro das restrições da linguagem e das estruturas sociais e vivenciar a natureza ilimitada e não linear de suas imaginações internas.

As imagens e representações dentro do imaginário frequentemente servem como fonte de resistência à imposição simbólica.

A ordem simbólica tenta impor significados e categorizações coesas aos diversos e multifacetados aspectos do imaginário, levando a tensões e resistências contínuas. Essa resistência desempenha um papel crucial no fomento da criatividade e do pensamento divergente, à medida que os indivíduos transitam pelos interstícios entre a ordem simbólica prescrita e o terreno caleidoscópico do imaginário.

É dentro dessas tensões e dinâmicas que emerge a riqueza da subjetividade humana, à medida que os indivíduos lidam com as influências interligadas do simbólico e do imaginário. Compreender e desvendar essas complexidades aprofunda nossa compreensão da psique humana e das interações entre linguagem, representação e imaginação.

2. Simbólico e real - Pontos de convergência:

Enquanto a ordem simbólica opera no âmbito da linguagem, dos significantes e das normas culturais, a ordem real caracteriza-se pelas experiências e sensações brutas e não mediadas que resistem à simbolização. Apesar de suas naturezas aparentemente distintas, essas duas ordens se intercruzam de maneiras significativas que influenciam profundamente a constituição da psique humana e da realidade social. Os pontos de convergência entre as ordens simbólica e real não são apenas cruciais para a compreensão das complexidades da formação da identidade individual, mas também têm implicações profundas para a prática psicanalítica e para contextos socioculturais mais amplos.

Fundamental para a análise da convergência entre as ordens simbólica e real é o reconhecimento de que ambas moldam e são moldadas pelas interações do sujeito com as estruturas sociais, os referenciais linguísticos e as experiências corporificadas. Esse processo interativo destaca a natureza coconstitutiva das ordens, em que a Simbólica não apenas influencia a percepção e a interpretação da Real pelo sujeito, mas também é influenciada pelos aspectos não simbolizáveis da Real. Além disso, nos pontos de convergência, emerge uma tensão entre os significados simbólicos atribuídos às experiências e a qualidade inefável e imediata da Real, expondo os paradoxos inerentes à subjetividade humana.

A intersecção das ordens simbólica e real gera momentos de ruptura e dissonância que provocam transformações cruciais nas relações do sujeito consigo mesmo e com os outros. Essas junções de transição, marcadas por rupturas na coerência simbólica e encontros com o real, desafiam posições subjetivas estabelecidas e convidam à reconfiguração de compreensões subjetivas. Tais instâncias de convergência e ruptura oferecem terreno fértil para a exploração clínica na prática psicanalítica, convidando os analistas a se engajarem com as complexidades da psique humana em sua luta com as tensões dialéticas entre as ordens simbólica e real.

Em última análise, os pontos de convergência entre as ordens simbólica e real convidam a uma investigação das fronteiras fluidas entre linguagem e experiência, representação e corporeidade, e narrativas coletivas e realidades vividas. Reconhecer e explorar essas interseções não só enriquece nossa compreensão teórica da psicanálise lacaniana, como também aprofunda nossa apreciação da complexa tapeçaria da subjetividade humana dentro do tecido mais amplo da cultura e da sociedade.

3. Fases de transição entre as ordens:

As fases de transição entre as ordens representam momentos cruciais no desenvolvimento e na formação da subjetividade de um indivíduo, à medida que este percorre o terreno complexo da representação simbólica, das identificações imaginárias e dos encontros com o real bruto e não mediado. As mudanças entre essas ordens nem sempre são discretas ou lineares; frequentemente ocorrem de forma fluida e sobreposta, conduzindo a processos psicológicos multifacetados que moldam a experiência humana.

Uma fase de transição significativa é o estágio do espelho, um conceito central para a compreensão lacaniana da formação do ego e da entrada na ordem simbólica. Durante o estágio do espelho, o bebê reconhece seu próprio reflexo em um espelho e experimenta uma sensação de unidade e coerência, marcando a emergência da ordem imaginária. Esse momento prepara o terreno para a negociação contínua entre as imagens idealizadas do eu e os aspectos fragmentados e alienantes da realidade. Representa um movimento crucial do real pré-linguístico e indiferenciado para a significação simbólica, lançando as bases para a construção da identidade simbólica.

Outra fase de transição ocorre nos planos da aquisição da linguagem e da socialização inicial. À medida que as crianças começam a interagir com os outros e a internalizar estruturas linguísticas, elas passam por um profundo processo de entrada na ordem simbólica. Essa transição envolve a adaptação às regras e normas que regem o uso da linguagem e a participação na construção de significados compartilhados dentro de um contexto cultural específico. Simultaneamente, elas lidam com o impacto da ordem simbólica em sua experiência subjetiva, negociando as limitações e possibilidades que ela apresenta em relação às suas identificações imaginárias e aos seus encontros com o real.

A adolescência constitui uma fase de transição crítica, caracterizada por conflitos e desafios intensificados na conciliação das demandas das dimensões simbólica, imaginária e real. A busca do adolescente por identidade e autonomia envolve o enfrentamento das expectativas sociais, das influências parentais e das aspirações pessoais, o que complica ainda mais a interação entre essas três ordens. Essa fase destaca a negociação contínua entre representações simbólicas, projeções imaginárias e encontros com o real, contribuindo para a complexa formação da subjetividade individual.

4. Formação da identidade nas três ordens:

A formação da identidade ocorre no contexto das ordens simbólica, imaginária e real, cada uma exercendo sua influência sobre o senso de si do indivíduo. As tensões e interações inerentes entre essas ordens moldam a construção da identidade de maneiras profundas. Na ordem Simbólica, a formação da identidade está profundamente enraizada na linguagem, na cultura e nas estruturas sociais. Essa ordem fornece aos indivíduos uma estrutura através da qual eles se compreendem e se definem em relação aos outros. A aquisição da linguagem, a internalização das normas sociais e a assimilação de valores culturais contribuem para a construção simbólica da identidade. A ordem imaginária também desempenha um papel significativo na formação da identidade, particularmente através do desenvolvimento do ego e da formação de imagens mentais ou representações idealizadas do eu. Esse processo frequentemente envolve o espelhamento e a identificação com figuras externas, como cuidadores e pares, que influenciam significativamente a formação da autoimagem. Além disso, a ordem real, embora inerentemente elusiva e resistente à representação simbólica, também contribui para a formação da identidade. O encontro com experiências brutas e não filtradas e sensações corporais molda o senso subjetivo de si mesmo e a compreensão da realidade de um indivíduo. A interação dessas ordens durante os estágios formativos do desenvolvimento estabelece as bases para um senso de identidade duradouro. Além disso, rupturas ou desequilíbrios nessa interação podem gerar conflitos psicológicos e desafios na manutenção de uma identidade estável e coerente. Compreender a dinâmica complexa da formação da identidade nessas três ordens pode oferecer uma visão profunda da natureza multifacetada da subjetividade humana. Ademais, ressalta as maneiras pelas quais os indivíduos interagem com seus mundos interno e externo, negociando constantemente as influências conflitantes da linguagem, da percepção e da experiência vivida.

5. Influência na subjetividade e na percepção:

A interação entre as ordens simbólica, imaginária e real influencia significativamente a subjetividade e a percepção de um indivíduo. Subjetividade refere-se à experiência individual do mundo, moldada por suas perspectivas, emoções e crenças únicas. Percepção abrange como os indivíduos interpretam e dão sentido ao mundo externo e às suas experiências internas. A dinâmica entre as três ordens impacta profundamente esses aspectos fundamentais da experiência humana.

Na intersecção das ordens simbólica e imaginária, a subjetividade é forjada por meio da linguagem, da cultura e das normas sociais. A linguagem, como produto da ordem simbólica, não apenas fornece um meio de comunicação, mas também constrói a estrutura através da qual os indivíduos compreendem e articulam suas experiências subjetivas. A ordem imaginária contribui para a subjetividade ao fomentar a formação do ego e da autoimagem com base nas interações e identificações iniciais. Essas impressões iniciais moldam a percepção que o indivíduo tem de si mesmo e influenciam a maneira como ele interage com o mundo ao seu redor.

Simultaneamente, a ordem real perturba e desafia a subjetividade e a percepção do indivíduo. Ao contrário das ordens simbólica e imaginária, a real desafia a simbolização e a representação. Ela introduz elementos como trauma, desorientação e rupturas de significado, que impactam profundamente o senso de identidade do indivíduo e sua compreensão da realidade. Essa ruptura pode levar à reavaliação e reconstrução da experiência e da percepção subjetivas em resposta aos encontros com os aspectos inexplicáveis da Real.

A interação dessas ordens molda as realidades subjetivas, levando os indivíduos a perceber e interpretar o mundo através das lentes de suas experiências únicas e estruturas simbólicas. Isso frequentemente resulta em diversas interpretações de experiências compartilhadas, visto que a subjetividade de cada pessoa é influenciada por sua história singular de interações com as ordens simbólica, imaginária e real. Além disso, essa interação ressalta a natureza fluida da subjetividade e da percepção, enfatizando que esses construtos são continuamente influenciados e remodelados pelas interações constantes com as três ordens.

Clinicamente, compreender a influência das ordens simbólica, imaginária e real na subjetividade e na percepção é crucial na prática psicanalítica. Ao desvendar como essas ordens operam na psique de um indivíduo, os terapeutas podem obter insights sobre as complexas camadas da subjetividade do paciente, aprimorando sua capacidade de fornecer intervenções terapêuticas eficazes. Além disso, reconhecer o impacto da interação entre as ordens permite uma compreensão mais profunda das diversas maneiras pelas quais os indivíduos constroem e interagem com seus mundos subjetivos e perceptivos, contribuindo, em última análise, para abordagens psicanalíticas mais matizadas e abrangentes.

Críticas e debates em torno da ordem simbólica

1. Desafios filosóficos:

No discurso filosófico, um dos principais desafios à teoria lacaniana gira em torno da natureza da linguagem e sua relação com a construção da realidade. Os críticos argumentam que a ênfase de Lacan na linguagem como principal mediadora da experiência humana negligencia as complexidades da existência corpórea e os aspectos não linguísticos da subjetividade. Essa crítica levanta questões fundamentais sobre as limitações da linguagem na representação e na formação da experiência vivida. Além disso, a estrutura simbólica de Lacan tem sido questionada por pensadores pós-estruturalistas e desconstrucionistas, que questionam a estabilidade dos significantes e a possibilidade de uma estrutura simbólica coerente. Esses desafios filosóficos têm levado a uma reavaliação da conceituação lacaniana da ordem simbólica e sua relação com a formação das identidades individuais e coletivas. Ademais, críticas de perspectivas fenomenológicas e existenciais enfatizam a importância da experiência subjetiva e da corporeidade vivida, destacando possíveis pontos cegos no foco da teoria lacaniana nas estruturas linguísticas e simbólicas. Tais desafios exigem uma exploração matizada da interação entre linguagem, subjetividade e intersubjetividade no contexto de debates filosóficos mais amplos. Além disso, a apropriação da linguística estruturalista por Lacan tem atraído críticas de pensadores que questionam os paradigmas estruturalistas, os quais afirmam que a dependência de Lacan na linguística saussuriana simplifica excessivamente as complexidades da construção de significado e da comunicação. Esses desafios obrigam acadêmicos e profissionais a se engajarem em diálogos interdisciplinares que integrem conceitos psicanalíticos a diversas estruturas filosóficas.

2. Objeções empíricas e clínicas em psicanálise:

No âmbito da psicanálise, críticos têm levantado preocupações sobre a aplicação prática da teoria lacaniana em contextos clínicos, questionando sua capacidade de abordar eficazmente a diversidade de transtornos e condições psicológicas apresentadas pelos pacientes. Uma objeção central gira em torno da natureza interpretativa da prática psicanalítica dentro da estrutura da ordem simbólica, com críticos argumentando que interpretações subjetivas podem carecer de evidências empíricas e validação científica. Isso levanta questões sobre a confiabilidade e a validade dos resultados clínicos derivados de uma estrutura teórica que enfatiza significativamente a linguística, os significantes e o significado inconsciente. Além disso, surgiram desafios empíricos quanto à testabilidade e replicabilidade dos conceitos lacanianos, visto que a natureza abstrata da ordem simbólica dificulta sua verificação ou refutação empírica. Os críticos argumentam que a falta de fundamentação empírica impõe limitações significativas à credibilidade e aplicabilidade da psicanálise lacaniana na prática clínica contemporânea. Ademais, as implicações clínicas da Ordem Simbólica têm gerado debates acirrados entre os profissionais, com alguns expressando ceticismo quanto à sua capacidade de proporcionar uma compreensão e um tratamento abrangentes para problemas de saúde mental. Os oponentes questionam se a ordem simbólica aborda adequadamente as complexidades da experiência humana, especialmente nos casos em que os sintomas psiquiátricos se manifestam de maneiras que divergem das estruturas linguísticas e simbólicas propostas por Lacan. Isso tem levado a discussões contínuas sobre a integração da ordem simbólica com outras modalidades terapêuticas e a necessidade de uma abordagem mais inclusiva que considere a natureza multifacetada do sofrimento psicológico. Essas objeções ressaltam a necessidade de pesquisa empírica rigorosa e avaliação crítica da utilidade clínica dos conceitos lacanianos no contexto mais amplo das práticas psicanalíticas.

3. Perspectivas feministas:

Na teoria feminista, estudiosas têm investigado como a linguagem, a significação e as estruturas simbólicas perpetuam as diferenças de poder entre os gêneros na sociedade. Os fundamentos patriarcais da ordem simbólica têm sido um ponto central das investigações feministas, destacando como a construção de normas linguísticas e culturais dominadas pelo masculino contribui para a marginalização de mulheres e pessoas não binárias. As perspectivas feministas sobre a ordem simbólica também examinam a valorização do simbolismo fálico e suas implicações para a subjugação da feminilidade.

Além disso, as teóricas feministas abordam a psicanálise lacaniana a partir de uma perspectiva crítica, questionando a universalidade das formulações de Lacan e sua aplicabilidade às diversas experiências de gênero e sexualidade. Elas argumentam que a ênfase de Lacan no complexo de Édipo e no papel do falo na estruturação da subjetividade negligencia as complexidades do desejo feminino e o impacto da interseção de identidades como raça, classe e orientação sexual. Ademais, as críticas feministas desafiam a noção de um sistema linguístico fixo e universal, postulando, em vez disso, que a linguagem está intrinsecamente ligada a contextos sociais e culturais, e, portanto, sujeita a contínua redefinição e transformação.

As perspectivas feministas sobre a ordem simbólica vão além da análise teórica, abrangendo intervenções práticas destinadas a desestabilizar e reconstruir hierarquias simbólicas existentes. Essas intervenções incluem a desconstrução da linguagem e do discurso de gênero, a subversão das representações simbólicas tradicionais e a promoção de modos alternativos de significação que validem diversas identidades e expressões de gênero. Além disso, os movimentos feministas têm buscado desmantelar estruturas patriarcais arraigadas nas instituições e no discurso social, defendendo o reconhecimento e a validação de vozes marginalizadas no registro simbólico.

À medida que os estudos feministas continuam a evoluir, a exploração da ordem simbólica permanece uma área central de investigação, com teóricos contemporâneos abordando a interseccionalidade de gênero, raça, classe e outros eixos de identidade dentro do panorama simbólico. As perspectivas feministas interseccionais oferecem uma compreensão matizada da complexa interação entre linguagem, poder e subjetividade, e ressaltam o imperativo de desafiar e reconceitualizar as estruturas simbólicas que moldam nossa realidade social.

4. Críticas culturais e pós-modernas:

As críticas culturais e pós-modernas à ordem simbólica emergem no contexto mais amplo do questionamento das estruturas de poder tradicionais, dos paradigmas linguísticos e das normas socioculturais. A rejeição das metanarrativas pelo pós-modernismo e sua ênfase na pluralidade e na fragmentação representam um desafio significativo para a teoria psicanalítica lacaniana, que está intrinsecamente enraizada em uma compreensão estruturada da subjetividade e da linguagem. Os críticos argumentam que a ordem simbólica, tal como concebida por Lacan, perpetua preconceitos culturais, de gênero e raciais específicos, reforçando, assim, as hierarquias existentes e marginalizando experiências alternativas. A valorização de certos significantes e a construção de uma estrutura simbólica universalizante são questionadas por negligenciarem as diversas expressões de subjetividade e identidade presentes nos cenários culturais contemporâneos. Além disso, os críticos pós-modernos questionam a suposta estabilidade e coerência da ordem simbólica, destacando a natureza fluida e contingente do significado e da representação. Essa crítica desafia a noção de um sistema simbólico fixo e autoritário, defendendo, em vez disso, uma compreensão mais dinâmica e aberta das maneiras pelas quais os indivíduos transitam por realidades sociais complexas. Além disso, as críticas culturais à ordem simbólica questionam sua interação com as dinâmicas de poder, particularmente no contexto dos discursos coloniais e pós-coloniais. Essas críticas elucidam como a ordem simbólica está intrinsecamente ligada aos sistemas de opressão e controle hegemônico, lançando luz sobre as maneiras pelas quais a linguagem e os símbolos são mobilizados para reforçar narrativas dominantes e subjugar vozes marginalizadas. Acadêmicos das áreas de estudos culturais, teoria crítica da raça e teoria pós-colonial oferecem perspectivas valiosas sobre as interseções entre linguagem, cultura e poder, instigando uma reavaliação das implicações da ordem simbólica em diversos contextos sociais. Ademais, a influência das tecnologias digitais e a proliferação de novas plataformas de mídia introduziram novos desafios aos contornos tradicionais da ordem simbólica. Críticas culturalmente situadas questionam o impacto dos espaços virtuais, da hiper-realidade e das identidades fluidas sobre a estrutura simbólica estabelecida, instando a uma reconceitualização da subjetividade e dos processos de construção de significado social. Ao analisar essas críticas multifacetadas, torna-se evidente que a ordem simbólica está intrinsecamente ligada às complexidades da produção cultural, da representação e da resistência em um cenário global em constante evolução.

5. O papel da ordem simbólica na política identitária:

A política identitária tornou-se um ponto focal crucial nos discursos contemporâneos, com implicações que reverberam em diversos campos, incluindo psicologia, sociologia e teoria política. No contexto da psicanálise lacaniana, o conceito de ordem simbólica oferece uma lente através da qual se pode dissecar e compreender a dinâmica em jogo na política identitária.

Um dos princípios fundamentais da ordem simbólica é o seu papel na formação e negociação de identidades individuais e coletivas. Ao analisar a linguagem, os significantes e as estruturas sociais, a ordem simbólica molda a forma como os indivíduos constroem e percebem suas identidades dentro de estruturas sociais. Consequentemente, esse processo se cruza com a política identitária, na qual grupos marginalizados buscam reconhecimento e representação dentro das estruturas de poder dominantes.

Críticos e defensores participam de debates contínuos sobre as implicações da ordem simbólica nas políticas de identidade. Alguns argumentam que a ordem simbólica perpetua dinâmicas de poder hegemônicas ao impor padrões normativos e restringir a capacidade de ação de comunidades marginalizadas. Essa perspectiva enfatiza como a ordem simbólica pode ser usada como ferramenta para perpetuar a opressão e a marginalização.

Por outro lado, os defensores da ordem simbólica afirmam que ela fornece uma estrutura para compreender as complexidades das políticas identitárias sem reduzi-las a meras categorias essencialistas. Argumentam que a ordem simbólica oferece um espaço para negociar múltiplas subjetividades e fomentar diálogos inclusivos que transcendem construções identitárias redutivas. Os proponentes defendem o uso da ordem simbólica para desconstruir narrativas dominantes e desafiar as desigualdades sistêmicas arraigadas nas políticas identitárias.

As nuances interseccionais dentro da política identitária se cruzam com a capacidade da ordem simbólica de elucidar as complexidades de múltiplas identidades sociais sobrepostas. A ordem simbólica lança luz sobre as maneiras pelas quais a linguagem e os símbolos culturais moldam e interconectam várias facetas da identidade de um indivíduo, reconhecendo a complexa interação entre fatores como raça, gênero, sexualidade, classe e etnia.

À medida que a pesquisa acadêmica continua a evoluir, examinar a dinâmica interligada da ordem simbólica e das políticas de identidade permanece fundamental para promover uma compreensão mais matizada do poder, da capacidade de ação e da representação em diversos contextos sociais. Isso leva acadêmicos e profissionais a questionarem criticamente os emaranhados entre linguagem, cultura e normas sociais na formação da identidade, ao mesmo tempo que exploram o terreno multifacetado das políticas de identidade contemporâneas.

6. Estratégias de defesa de lacanianos contemporâneos:

Teóricos lacanianos contemporâneos oferecem uma defesa convincente da ordem simbólica em resposta às críticas e debates que surgiram no campo da psicanálise. Uma estratégia de defesa fundamental envolve a exploração da relação entre linguagem, subjetividade e estruturas sociais. Ao elucidar as maneiras pelas quais a linguagem molda a entrada do indivíduo no registro simbólico, os lacanianos contemporâneos afirmam a necessidade da ordem simbólica para a compreensão da construção da subjetividade humana. Eles enfatizam que a ordem simbólica não é meramente uma construção linguística, mas uma estrutura fundamental através da qual os indivíduos se relacionam com suas identidades e relações na sociedade. Além disso, argumentam que a ordem simbólica fornece uma lente crucial para examinar as dinâmicas de poder, a ideologia e a perpetuação das normas sociais. Essa defesa ressalta a relevância da ordem simbólica para iluminar a complexa interação entre linguagem, cultura e agência individual. Outro aspecto crucial da defesa apresentada pelos lacanianos contemporâneos envolve abordar as críticas relacionadas a gênero e sexualidade. Neste contexto, os estudiosos se envolvem com perspectivas feministas para enfatizar como a ordem simbólica pode ser usada para desvendar as complexidades da formação da identidade de gênero e o impacto das normas patriarcais sobre a subjetividade. Ao destacar a capacidade da ordem simbólica de revelar as estruturas de poder subjacentes que moldam a dinâmica de gênero, esses defensores buscam demonstrar sua contínua relevância no discurso contemporâneo. Além disso, os proponentes confrontam os desafios apresentados pelas críticas pós-modernas, defendendo uma compreensão matizada da adaptabilidade da ordem simbólica a identidades fluidas e híbridas. Eles afirmam que, em vez de ser rígida ou limitadora, a ordem simbólica oferece uma estrutura para compreender a multiplicidade e a complexidade das construções identitárias em um cenário cultural em constante transformação. Por meio dessas diversas estratégias, os teóricos lacanianos contemporâneos visam fortalecer a integridade conceitual e a aplicabilidade prática da ordem simbólica no contexto em evolução da teoria psicanalítica e da prática clínica.

7. Significado dos debates atuais sobre o simbólico:

Os debates atuais em torno da ordem simbólica são de profunda importância para o campo da psicanálise e disciplinas afins. Uma dimensão crucial desses debates reside na oportunidade que oferecem para a reflexão crítica. Ao dialogarem sobre a ordem simbólica, os pesquisadores questionam simultaneamente suas próprias suposições, vieses e preconceitos. Esse processo de autoexame é essencial para cultivar um discurso dinâmico e matizado, capaz de integrar diversas perspectivas e abordagens metodológicas. Dessa forma, os debates impulsionam o campo em direção a uma compreensão mais rica e abrangente da ordem simbólica.

Os debates atuais servem como catalisador para a inovação e a evolução na prática psicanalítica. Ao destacar áreas de controvérsia e divergência, essas discussões estimulam o desenvolvimento de novas estruturas teóricas, metodologias clínicas e colaborações interdisciplinares. Por meio desse processo, a área torna-se mais receptiva às necessidades e complexidades em constante evolução dos indivíduos e comunidades que busca atender.

Os debates também são significativos em termos de suas ramificações culturais e sociais mais amplas. À medida que os conceitos relacionados à ordem simbólica se cruzam com questões de poder, linguagem e subjetividade, as conversas em curso reverberam para além dos limites do discurso acadêmico. Elas influenciam o debate público sobre identidade, agência e a natureza da experiência humana, oferecendo perspectivas valiosas para lidar com os desafios multifacetados da vida contemporânea.

Por fim, a importância desses debates reside em seu potencial para gerar um interesse renovado nas questões que fundamentam a psicanálise e seus conceitos básicos. Ao reacender a curiosidade intelectual e fomentar um ambiente de investigação rigorosa, os debates revigoram a busca contínua por uma compreensão mais profunda da condição humana e da interação entre as forças psíquicas e sociais.

A ORDEM IMAGINÁRIA - ILUSÕES E IDENTIFICAÇÕES

Conceitos e construções fundamentais

1. Introdução:

Definido como uma das três ordens cruciais na estrutura psicanalítica de Lacan, o imaginário refere-se às imagens, representações e identificações que moldam o senso de si do indivíduo e sua relação com os outros dentro de seu meio social e cultural. Abrange imagens visuais, representações mentais e a formação inicial do ego por meio de objetos simbólicos, particularmente enfatizada no estágio do espelho. O conceito de Imaginário não se limita às percepções visuais literais, mas se estende para incluir identificações simbólicas e imaginárias que influenciam a realidade subjetiva do indivíduo.

A estruturação do imaginário está intimamente ligada à emergência de uma identidade unificada, frequentemente mediada por imagens idealizadas e reflexos distorcidos na paisagem psíquica do sujeito. Através de um processo de reconhecimento equivocado e idealização, os indivíduos internalizam e projetam imagens que geram um senso de totalidade e coerência, contribuindo assim para a formação do ideal do ego – um aspecto central na teoria lacaniana.

Fundamentalmente, o imaginário não opera isoladamente, mas interage dinamicamente com as ordens Simbólica e Real, levando a processos multifacetados de subjetivação e desejo no indivíduo. Ao desvendar essas dinâmicas inter-relacionadas, obtemos insights sobre a complexa interação entre linguagem, representação e a constituição da subjetividade.

2. O estágio do espelho - A gênese das identificações imaginárias:

A fase do espelho, que ocorre durante o desenvolvimento inicial do bebê, é caracterizada pelo primeiro contato da criança com seu próprio reflexo em um espelho. Através dessa experiência, o bebê entra em um momento crucial de autorreconhecimento e identificação, que posteriormente forma a base para seu senso de ego e identidade. A fase do espelho representa a estrutura embrionária da ordem imaginária, na qual o bebê constrói um senso coerente de si mesmo através do ato de espelhar-se. Nesse contexto, o próprio espelho serve como metáfora para o outro, já que a identificação do bebê com sua imagem refletida desencadeia um processo dual de fascínio e alienação. Essa dicotomia torna-se parte integrante da formação da subjetividade emergente da criança e estabelece as bases para futuros relacionamentos consigo mesma e com os outros. Além disso, a fase do espelho transcende o mero reflexo físico e incorpora uma dimensão simbólica, encapsulando a formação do ego e seu entrelaçamento com a imaginação. Ademais, a fase do espelho ressalta a natureza ilusória inerente à formação do ego, uma vez que a imagem idealizada refletida para o bebê cultiva uma base de idealização e reconhecimento equivocado. Lacan enfatiza que o ego enraizado nessa fase torna-se uma "função imaginária" em vez de uma verdadeira representação do self, estabelecendo assim a noção de uma ruptura fundamental entre o ego e a verdadeira essência do sujeito. Além disso, a fase do espelho vai além de suas implicações imediatas, exercendo uma profunda influência no desenvolvimento psíquico e na dinâmica relacional do indivíduo na vida adulta. Isso se evidencia na perpetuação de autoimagens idealizadas e na busca por validação externa ao longo das fases de maturação.

3. Ilusões, fantasias e a ordem imaginária:

Na teoria lacaniana, o conceito de ordem imaginária abrange uma complexa tapeçaria de ilusões e fantasias que moldam profundamente a subjetividade humana. Fundamental para essa estrutura é o papel das ilusões e fantasias na construção e perpetuação da ordem imaginária, que desempenha um papel crucial na formação e compreensão de si mesmo e dos outros pelo indivíduo. Em sua essência, a ordem imaginária é permeada pela interação entre percepções enganosas, imagens idealizadas e realidades distorcidas, que se entrelaçam para tecer o tecido da experiência humana. É dentro das ilusões e fantasias que os indivíduos frequentemente constroem suas identificações mais duradouras e profundas, as quais exercem uma influência abrangente sobre seus relacionamentos, desejos e senso de identidade. O fascínio pelo imaginário está irrevogavelmente entrelaçado com o fascínio pela perfeição e o desejo por uma autoimagem coesa e imaculada. Nesse contexto, tornase essencial engajar-se com a intrincada rede de ilusões e fantasias para compreender as complexidades da ordem imaginária. Isso inclui explorar como essas ilusões e fantasias impactam diretamente a subjetividade individual, a dinâmica interpessoal e o tecido social mais amplo. Investigar as diversas manifestações de ilusões e fantasias dentro da ordem imaginária revela as complexidades da experiência humana e lança luz sobre a construção sutil de narrativas pessoais e identidades sociais. Além disso, examinar a interconexão entre ilusão e realidade dentro da ordem imaginária serve para enfatizar a relação entre verdade e ficção na formação da psique humana.

4. O papel das imagens na formação do sujeito:

A ordem imaginária, com seu fundamento na imaginação visual e na identificação, destaca a importância das imagens na constituição da subjetividade. A apreensão da própria imagem no espelho durante o estágio do espelho inicia um processo fundamental de identificação, no qual o sujeito se vê como uma entidade unificada e coerente. Este momento crucial marca a gênese do ego, à medida que o sujeito se esforça para integrar as percepções fragmentadas de si mesmo em uma imagem singular e coesa. Esse processo sustenta a formação do ideal do ego, representando a imagem idealizada à qual o sujeito aspira continuamente. Contudo, ao lado dessa imagem idealizada reside a dimensão sombria do reconhecimento equivocado, onde a relação do sujeito com sua própria imagem se torna intrincada em ilusões e distorções. Assim, a negociação contínua entre a imagem ideal e a distorcida influencia profundamente o autoconceito e a dinâmica interpessoal do sujeito. Além disso, a onipresença de imagens sociais e culturais complica ainda mais a autoformação do sujeito. Das representações midiáticas às expectativas sociais, o sujeito se depara com uma miríade de imagens externas que interagem com suas autoimagens internas, moldando sua percepção de autoestima e desejabilidade. O cultivo dessas representações imagéticas internas e externas contribui significativamente para a autoidentificação do sujeito e a construção de sua identidade. Além disso, a internalização dessas imagens se manifesta nas fantasias e desejos do sujeito, entrelaçando ainda mais a esfera imaginativa com a formação do sujeito. Essas fantasias servem como uma ponte crucial entre o mundo interior das imagens e as realidades externas, ilustrando a influência abrangente da ordem imaginária na psique do sujeito.

5. O imaginário e sua relação com o ego:

O imaginário, conforme entendido neste contexto, abrange imagens, identificações e representações visuais que contribuem para o senso de identidade do indivíduo. Central a essa construção é o conceito da fase do espelho, onde o bebê se depara pela primeira vez com seu próprio reflexo e começa a formar um senso de identidade coerente, ainda que ilusório.

Nesse contexto, o ego emerge como um produto do processo imaginário, representando a autoimagem idealizada do indivíduo e seu senso de coerência corporificado. Contudo, é crucial reconhecer que o ego, em vez de ser uma entidade estável e unificada, está inerentemente ligado à natureza fragmentada e frequentemente contraditória do imaginário. Essa dualidade apresenta uma tensão fundamental na formação do eu, visto que o ego busca simultaneamente a totalidade, enquanto está intrinsecamente entrelaçado com a multiplicidade de imagens e identificações que constituem o imaginário.

A relação entre o ego imaginário não se restringe apenas à dimensão psíquica interna; ela também abrange dinâmicas externas e interações com os outros. Ao transitarem por ambientes sociais, os indivíduos se envolvem em um processo contínuo de projeção e recepção de imagens, moldando e remodelando seu Ego em relação aos outros. Essa interação dinâmica não só influencia a autopercepção do indivíduo, como também determina a maneira como ele é percebido e se relaciona com o mundo externo.

Lacan postula que o ego é caracterizado por uma alienação fundamental – uma dissonância inerente entre a autoimagem idealizada e a experiência vivida. Essa dissonância dá origem a uma luta perpétua por autenticidade e reconhecimento, à medida que o ego se esforça para reconciliar sua identidade construída com as realidades da existência cotidiana. Sob essa perspectiva, o ego pode ser visto como um espaço de conflito e negociação contínuos entre o mundo interior subjetivo e as demandas externas da sociedade.

Em última análise, a relação entre o imaginário e o ego serve como pedra angular para a compreensão das complexidades da subjetividade humana dentro da estrutura psicanalítica lacaniana. Ela oferece insights profundos sobre as tensões persistentes, ilusões e aspirações que sustentam a construção da identidade, lançando luz sobre a interação entre fantasias internas, percepções externas e a busca incessante por coerência e autenticidade.

6. Distorções e reconhecimentos equivocados

As distorções referem-se às maneiras pelas quais os indivíduos percebem e interpretam a realidade externa através do filtro de sua paisagem psicológica interna. Essas distorções não são meros erros de percepção, mas estão profundamente interligadas com a construção e manutenção do ego. Na teoria lacaniana, os reconhecimentos errôneos, também conhecidos como identificações errôneas, envolvem a incompreensão ou interpretação equivocada da própria autoimagem em relação aos ideais sociais percebidos ou a outras pessoas significativas. Esse processo contribui significativamente para a formação da identidade e da subjetividade dentro da ordem imaginária. É crucial explorar os mecanismos centrais subjacentes a esses processos para compreender suas implicações psicológicas. Um dos principais impulsionadores das distorções e dos reconhecimentos errôneos é o fenômeno da projeção, no qual os indivíduos atribuem inconscientemente seus próprios pensamentos, desejos ou emoções a outros. Essa projeção frequentemente molda a maneira como os indivíduos avaliam e interagem com o mundo externo, reforçando suas percepções subjetivas e concepções errôneas. Além disso, o conceito de introjeção desempenha um papel vital na internalização de influências externas, como normas sociais, expectativas culturais e dinâmicas familiares, contribuindo assim para a formação de autopercepções distorcidas. Ademais, a interação entre autoimagens idealizadas e as experiências vividas reais complica ainda mais a teia de reconhecimentos equivocados e distorções. Essas autoimagens idealizadas, ou ideais do ego, frequentemente servem como parâmetros pelos quais os indivíduos avaliam seu próprio valor e adequação, perpetuando um ciclo contínuo de reconhecimento equivocado. Além disso, Lacan enfatiza o papel da linguagem e das representações simbólicas na alimentação de distorções e reconhecimentos equivocados dentro da ordem imaginária. O uso de construções linguísticas e discursos sociais pode criar conflitos internos e discrepâncias entre o eu percebido e as normas sociais aceitas, levando a profundas distorções e identificações equivocadas.

7. Modelo estrutural de Lacan - Componentes do imaginário:

Na teoria lacaniana, o imaginário ocupa uma posição central no contexto mais amplo da psique humana. No cerne dessa conceitualização encontra-se o modelo estrutural de Lacan, que delineia os componentes que constituem a ordem do imaginário.

Para apreender a essência desse modelo estrutural, é preciso reconhecer, em primeiro lugar, o papel fundamental da fase do espelho na formação do imaginário. Essa fase crítica, que ocorre na primeira infância, estabelece a relação diádica entre o bebê e sua própria imagem refletida, inaugurando, assim, a construção do ego como uma entidade unificada e coerente.

Além do estágio do espelho, o modelo estrutural de Lacan se desdobra ainda mais para abranger elementos-chave como a imagem especular, o ego ideal e a relação dual. A imagem especular, frequentemente percebida como uma contraparte ilusória da realidade, possui profundas implicações para a autoidentidade do sujeito e sua percepção dos outros. Concomitantemente, o ego ideal emerge como uma construção regulatória, derivada da inclinação do indivíduo à perfeição e à totalidade unitária. Essa projeção idealizada molda a maneira como os indivíduos aspiram ser percebidos e reconhecidos por entidades externas.

O modelo estrutural revela a noção de relação dual, elucidando a interação dinâmica entre o ego e seu reflexo espelhado. Dentro dessa estrutura, o ego busca validação e coerência por meio da imagem refletida, gerando uma dialética contínua de identificação e desidentificação. Como resultado, o processo de identificação com a imagem especular torna-se parte integrante da busca do sujeito por autoafirmação e confirmação de identidade.

Do modelo estrutural de Lacan deriva o conceito de imago, que engloba os atributos e traços manifestos que povoam o registro imaginário. A imago representa um vestígio de experiências passadas e representações coletivas, entrelaçado com a interpretação subjetiva e a internalização do indivíduo. Essa amálgama dá origem a uma rede de imagens e símbolos que configuram o fundamento do imaginário, moldando as percepções e autoconstruções do indivíduo dentro da paisagem psíquica.

8. Implicações psicodinâmicas do imaginário:

Ao explorarmos o imaginário, investigamos as complexidades da formação do sujeito e a dinâmica dos processos psicológicos. Uma das principais implicações psicodinâmicas do imaginário reside em seu papel na formação do mundo interno do indivíduo. Através da interação entre imagens, identificações e ilusões, o imaginário torna-se um aspecto fundamental para a compreensão da formação e do funcionamento do ego. O estágio do espelho, um conceito crucial dentro do imaginário, esclarece como as experiências iniciais de autorreconhecimento e espelhamento contribuem para a construção da identidade e das estruturas psíquicas. A maneira como esses processos se desenrolam tem implicações profundas para o desenvolvimento psicológico e o bem-estar mental geral do indivíduo. Além disso, o imaginário desempenha um papel crucial na formação de fantasias e desejos, oferecendo insights sobre o funcionamento interno dos processos inconscientes e as maneiras pelas quais os indivíduos criam e se relacionam com suas próprias realidades. Compreender as implicações psicodinâmicas do imaginário fornece aos clínicos ferramentas valiosas para a intervenção terapêutica. Ao reconhecer a influência do imaginário na experiência subjetiva, os psicoterapeutas podem oferecer intervenções mais perspicazes e eficazes que abordam questões subjacentes relacionadas à identidade, distúrbios emocionais e autopercepção. Além disso, explorar as implicações psicodinâmicas do imaginário abre caminhos para uma compreensão mais profunda do comportamento humano e da dinâmica interpessoal. Essa estrutura conceitual permite que profissionais de diversas áreas obtenham uma compreensão mais matizada das maneiras pelas quais os indivíduos constroem e mantêm seu senso de identidade e se relacionam.

A interação entre as ordens imaginária e simbólica

1. Modalidades operacionais interseccionais:

A interação entre as ordens imaginária e simbólica dá origem a modalidades operacionais que se intercruzam e influenciam profundamente a subjetividade humana e as formações sociais. Nesse entrelaçamento, a ordem imaginária fomenta a construção de experiências subjetivas baseadas em imagens, percepções e identificações enraizadas nos estágios iniciais do desenvolvimento. Por outro lado, a ordem simbólica opera por meio de sistemas linguísticos, normas culturais e estruturas sociais que moldam a compreensão que os indivíduos têm de si mesmos e de seu lugar dentro da estrutura social mais ampla. Essas modalidades se intercruzam de maneiras profundas, exercendo influências simultâneas na autopercepção do indivíduo e em suas interações com o mundo externo. A intersecção dessas modalidades ocorre em múltiplos níveis, da identidade pessoal às práticas culturais coletivas, e a compreensão dessas intersecções é vital para desvendar as complexidades da experiência humana. No nível individual, essa intersecção se manifesta nos mecanismos pelos quais imagens e símbolos se entrelaçam para moldar o senso de identidade e o relacionamento com os outros. É crucial examinar como as imagens e os símbolos internalizados pelas ordens imaginária e simbólica influenciam a visão de mundo, os valores e os comportamentos de um indivíduo. Além disso, a intersecção entre as modalidades revela a natureza dinâmica da formação do sujeito, lançando luz sobre a negociação contínua entre o imaginário pessoal e os símbolos sociais. Ademais, no âmbito social, a interação entre o imaginário e o simbólico contribui para a construção de relações intersubjetivas e a formação de identidades coletivas. Por meio da mediação de sistemas simbólicos, narrativas culturais compartilhadas e imaginários coletivos, as comunidades desenvolvem modos únicos de interação e compreensão mútua. Compreender os efeitos convergentes dessas modalidades torna-se fundamental para a compreensão das complexidades da dinâmica social e dos fenômenos culturais.

2. Caracterização das relações intersubjetivas:

Dentro da estrutura psicanalítica, as relações intersubjetivas são essenciais para a compreensão da interação dinâmica entre as ordens imaginária e simbólica. Caracterizar as relações intersubjetivas envolve mergulhar na teia de significados, emoções e experiências compartilhadas que moldam as conexões humanas. Essas relações abrangem uma gama de interações, desde trocas diádicas íntimas até dinâmicas sociais mais amplas, todas contribuindo para a construção e negociação de realidades subjetivas. Compreender a natureza da intersubjetividade requer uma exploração de como os indivíduos percebem e se relacionam uns com os outros dentro do contexto de sistemas culturais e sociais mais amplos. Tal análise envolve examinar a influência dos contextos histórico, cultural e familiar na formação de laços intersubjetivos, bem como o impacto das diferenças de poder, normas sociais e crenças coletivas nessas relações. Além disso, a lente da intersubjetividade oferece insights sobre as maneiras pelas quais os indivíduos se identificam com certos grupos sociais, lidam com conflitos e negociam seu senso de identidade dentro da estrutura das dinâmicas relacionais. De uma perspectiva clínica, a compreensão das relações intersubjetivas fundamenta as intervenções terapêuticas, pois lança luz sobre a complexidade da transferência, da contratransferência e da aliança terapêutica. Ao delinear os contornos da dinâmica intersubjetiva, os clínicos podem gerir com maior eficácia as complexidades da relação terapêutica, aprimorando a sua capacidade de sintonizar e compreender as experiências subjetivas dos seus clientes. O estudo das relações intersubjetivas também se estende para além da prática clínica, oferecendo conhecimentos valiosos para áreas como a sociologia, a antropologia e os estudos culturais. Proporciona uma lente através da qual se podem examinar fenómenos sociais, a resolução de conflitos e a formação da identidade em diversos contextos culturais, iluminando as nuances com que os indivíduos constroem realidades partilhadas.

3. Dinâmicas psicológicas e suas manifestações:

No contexto da interação entre as ordens imaginária e simbólica, a dinâmica psicológica assume grande relevância, pois influencia a forma como os indivíduos percebem a si mesmos e aos outros dentro de seus contextos sociais e culturais. Central para essa exploração é a noção de representações internalizadas, que informam o autoconceito e os padrões relacionais de um indivíduo. A ordem imaginária, com sua ênfase em imagens visuais e identificações, desempenha um papel fundamental na formação dessas representações internas. Através da lente do imaginário, os indivíduos constroem imagens idealizadas de si mesmos e dos outros, que servem como parâmetros de comparação e avaliação. Simultaneamente, a ordem simbólica, com seu sistema de linguagem e símbolos culturais compartilhados, medeia a internalização de normas e valores sociais, contribuindo para a formação do senso de identidade e da conduta interpessoal.

As manifestações da dinâmica psicológica estendem-se ao desejo e à carência. Dentro da estrutura lacaniana, o desejo está ligado aos mecanismos de espelhamento do imaginário e à função estruturante do simbólico. Os indivíduos lidam com seus desejos por meio de interações com os outros, engajando-se em uma busca contínua por reconhecimento e validação, enquanto enfrentam a carência inerente que sustenta a subjetividade humana. Essa dinâmica se manifesta de diversas maneiras, desde a busca por reconhecimento simbólico até o cultivo de ideais imaginários, todos reverberando na construção de narrativas pessoais e esquemas relacionais.

A interação entre o imaginário e o simbólico influencia a manifestação de mecanismos de defesa e estratégias de enfrentamento. Os indivíduos empregam uma miríade de mecanismos de defesa para lidar com as tensões decorrentes da dissonância entre suas experiências subjetivas e a realidade externa. Esses mecanismos, que variam da projeção e repressão à identificação e sublimação, refletem a dinâmica entre o mundo interno do indivíduo e as demandas externas impostas pela ordem simbólica. Compreender essas manifestações oferece insights cruciais sobre as complexidades do comportamento humano e os mecanismos subjacentes que atuam na negociação de conflitos psíquicos.

4. A influência da estrutura simbólica no imaginário:

Em sua essência, a ordem simbólica abrange o contexto da linguagem, das normas culturais, das instituições sociais e da miríade de representações simbólicas que moldam a experiência humana. Essas construções simbólicas não apenas fornecem a estrutura para a criação de significado, mas também desempenham um papel fundamental na construção e na formação da dimensão imaginária da subjetividade humana. É dentro dessa estrutura que os indivíduos negociam suas identidades, desejos e compreensão da realidade.

A estrutura simbólica exerce uma profunda influência sobre o imaginário por meio de sua função reguladora. À medida que as representações simbólicas permeiam vários aspectos da vida de um indivíduo, elas se internalizam e se integram ao tecido do imaginário. Esse processo de internalização molda a construção do mundo imaginário, impactando a autopercepção, os relacionamentos e a orientação existencial do indivíduo. Além disso, a ordem simbólica estabelece os parâmetros dentro dos quais o imaginário pode se manifestar, levando à formação de fantasias, aspirações e ideais socialmente mediados.

A ordem simbólica não apenas molda o conteúdo do imaginário, mas também medeia sua expressão e recepção. A linguagem, como componente primordial da ordem simbólica, serve como veículo para articular e comunicar fenômenos imaginários. Por meio de expressões linguísticas, os indivíduos se envolvem com suas experiências subjetivas e as comunicam, imbuindo suas construções imaginárias de significado e importância simbólicos.

A interação dinâmica entre o simbólico e o imaginário transcende as subjetividades individuais, permeando as dimensões coletivas e culturais. Os sistemas simbólicos e os discursos culturais influenciam o imaginário coletivo, moldando representações, mitos e narrativas compartilhadas que contribuem para a construção de identidades coletivas. Essa interação ressalta a relação entre o simbolismo cultural e as estruturas imaginárias compartilhadas dentro da sociedade.

5. Distorções imaginárias em estruturas simbólicas:

Na teia da cognição humana, a interação entre as ordens imaginária e simbólica se manifesta por meio de uma complexa gama de processos cognitivos e fenômenos psicológicos. Central a essa dinâmica é a manifestação de distorções imaginárias dentro de estruturas simbólicas, o que justifica uma análise cuidadosa. A construção da identidade, a percepção da realidade e a compreensão de si mesmo e dos outros podem se entrelaçar com as estruturas simbólicas, frequentemente dando origem a distorções que impactam profundamente os relacionamentos interpessoais e as paisagens psíquicas internas. Essas distorções podem levar a interpretações errôneas, concepções equivocadas e ilusões que influenciam os pensamentos, as emoções e os comportamentos do indivíduo. Compreender essas distorções exige uma análise profunda das camadas das estruturas simbólicas e sua interação com a ordem imaginária. As estruturas simbólicas, caracterizadas pela linguagem, cultura e normas sociais, fornecem o pano de fundo contextual sobre o qual o imaginário toma forma. No entanto, é justamente dentro dessas estruturas que as distorções podem emergir, impactando significativamente as experiências subjetivas e a dinâmica relacional do indivíduo. A influência da linguagem como sistema simbólico na construção do significado e na formação de representações imaginárias não pode ser subestimada. A linguagem não apenas molda nossas percepções, mas também atua como um canal para que distorções simbólicas permeiem nossas construções imaginárias. Além disso, normas culturais e sociais servem como estruturas simbólicas onipresentes que moldam fortemente o registro imaginário. Consequentemente, as distorções que surgem nesses contextos influenciam a maneira como os indivíduos percebem a si mesmos e aos outros, frequentemente levando a mal-entendidos e conflitos. É essencial explorar essas distorções por meio de diversas vinhetas clínicas e do mundo real para compreender sua natureza multifacetada.

Imagens, formação da identidade e o papel do palco do espelho

1. Fundamentos teóricos:

O conceito de estágio do espelho de Lacan elucida o papel fundamental da percepção visual e da psique na formação do senso de identidade do indivíduo. O estágio do espelho representa uma conjuntura crítica no desenvolvimento humano, que geralmente ocorre entre os 6 e os 18 meses de idade, quando a criança se depara pela primeira vez com sua imagem refletida no espelho. Esse encontro desencadeia uma série de processos psicológicos complexos que formam a base do ego e contribuem para a evolução da identidade. Lacan postula que, durante o estágio do espelho, a criança experimenta um reconhecimento duplo: primeiro, há um fascínio pela imagem externa refletida e, segundo uma identificação interna com a imagem idealizada e unificada. Esse processo gera um senso de integridade e coesão na psique da criança. Além disso, Lacan afirma que esse momento também inaugura uma busca ao longo da vida pela unidade e pelo domínio, muitas vezes levando os indivíduos a se envolverem ainda mais com entidades e representações reflexivas à medida que lidam com as complexidades de seus ambientes sociais. Além disso, o estágio do espelho ilustra o afastamento de Lacan das perspectivas psicanalíticas tradicionais, como as de Freud, ao enfatizar a dimensão visual na formação da subjetividade. Essa ênfase no componente visual reposiciona o olhar e a representação visual como forças fundamentais que moldam as relações interpessoais e a construção do eu. É importante ressaltar que o estágio do espelho de Lacan lança luz sobre o papel influente da imagem e do ideal do ego, oferecendo insights profundos sobre os mecanismos que sustentam a cognição humana e a identidade. Assim, compreender os fundamentos teóricos do estágio do espelho é essencial para apreender a interação entre estímulos visuais, construção psicológica e a emergência da identidade, oferecendo uma lente convincente através da qual se pode apreciar a subjetividade humana.

2. Percepção visual e a psique:

A percepção visual desempenha um papel fundamental na formação da psique de um indivíduo, servindo como um canal crucial através do qual ele percebe o mundo externo e constrói suas representações mentais internas. A interação entre estímulos visuais e processamento cognitivo dá origem a uma complexa rede de associações, emoções e autopercepções. No cerne desse processo está o conceito de esquema visual, no qual os indivíduos constroem estruturas cognitivas com base em suas experiências, encontros e interpretações de informações visuais. Esses esquemas moldam profundamente sua compreensão de si mesmos e de seu lugar no mundo. Além disso, essas estruturas estão intrinsecamente ligadas ao desenvolvimento e à construção da identidade. Através da percepção visual, os indivíduos não apenas observam objetos e eventos externos, mas também os internalizam e refletem sobre eles, influenciando, assim, seu senso de identidade. A importância da percepção visual em relação à psique torna-se particularmente pronunciada durante os estágios formativos do desenvolvimento, à medida que as crianças se envolvem em um processo ativo de exploração e aprendizagem por meio de suas experiências visuais. Esse período é crucial para estabelecer as bases para a formação da identidade posterior, pois marca a gênese do autorreconhecimento e da compreensão da própria fisicalidade. Além disso, os estímulos visuais dos cuidadores e do ambiente circundante impactam significativamente a construção do autoconceito em desenvolvimento da criança. Ademais, a profunda influência da percepção visual na psique estende-se à idade adulta, abrangendo a contínua assimilação e interpretação de estímulos visuais em relação à identidade em evolução. Essa interação constante molda a percepção que os indivíduos têm de si mesmos, dos outros e do mundo, contribuindo para a formação de sua constituição psicológica.

3. Marcos do desenvolvimento na fase do espelho:

A fase do espelho ocorre tipicamente durante os primeiros anos de vida da criança, principalmente entre os seis e os dezoito meses. Nesse momento, a criança passa por um importante reconhecimento psicológico ao se deparar com seu reflexo em um espelho ou em outras superfícies refletoras. Esse encontro marcante não é meramente um ato de autopercepção, mas sim o início do processo de individuação.

Durante a fase do espelho, a criança vivencia uma profunda interação com sua própria imagem refletida, levando a uma sensação de unidade e coerência entre a autopercepção e a representação visual externa. Essa nova percepção catalisa uma mudança fundamental no desenvolvimento cognitivo e psicológico da criança, lançando as bases para uma compreensão mais complexa de si mesma no mundo. A identificação com a imagem refletida desencadeia uma onda de prazer narcisista e serve como o primeiro passo na formação de uma identidade egóica estável, ainda que ilusória.

À medida que a criança avança na fase do espelho, ela exibe comportamentos observáveis que denotam sua crescente consciência da própria imagem. Esses comportamentos podem incluir ações como sorrir ou fazer gestos em direção ao seu reflexo, indicando uma consciência emergente do autorreconhecimento. Além disso, a criança pode demonstrar sinais de fascínio e curiosidade pelo espelho, evidenciando uma compreensão crescente da correlação entre seus movimentos físicos e os reflexos correspondentes.

Um aspecto notável da fase do espelho é a dicotomia entre a totalidade da imagem refletida e a natureza fragmentada do corpo e da autopercepção da criança. Essa disjunção dá origem a uma experiência dualista, na qual a criança oscila entre um espelhamento coeso e idealizado e a dura realidade do seu controle corporal e autoconsciência incompletos. Essa divergência confere uma sensação de alienação e discrepância, alimentando a afirmação de Lacan de que a construção do ego se fundamenta intrinsecamente no reconhecimento equivocado.

4. Fragmentação e totalidade:

Na fase do espelho, o bebê se depara pela primeira vez com sua imagem refletida e passa por um processo dual de fragmentação e integração que molda profundamente sua constituição psicológica. Essa dualidade abrange a fragmentação do eu, à medida que o bebê percebe um reflexo desconexo e incompleto, juntamente com a aspiração à totalidade, a busca por uma autoimagem coerente e idealizada.

A natureza fragmentada do reflexo no espelho serve como metáfora para a vulnerabilidade e a desordem inerentes que caracterizam os estágios iniciais da formação da identidade. O primeiro contato do bebê com sua imagem no espelho introduz uma cisão entre sua experiência subjetiva e a percepção externa de si mesmo, levando a uma sensação interna de incompletude e discordância. Essa fase marca a gênese de uma identidade fragmentada, na qual o ego ainda não foi plenamente realizado e a ordem simbólica ainda não foi internalizada.

Em contrapartida, a busca pela totalidade representa a inclinação humana inata para a unidade e a integração. À medida que o bebê se esforça para reconciliar a disparidade entre sua autopercepção e a imagem refletida, um senso idealizado de coerência e completude emerge gradualmente. Por meio desse processo, o ego começa a se cristalizar, formando a base do autoconceito do indivíduo e de suas relações com o mundo externo. Assim, a dualidade entre fragmentação e totalidade encapsula a complexa interação entre desintegração e unificação que sustenta os estágios formativos da subjetividade humana.

Essa dualidade no estágio do espelho tem implicações profundas para a compreensão da dinâmica sutil da identidade humana e das complexidades do ego. Ela ilumina o equilíbrio entre os aspectos fragmentados do eu, caracterizados por inconsistências e incongruências internas, e a tendência unificadora em direção a uma autopercepção coesa e integrada. Além disso, ressalta a natureza dialética da formação da identidade, destacando a negociação contínua entre fragmentos díspares e o impulso aspiracional em direção a uma autorrepresentação unificada e harmoniosa.

Em essência, a dualidade entre fragmentação e totalidade incorpora um paradoxo fundamental na construção da subjetividade humana, oferecendo insights valiosos sobre os processos de autodescoberta, autorrepresentação e relações interpessoais. É por meio dessa dualidade que o estágio do espelho transcende a mera percepção visual, tornando-se uma metáfora profunda para as complexidades que subjazem à formação da identidade e à evolução do ego.

5. O 'eu' - Emergência do ego:

O surgimento do ego, um aspecto fundamental na formação da identidade, ocorre por meio da complexa interação entre o indivíduo e suas percepções do ambiente ao seu redor. Como componente central da psique, o ego serve como mediador entre os desejos internos e a realidade externa, desempenhando, assim, um papel crucial na construção do senso de si. Esse processo envolve a assimilação de experiências, impressões e interações com os outros, levando ao desenvolvimento de uma autoimagem distinta. Além disso, a formação do ego está profundamente interligada ao encontro do indivíduo com o espelho, onde ele se confronta com seu próprio reflexo como uma entidade separada. Lacan postula que esse encontro inicial com o espelho desempenha um papel significativo na formação do ego, à medida que o indivíduo começa a se identificar com sua imagem refletida, iniciando, assim, a construção do seu "eu". A dualidade inerente a esse processo reside na fragmentação e coesão simultâneas do ego. Por um lado, o ego busca a unidade e a coerência, procurando integrar as inúmeras facetas do eu em um todo coeso. Por outro lado, o ego também lida com a natureza fragmentada da experiência humana, encontrando contradições internas e externas que desafiam sua busca pela totalidade. Essa tensão entre fragmentação e totalidade influencia profundamente a luta contínua do indivíduo para reconciliar diversos aspectos de sua identidade. Além disso, a emergência do ego envolve uma negociação entre a representação simbólica e a imagem reflexiva. O indivíduo confronta as representações simbólicas fornecidas pela linguagem, cultura e normas sociais, que moldam sua compreensão de si mesmo, justapostas ao reflexo apresentado no espelho, que representa uma encarnação física de sua autopercepção. Essa interação introduz complexidades e conflitos, à medida que o ego tenta negociar entre o eu construído internamente e os reflexos e projeções externas que lhe são impostos. Ao compreendermos a emergência do ego, obtemos insights valiosos sobre as complexidades da formação da identidade, lançando luz sobre os processos multifacetados que contribuem para a construção do "eu".

6. Representação simbólica versus reflexão imagética:

Enquanto a representação simbólica se refere aos aspectos linguísticos e culturalmente mediados da identidade, a reflexão imagética engloba as dimensões visuais e perceptivas que contribuem para o autorreconhecimento. Compreender a distinção entre esses dois conceitos é fundamental para entender as complexidades da subjetividade humana. A representação simbólica abrange o uso da linguagem, dos símbolos e das normas culturais para atribuir significado e construir narrativas sobre a própria identidade. Isso envolve a internalização de valores, crenças e normas sociais, que influenciam a compreensão que o indivíduo tem de si mesmo dentro do contexto social mais amplo. É por meio dessa estrutura simbólica que os indivíduos interpretam e comunicam suas experiências, emoções e aspirações, contribuindo assim para a complexa tapeçaria de sua identidade. Por outro lado, a reflexão imagética aprofunda-se nos aspectos visuais e perceptivos da formação da identidade, particularmente elucidados pelo estágio do espelho de Lacan. Esse estágio marca o momento crucial em que um bebê se identifica pela primeira vez com sua própria imagem no espelho, iniciando assim o processo de autorreconhecimento e a construção gradual do "eu". O espelho serve simultaneamente como um reflexo metafórico dos ideais e padrões sociais que o indivíduo se esforça para incorporar. No entanto, é essencial reconhecer que a imagem refletida no espelho constitui uma versão idealizada e fragmentada do eu, frequentemente levando a discrepâncias entre a imagem percebida e a representação simbólica internalizada. Essas incongruências podem gerar conflitos internos e lutas para reconciliar o eu idealizado com a realidade da existência, influenciando, consequentemente, a autoestima e o bem-estar emocional do indivíduo. Além disso, a tensão inerente entre a representação simbólica e o reflexo da imagem ressalta a complexa negociação da identidade tanto em contextos pessoais quanto sociais. Essa interação implica a natureza fluida da identidade, enfatizando o processo dinâmico de autoconstrução à medida que os indivíduos interagem com as inúmeras influências que moldam seu senso de si.

7. Impactos psicológicos do reconhecimento incorreto:

O reconhecimento equivocado, conforme proposto pela teoria lacaniana, é um conceito crucial que contribui significativamente para a nossa compreensão do desenvolvimento psicológico e seu impacto complexo na subjetividade individual. Dentro da estrutura lacaniana, o reconhecimento equivocado refere-se à percepção errônea ou à incompreensão da própria identidade ou imagem, frequentemente decorrente de percepções distorcidas impostas pelo mundo externo, particularmente por meio de expectativas sociais e normas culturais.

Esse desalinhamento entre a identidade autopercebida e as normas sociais projetadas pode levar a profundas consequências psicológicas. O indivíduo, atormentado por um abismo cada vez maior entre o eu “real” e a persona idealizada criada por meio desse reconhecimento equivocado, experimenta sentimentos profundos de inadequação, alienação e conflito interno. Essa turbulência interior pode se manifestar de diversas formas, como ansiedade, depressão ou uma sensação avassaladora de dissonância com o ambiente ao seu redor.

Os impactos psicológicos do reconhecimento equivocado vão além do estado emocional do indivíduo e permeiam vários aspectos de seus relacionamentos interpessoais e interações sociais. A incapacidade de conciliar o eu autêntico com o reflexo distorcido perpetuado pelo reconhecimento equivocado pode levar a dificuldades na formação de conexões genuínas com os outros, fomentando uma sensação de isolamento e distanciamento do tecido social mais amplo.

O reconhecimento equivocado pode exercer uma influência notável nos processos cognitivos de um indivíduo, potencialmente distorcendo sua percepção da realidade e prejudicando sua capacidade de tomar decisões acertadas. Essa dissonância cognitiva pode contribuir para um ciclo de insegurança e perpetuar uma sensação generalizada de síndrome do impostor, na qual os indivíduos questionam constantemente sua competência e suas realizações, atribuindo seus sucessos a fatores externos em vez de reconhecerem suas habilidades inatas.

Na prática clínica, percorrer o terreno psicológico marcado por percepções equivocadas exige uma abordagem matizada que empodera os indivíduos a embarcarem em uma jornada de autodescoberta e autoaceitação, desvendando a teia de percepções distorcidas que prejudicam seu bem-estar emocional. Ao desvendar as camadas de percepções equivocadas por meio de técnicas terapêuticas e exploração introspectiva, os indivíduos podem buscar reconstituir uma relação mais harmoniosa consigo mesmos, promovendo, em última análise, um maior senso de autenticidade e resiliência diante das pressões e expectativas sociais.

Em suma, compreender os profundos impactos psicológicos do reconhecimento equivocado dentro da estrutura lacaniana ilumina a interação entre as construções sociais e a subjetividade individual, revelando a complexidade da experiência humana e dos processos cognitivos no contexto da existência.

Mecanismos de ilusões e reconhecimentos equivocados

1. A formação do imaginário - Fundamentos históricos:

O conceito de imaginário tem raízes históricas profundas que vão além da teoria lacaniana, remontando a antigas investigações filosóficas sobre a natureza da percepção e da realidade. Filósofos gregos antigos, como Platão e Aristóteles, contemplaram a relação entre o mundo percebido e o mundo das ideias, o que lançou as bases para explorações posteriores do imaginário no contexto da consciência e da cognição humanas.

Durante o Renascimento, os avanços na arte, literatura e filosofia trouxeram à tona um renovado interesse pela natureza da representação e pela construção da realidade. Artistas e pensadores debateram a ideia de mimese — a imitação ou representação do mundo externo — suscitando reflexões sobre a natureza subjetiva da percepção e o papel da imaginação na formação das perspectivas individuais.

O Iluminismo marcou um momento crucial na compreensão do imaginário, à medida que pensadores como René Descartes e Immanuel Kant se aprofundavam em questões de subjetividade, cognição e formação de representações mentais. A exploração de Descartes sobre a dualidade mente-corpo e a noção de um "demônio maligno" que engana as percepções ressaltou a influência generalizada de ilusões e percepções equivocadas na consciência humana, enquanto o idealismo transcendental de Kant enfatizou o papel construtivo da mente na formação das experiências sensoriais por meio de categorias de compreensão.

O surgimento da psicanálise no final do século XIX e início do século XX impulsionou ainda mais a exploração do imaginário em um contexto clínico. O trabalho pioneiro de Sigmund Freud sobre o inconsciente e os sonhos abriu caminho para a conceitualização, por Lacan, dos três registros psicanalíticos: o simbólico, o imaginário e o real. Baseando-se na teoria freudiana e na linguística estruturalista, Lacan posicionou o imaginário como uma dimensão fundamental da subjetividade humana, contribuindo para uma compreensão mais rica das complexidades inerentes aos nossos processos perceptivos e à nossa autoidentificação.

No discurso contemporâneo, o estudo do imaginário continua a se cruzar com diversos campos, como a psicologia cognitiva, os estudos culturais e a teoria da mídia, fomentando diálogos interdisciplinares sobre a natureza da representação, da cognição e das realidades mediadas.

2. O estágio do espelho de Lacan como precursor:

O estágio do espelho de Lacan serve como um conceito fundamental para a compreensão da formação do imaginário. Lacan postulou que o encontro da criança com sua imagem no espelho inicia um processo duplo: a transformação da percepção visual e a emergência de um eu idealizado e unificado. Esse eu idealizado é inerentemente ilusório, servindo como base fundamental para a formação do imaginário. Um aspecto crucial reside no reconhecimento do significativo impacto psicológico dessa identificação inicial. Consequentemente, o estágio do espelho estabelece as bases para o engajamento perpétuo do indivíduo com imagens e superfícies na construção de sua identidade. Além disso, Lacan enfatizou que o reflexo no espelho simboliza uma gestalt de totalidade e coerência que transcende a experiência fragmentada da criança. Assim, essa unidade simbólica dentro do espelho fomenta uma sensação ilusória de completude, contrastando com a desordem psicológica inerente à infância. O estágio do espelho também introduz o elemento do reconhecimento equivocado, no qual a criança confunde sua imagem idealizada no espelho com seu verdadeiro eu, perpetuando, assim, a ilusão de uma identidade unificada e autônoma. Além disso, a fase do espelho atua como um precursor da formação do ego, que se entrelaça com as imagens e ideais projetados dentro da ordem imaginária.

3. Mecanismos de construção e distorção imaginária:

A construção do imaginário envolve a formação de imagens mentais, representações e identificações que contribuem para o senso de identidade e realidade do indivíduo. No entanto, essas construções são suscetíveis a distorções, influenciadas por fatores internos e externos. É essencial aprofundar-se nos mecanismos subjacentes que impulsionam esse processo para compreender as complexidades da consciência e do comportamento humanos.

No âmbito da teoria lacaniana, o imaginário opera como um componente fundamental do aparelho psíquico, entrelaçando-se com as ordens simbólica e real. Essa integração caracteriza-se pela interação entre o ego e as imagens idealizadas criadas por meio de processos de identificação. Os indivíduos se envolvem em autorrepresentações e projeções sobre os outros, construindo imagens mentais que servem de base para suas percepções e interações.

A distorção no imaginário surge da lacuna inerente entre as autoimagens idealizadas e as experiências vividas na realidade. Essa dissonância leva a perturbações na percepção, contribuindo para a formação de ilusões e interpretações equivocadas. Além disso, influências culturais e sociais moldam a construção do imaginário, muitas vezes impondo ideais e valores normativos que podem entrar em conflito com as experiências pessoais, levando a novas distorções.

À medida que os indivíduos interagem com seus ambientes sociais, os processos de introjeção e projeção desempenham um papel crucial na construção de suas realidades percebidas. A introjeção envolve a internalização de experiências, crenças e atitudes externas, contribuindo para a formação da autoimagem do indivíduo. Por outro lado, a projeção implica a externalização de conflitos internos, permitindo que os indivíduos atribuam certas qualidades ou características aos outros que podem ter dificuldade em reconhecer em si mesmos. Esses mecanismos impactam significativamente a forma como os indivíduos percebem a si mesmos e aos outros, influenciando suas dinâmicas interpessoais e respostas emocionais.

As reflexões de Lacan sobre a linguagem e seu papel na sustentação do imaginário elucidam ainda mais as complexidades da construção e da distorção. A linguagem serve como meio de significação e representação, influenciando a maneira como os indivíduos articulam e interpretam suas experiências. No imaginário, a linguagem contribui para a perpetuação de certas ilusões e interpretações equivocadas por meio de expressões e comunicação simbólicas. A construção linguística de narrativas e discursos molda a compreensão que os indivíduos têm de si mesmos e de seus relacionamentos com os outros, reforçando ou desafiando as estruturas imaginárias existentes.

4. Projeção, introjeção e seu papel na percepção:

Projeção e introjeção elucidam os processos pelos quais os indivíduos percebem e interagem com o mundo externo. A projeção envolve atribuir os próprios desejos, sentimentos ou pensamentos inconscientes a outros, tornando-os externos a si mesmo e atribuindo-os a outros. Por outro lado, a introjeção ocorre quando um indivíduo internaliza estímulos externos ou qualidades de outros em sua própria psique, levando à assimilação de pensamentos ou atributos externos. Tanto a projeção quanto a introjeção desempenham papéis fundamentais na formação da percepção da realidade e da identidade de um indivíduo dentro da estrutura da ordem imaginária. À medida que os indivíduos lidam com as complexidades dos relacionamentos humanos e das interações sociais, os mecanismos de projeção e introjeção influenciam significativamente suas estruturas interpretativas e respostas emocionais. Através do processo de projeção, os indivíduos frequentemente externalizam conflitos internos não resolvidos, medos ou desejos em outros, alterando assim sua percepção daqueles ao seu redor. Esse mecanismo pode levar ao reconhecimento equivocado dos outros e contribuir para a perpetuação de ilusões dentro do registro imaginário. Em contrapartida, a introjeção contribui para a internalização de normas, crenças e ideais externos, moldando o autoconceito do indivíduo e influenciando seus comportamentos e atitudes. A interação entre projeção, introjeção e percepção está profundamente interligada à teoria lacaniana, pois revela a dinâmica entre o sujeito e o mundo externo. Compreender esses mecanismos não apenas lança luz sobre a construção do imaginário, mas também proporciona insights sobre as complexidades da subjetividade humana e das relações interpessoais. Além disso, reconhecer o impacto da projeção e da introjeção permite que clínicos e profissionais identifiquem questões psicossociais subjacentes e orientem os indivíduos em direção a uma compreensão mais abrangente de suas experiências subjetivas.

5. Interação simbólica e discrepâncias imaginárias:

No contexto da teoria lacaniana, o domínio do simbólico é essencial para a compreensão das complexidades que emergem das interações dentro da ordem imaginária. O registro simbólico abrange a linguagem, a cultura, as normas sociais e os sistemas abrangentes de significado que influenciam a subjetividade humana. Uma exploração da interação simbólica dentro da estrutura do imaginário revela discrepâncias e tensões sutis que moldam a identidade e a percepção individual. Dentro do registro simbólico, a linguagem atua como mediadora primária, codificando e organizando experiências e percepções, moldando assim a formação do imaginário. Essa interação entre o simbólico e o imaginário ressalta as nuances pelas quais os indivíduos se relacionam com a realidade e constroem seu senso de identidade. Com base em teorias sociolinguísticas, a dimensão simbólica revela as implicações das influências culturais e linguísticas na construção do imaginário. Além disso, as discrepâncias que surgem entre os registros Simbólico e Imaginário destacam os conflitos e desalinhamentos inerentes à subjetividade humana. Essas discrepâncias frequentemente se manifestam como conflitos internos, discórdia social externa e incongruências na comunicação, contribuindo para uma miríade de desafios psicológicos e interpessoais. Compreender a interação simbólica no contexto do imaginário é vital para reconhecer as complexidades que sustentam a cognição, a comunicação e o comportamento humanos. Oferece insights valiosos sobre a construção de identidades, a perpetuação de ilusões e a propagação de percepções equivocadas. Desvendar as complexidades da interação simbólica e seu impacto no imaginário permite que profissionais e acadêmicos compreendam a natureza multifacetada da experiência humana e fornece uma base para intervenção e análise crítica. Por fim, reconhecer a interação dinâmica entre o simbólico e o imaginário convida a um exame mais profundo dos determinantes socioculturais, linguísticos e contextuais que sustentam a subjetividade humana, abrindo caminho para uma compreensão mais abrangente dos mecanismos complexos em ação na psique.

6. O papel da linguagem na perpetuação da falácia do imaginário:

A linguagem desempenha um papel fundamental na perpetuação de falácias no domínio do imaginário. A natureza simbólica da linguagem permite que os indivíduos transmitam significados e construam representações da realidade. No entanto, no contexto do imaginário, a linguagem também pode servir como um mecanismo para sustentar e reforçar concepções errôneas e ilusões. Por meio de expressões linguísticas, os indivíduos podem, inadvertidamente, contribuir para a construção de percepções distorcidas e padrões de reconhecimento equivocados.

Uma das maneiras pelas quais a linguagem perpetua a falácia do imaginário é através do uso de significantes simbólicos inerentemente ligados a interpretações subjetivas. Palavras e frases, embora carreguem significados culturais compartilhados, estão sujeitas à interpretação e projeção individual dentro do registro imaginário. Essa filtragem subjetiva dos símbolos linguísticos contribui para a formação de representações ilusórias, levando os indivíduos a interpretarem erroneamente suas próprias identidades e dinâmicas relacionais. Além disso, a natureza simbólica da linguagem possibilita a proliferação de expectativas, normas e estereótipos sociais, que solidificam ainda mais as construções imaginárias que os indivíduos internalizam.

O papel da linguagem na perpetuação da falácia do imaginário estende-se às esferas da narrativa e do discurso. Através da contação de histórias e do reforço de narrativas sociais, a linguagem torna-se um veículo para perpetuar autoimagens idealizadas e sufocar a autoexpressão autêntica. Os indivíduos podem se ver conformando-se a roteiros socialmente construídos e figuras de linguagem que se alinham com as ilusões propagadas pela ordem imaginária, perpetuando, assim, padrões de reconhecimento equivocado e dificultando a autorrealização.

As complexidades da linguagem no imaginário estão ligadas ao conceito lacaniano do "grande outro" – a ordem simbólica que representa o sistema abrangente de normas sociais e linguagem. O "grande outro" exerce influência sobre as construções de si e da realidade dos indivíduos, enredando-os em estruturas linguísticas que sustentam falácias imaginárias. Essa perpetuação ocorre por meio da internalização das expectativas sociais e da incorporação das normas sociais nos autoconceitos dos indivíduos.

7. Revelações clínicas:

Na esfera clínica, identificar e compreender padrões de reconhecimento equivocado no imaginário é de suma importância para os psicanalistas. Em primeiro lugar, os psicanalistas devem estar atentos às manifestações sutis do reconhecimento equivocado, que muitas vezes transcendem os sinais comportamentais evidentes. Por meio da análise meticulosa de expressões verbais, sinais não verbais e respostas afetivas, os clínicos podem discernir os desalinhamentos subjacentes entre o significado simbólico e a representação imaginária na psique de um indivíduo.

Por outro lado, baseando-se na teoria lacaniana, os profissionais devem desvendar a interação entre significante e significado, destacando como o reconhecimento equivocado distorce a compreensão subjetiva de si mesmo e dos outros. Desvendar essa distorção exige um equilíbrio entre empatia, introspecção e conhecimento teórico.

Explorar o papel das experiências da primeira infância na formação de padrões de reconhecimento equivocado se mostra fundamental na prática clínica. Examinar a dinâmica das relações familiares, as influências sociais e o condicionamento cultural permite aos clínicos rastrear as raízes do reconhecimento equivocado e revelar seu impacto abrangente no desenvolvimento psicossocial do indivíduo.

Os clínicos empregam uma abordagem multimodal para desvendar padrões de reconhecimento equivocado, integrando métodos como associação livre, análise de sonhos e dinâmicas de transferência-contratransferência. Essas técnicas facilitam a exploração de registros subconscientes, abrindo caminho para uma compreensão abrangente da complexa rede de reconhecimento equivocado na psique do paciente.

A conceitualização do caso constitui uma fase crucial em que os clínicos sintetizam suas observações e interpretações, discernindo temas abrangentes e padrões recorrentes que sustentam os padrões de reconhecimento incorreto do paciente. Por meio desse processo, os clínicos constroem uma narrativa coesa que delineia as nuances do reconhecimento incorreto do paciente, fornecendo uma base sólida para as estratégias de intervenção.

Em última análise, a capacidade de identificar e desvendar padrões de reconhecimento equivocado no imaginário enriquece o processo terapêutico, promovendo insights profundos e avanços transformadores para indivíduos que lutam com a complexidade de sua realidade subjetiva.

Implicações do imaginário na subjetividade humana

1. A inter-relação entre a autopercepção e a ordem imaginária:

A autopercepção está intrinsecamente ligada ao conceito lacaniano de ordem imaginária, que serve como uma lente crucial através da qual os indivíduos constroem suas identidades e se relacionam com suas realidades subjetivas. A formação da autopercepção envolve uma interação complexa entre a imagem interna de si mesmo e o espelhamento externo proporcionado por outros e contextos sociais. No contexto da ordem imaginária, esse processo assume uma importância adicional, pois é nesse domínio que os indivíduos se envolvem em negociações constantes entre sua autoimagem idealizada e seu senso real de si mesmos. Essa negociação é influenciada pelas experiências iniciais da fase do espelho, onde os indivíduos se deparam com sua imagem refletida e iniciam a jornada ao longo da vida de construção de suas identidades subjetivas. Central a essa inter-relação é a noção do "eu ideal", uma imagem projetada de perfeição e completude que os indivíduos buscam incorporar. Esse eu ideal, enraizado no imaginário, torna-se um ponto de referência contra o qual os indivíduos medem e moldam suas autopercepções, muitas vezes levando a uma busca perpétua por um ideal inatingível. A ordem imaginária impacta ainda mais a autopercepção ao moldar o processo de individuação, influenciar o desenvolvimento de narrativas pessoais e esculpir as respostas emocionais evocadas pelas interações com o próprio eu refletido e construído. Além disso, a operação contínua da ordem imaginária perpetua a dicotomia entre um eu idealizado superficial e as percepções mais profundas e menos favoráveis que se encontram subjacentes, gerando tensão e conflito constantes no autoconceito do indivíduo. Como resultado, os indivíduos frequentemente se deparam com uma divergência entre sua autopresentação consciente e sua autoimagem subjacente, menos polida, levando à dissonância interna e a sentimentos de desconexão. Dentro da estrutura psicanalítica, a compreensão dessa inter-relação oferece insights valiosos sobre o profundo impacto da ordem imaginária na subjetividade humana, lançando luz sobre os mecanismos pelos quais a autopercepção é moldada, mantida e perpetuamente negociada.

2. Exploração do papel da fase do espelho na formação do sujeito:

A fase do espelho ocorre no início da infância, quando a criança reconhece pela primeira vez seu reflexo em um espelho e começa a desenvolver um senso de identidade. Nesse momento, o senso de identidade ainda incipiente do bebê se alinha temporariamente com a imagem unificada e completa refletida, gerando um profundo momento de reconhecimento equivocado, no qual o "eu" ideal (a autoimagem coerente) é inicialmente formado.

A experiência da fase do espelho estabelece a base para o relacionamento contínuo do indivíduo com a sua própria imagem, bem como com a sua percepção da imagem dos outros. A gestação do ideal do ego é catalisada por meio desse processo de identificação visual, estabelecendo um padrão pelo qual o indivíduo se medirá ao longo da vida. Esse processo lança as bases para desejos e aspirações, ao mesmo tempo que nutre uma dissonância cognitiva entre o eu idealizado e o eu real, perpetuando uma busca constante por realização e coerência.

A fase do espelho desempenha um papel fundamental na construção da subjetividade, iniciando a diferenciação entre o sujeito e o mundo externo. À medida que a criança se identifica com a imagem especular, emergem noções de separação e distinção em relação ao ambiente externo. Essa delimitação crucial é o precursor da entrada do sujeito no registro simbólico, onde os sistemas linguísticos e culturais moldam ainda mais a subjetividade.

É importante notar que a influência da fase do espelho na formação do sujeito vai além da psicologia individual, cruzando-se com as dinâmicas socioculturais. A natureza intersubjetiva da autoimagem refletida perpetua uma cultura social de comparação, competição e busca por validação. Essas dimensões culturais distorcem a autopercepção do indivíduo e contribuem para a perpetuação de ideais normativos, evocando sentimentos de insuficiência ou realização com base na percepção de alinhamento ou divergência em relação a esses padrões.

3. Dinâmicas do desejo e da identificação no imaginário:

Durante os estágios formativos do desenvolvimento humano, a ordem imaginária exerce uma profunda influência sobre a dinâmica do desejo e os processos de identificação. Nesse contexto, o desejo está intrinsecamente ligado à autoimagem fragmentada do indivíduo, moldada pelo processo de espelhamento que ocorre durante o estágio do espelho. A teoria lacaniana postula que o desejo surge da falta, inscrita através da experiência alienante do autorreconhecimento. A imagem idealizada do sujeito, construída no âmbito do imaginário, torna-se o objeto do desejo, conduzindo a uma busca perpétua por plenitude e validação.

No âmbito do imaginário, a identificação desempenha um papel fundamental na formação da subjetividade. Os indivíduos se envolvem em um processo contínuo de identificação com imagens, representações e construções idealizadas, propagadas por normas sociais, paradigmas culturais e interações interpessoais. Essa identificação constante contribui para a criação e manutenção do ego, entrelaçando a autopercepção do indivíduo com referências externas, perpetuando um ciclo de desejo e reconhecimento.

A interação entre desejo e identificação dentro da ordem imaginária transcende o nível individual e permeia as experiências coletivas, moldando noções compartilhadas de identidade e realização. Os constructos culturais e sociais projetados no domínio imaginário frequentemente se tornam os pontos focais para desejos e identificações coletivas, influenciando a formação de normas sociais, aspirações e padrões de comportamento. Essa dinâmica ressalta o impacto abrangente da ordem imaginária tanto nas subjetividades individuais quanto nas coletivas.

Dentro da estrutura psicanalítica, a exploração do desejo e da identificação no âmbito do imaginário introduz implicações profundas para a prática clínica e a análise sociocultural. Compreender os mecanismos pelos quais o desejo e a identificação se desdobram no registro imaginário proporciona insights sobre as complexidades da subjetividade humana, oferecendo uma lente através da qual se pode interpretar e intervir em inúmeros fenômenos psicológicos e dinâmicas sociais.

Por meio de uma análise minuciosa do desejo e da identificação dentro da ordem imaginária, os profissionais podem obter perspectivas valiosas sobre os determinantes do comportamento individual, as raízes dos conflitos psicológicos e as complexidades das estruturas sociais. Além disso, essa exploração convida a reflexões críticas sobre a construção de narrativas pessoais e coletivas, lançando luz sobre as motivações subjacentes que impulsionam as ações humanas, as aspirações e a dinâmica interpessoal.

4. A influência de construções imaginárias na percepção da realidade:

A ordem imaginária, conforme postulada por Jacques Lacan, desempenha um papel fundamental na formação da percepção da realidade pelos indivíduos. Em sua essência, o imaginário abrange não apenas imagens visíveis, mas também uma complexa rede de representações simbólicas e concepções idealizadas que influenciam a compreensão do mundo pelo indivíduo. É por meio dessa estrutura que os indivíduos constroem suas realidades, percebendo e interpretando o mundo externo de acordo com modelos imaginários internalizados. Essas construções não são meros reflexos passivos, mas filtros ativos através dos quais os indivíduos processam e dão sentido às suas experiências. Desde o processo de espelhamento que se inicia nos estágios iniciais do desenvolvimento até a formação contínua da identidade, o imaginário exerce uma profunda influência sobre como os indivíduos percebem o ambiente ao seu redor e seu lugar nele. Além disso, a imposição de normas e ideais sociais, perpetuada pelo imaginário, distorce ainda mais a experiência autêntica da realidade, levando a uma perspectiva distorcida e subjetiva. Através de uma lente lacaniana, a relação matizada entre o imaginário e a percepção da realidade ressalta a importância de explorar as maneiras pelas quais as construções internalizadas alteram a compreensão do mundo. Esta investigação desafia as noções convencionais de objetividade e destaca a natureza subjetiva da construção da realidade. De fato, a influência de construções imaginárias na percepção da realidade molda não apenas a visão de mundo de um indivíduo, mas também influencia a dinâmica social, os sistemas de crenças e os padrões de comportamento. Ao desvendar as complexidades dessa influência, obtemos insights sobre o profundo impacto do imaginário na subjetividade humana e na psique coletiva. Investigar essas complexidades abre caminhos para a reflexão crítica, aprofundando nossa compreensão das interconexões entre as esferas interna e externa.

5. A subjetividade na encruzilhada - O impacto da mediação simbólica:

A subjetividade é uma complexa teia de percepções, desejos e identificações internalizadas que moldam a experiência de si mesmo e a interação do indivíduo com o mundo externo. No cerne dessa estrutura reside o conceito de mediação simbólica, que desempenha um papel profundo na influência e na delimitação da subjetividade humana. O registro simbólico, conforme proposto pela teoria lacaniana, abrange a linguagem, a cultura e os significados socialmente construídos que podem tanto elucidar quanto obscurecer a verdadeira natureza da experiência subjetiva. Para compreender o impacto da mediação simbólica na subjetividade, torna-se imperativo reconhecer sua função como facilitadora e, ao mesmo tempo, limitadora da identidade individual.

A mediação simbólica funciona como uma faca de dois gumes na formação da subjetividade. Por um lado, ela fornece a estrutura através da qual os indivíduos interpretam suas experiências e constroem significado dentro de contextos sociais e culturais. A linguagem, as narrativas e os símbolos compartilhados formam a base sobre a qual a realidade subjetiva é construída, permitindo que os indivíduos compreendam seu lugar no panorama sociocultural mais amplo. Por outro lado, o simbólico também impõe limitações e restrições à subjetividade, ao impor estruturas normativas e expectativas sociais que podem restringir a plena expressão dos desejos e identidades individuais. Essa tensão entre os aspectos libertadores e limitadores da mediação simbólica ressalta seu papel fundamental na formação da subjetividade humana.

A influência da mediação simbólica na subjetividade vai além da cognição e do comportamento individual, permeando as relações interpessoais, as estruturas sociais e as ideologias coletivas. O domínio simbólico engendra sistemas compartilhados de significados, papéis e normas que geram uma interação complexa entre a subjetividade pessoal e o contexto sociocultural mais amplo. Como resultado, os indivíduos negociam constantemente suas experiências subjetivas dentro da ordem simbólica mais ampla, lidando com a tensão entre conformar-se aos ditames simbólicos estabelecidos e afirmar sua visão subjetiva única. Essa negociação molda fundamentalmente os contornos da subjetividade, revelando quão profundamente arraigada está a mediação simbólica no tecido da experiência humana.

Consequentemente, o impacto da mediação simbólica exige uma reavaliação de como entendemos e interagimos com a subjetividade humana. Ao questionarmos as maneiras pelas quais as estruturas simbólicas tanto possibilitam quanto restringem a experiência subjetiva, podemos desvendar as complexidades que sustentam a formação da identidade individual e a dinâmica interpessoal. Isso requer uma exploração mais profunda de como os indivíduos contestam as restrições simbólicas que moldam sua subjetividade, abrindo caminhos para concepções mais matizadas e inclusivas de identidade e agência humanas.

6. Implicações psicológicas do reconhecimento incorreto e suas consequências:

Em sua essência, o reconhecimento equivocado diz respeito ao desalinhamento entre a autopercepção e a realidade externa, frequentemente alimentado pelas projeções do imaginário no registro simbólico. Esse processo gera uma série de consequências, cada uma deixando uma marca indelével na psique do indivíduo. Do ponto de vista emocional, o reconhecimento equivocado pode semear discórdia interna, levando a uma dissonância entre o eu construído e a realidade perturbadora. Essa desarmonia pode se manifestar como ansiedade exacerbada, baixa autoestima ou a sensação constante de ser fundamentalmente incompreendido. Essas repercussões emocionais podem influenciar significativamente a dinâmica interpessoal, gerando tensões nos relacionamentos e fomentando uma propensão a mecanismos de enfrentamento desadaptativos. Cognitivamente, o envolvimento consistente em reconhecimento equivocado pode culminar em uma percepção distorcida do mundo, na qual a compreensão do ambiente externo fica obscurecida pela lente idiossincrática do imaginário. Esse viés cognitivo pode impactar os processos de tomada de decisão, levando a escolhas enraizadas na manutenção de construções ilusórias em vez de responder às exigências genuínas da realidade. Além disso, o efeito cumulativo do reconhecimento equivocado prolongado se estende à formação da identidade, introduzindo complexidades que permeiam a própria essência do senso de si do indivíduo. Existe uma tensão palpável entre o eu idealizado projetado e as duras realidades das experiências vividas, precipitando um dilema existencial que exige uma recalibração da própria perspectiva existencial. Tal desencanto pode não apenas impedir o crescimento pessoal, mas também tornar o indivíduo suscetível a crises existenciais, fomentando uma luta perpétua para reconciliar a disjunção entre o imaginado e o autêntico. Aproveitar essas percepções é fundamental para promover intervenções terapêuticas capazes de amenizar as feridas psicológicas infligidas pelos abismos criados pelo reconhecimento equivocado.

7. Manifestações da vida real da subjetividade impulsionada pelo imaginário:

O conceito de subjetividade impulsionada pelo imaginário se manifesta em inúmeros cenários da vida real, influenciando as percepções e experiências dos indivíduos sob a perspectiva lacaniana. Uma manifestação proeminente ocorre nos relacionamentos interpessoais. O eu idealizado, construído no âmbito do imaginário, frequentemente molda a forma como os indivíduos se percebem em relação aos outros. Isso pode levar a uma discrepância entre o eu real e o eu idealizado, resultando em sentimentos de inadequação, insegurança ou na busca por uma perfeição inatingível. Além disso, a influência do imaginário torna-se evidente nas plataformas de mídias sociais, onde imagens e narrativas cuidadosamente selecionadas contribuem para a construção de identidades idealizadas, perpetuando o ciclo de reconhecimento equivocado e suas implicações psicológicas. Ademais, em contextos profissionais, os indivíduos podem nutrir subjetividades impulsionadas pelo imaginário que afetam suas escolhas de carreira, aspirações e percepções de sucesso. A busca por uma imagem idealizada de sucesso, poder ou status, frequentemente enraizada no imaginário, pode impactar os processos de tomada de decisão e a satisfação geral com a trajetória profissional. Além disso, no contexto da imagem corporal e da autoestima, a ordem imaginária influencia significativamente as experiências subjetivas. Padrões de beleza irreais e construções sociais contribuem para a formação da autoimagem, impactando a confiança, o bem-estar emocional e os comportamentos dos indivíduos. Sob a perspectiva da teoria lacaniana, essas manifestações oferecem insights valiosos sobre a interação entre o imaginário e a subjetividade humana. Ao desvendar essas ocorrências da vida real, os profissionais obtêm uma compreensão mais profunda das maneiras multifacetadas pelas quais a ordem imaginária molda as percepções, as emoções e o comportamento dos indivíduos. Essa consciência facilita intervenções e abordagens terapêuticas mais eficazes que abordam as complexidades da subjetividade impulsionada pelo imaginário, promovendo uma autoimagem mais saudável, melhores relacionamentos interpessoais e um bem-estar geral aprimorado.

8. Intervenções e transformações numa perspectiva lacaniana:

As intervenções e transformações a partir de uma perspectiva lacaniana convidam a uma profunda reavaliação das abordagens tradicionais da psicoterapia. No contexto da ordem imaginária, as estratégias de intervenção devem lidar com as complexidades da subjetividade humana, moldada por imagens e ilusões internalizadas. A estrutura lacaniana enfatiza a importância de reconhecer e desconstruir essas narrativas construídas para facilitar uma transformação autêntica. Em vez de se concentrarem apenas em pensamentos conscientes ou comportamentos manifestos, as intervenções lacanianas investigam as associações simbólicas subjacentes, os desejos e as identificações que operam no domínio do imaginário. Essa abordagem exige um afastamento dos métodos terapêuticos convencionais, propondo um engajamento com as formações inconscientes que influenciam a experiência subjetiva do indivíduo. Os terapeutas lacanianos têm a tarefa de decifrar a teia de relações interpessoais e influências culturais que contribuem para a construção do self no registro do imaginário. Através dessa lente, as intervenções tornam-se um processo de desvendar os emaranhados fios do reconhecimento equivocado e de fomentar momentos de desestabilização que podem prenunciar mudanças significativas na subjetividade. Ao desestabilizar as autoimagens fixas e ilusórias propagadas pela ordem imaginária, as intervenções lacanianas abrem caminho para encontros transformadores com o simbólico e o real. Essas intervenções podem assumir diversas formas, incluindo intervenções linguísticas que desafiam padrões discursivos arraigados, incentivando a desconstrução de narrativas dominantes e abrindo avenidas para novas significações. Além disso, a exploração de aspectos fragmentados e desconexos do eu por meio do uso de metáforas, analogias e interpretações serve como um meio de desestabilizar noções estabelecidas de identidade enraizadas no imaginário. Ademais, as intervenções lacanianas podem envolver uma investigação de motivos simbólicos recorrentes presentes na narrativa do cliente, convidando a uma reavaliação de seus significados subjacentes e implicações para a experiência subjetiva. Central à abordagem lacaniana é a noção de que a transformação genuína ocorre por meio do reconhecimento e da renegociação de sistemas de crenças e fantasias inconscientes perpetuados dentro da ordem imaginária. Assim, essas intervenções buscam não apenas decodificar padrões desadaptativos, mas também gerar possibilidades criativas para a reestruturação da subjetividade em meio à interação das três ordens propostas por Lacan. Por meio de um compromisso com a criação de novos significantes e o cultivo de um encontro mais límpido com o 'outro', as intervenções lacanianas visam o desenvolvimento de um sujeito capaz de percorrer o terreno complexo da existência subjetiva para além dos limites das ilusórias autoimagens.

Aplicações clínicas do imaginário

1. O papel do terapeuta dentro da estrutura imaginária:

O terapeuta, posicionado como o orquestrador do ambiente terapêutico, torna-se um agente essencial na facilitação da exploração e desconstrução das realidades construídas pelos pacientes, imersas na dimensão imaginária. Um aspecto crucial do papel do terapeuta reside em fomentar um espaço seguro e reflexivo, permitindo que os clientes se envolvam em diálogos significativos para revelar suas percepções equivocadas e ilusões profundamente arraigadas, originadas no registro imaginário. Além disso, o terapeuta deve possuir uma compreensão profunda de como as identificações dos clientes com imagens idealizadas e sua interação com as autopercepções influenciam o processo terapêutico. Isso requer um equilíbrio entre empatia e discernimento analítico para perceber a dinâmica subjacente em jogo.

Ao assumir o papel do terapeuta dentro da estrutura imaginária, o terapeuta transita ativamente pelos processos de espelhamento sem ceder ao reforço das autoimagens distorcidas dos clientes. Dessa forma, o terapeuta assume a responsabilidade de fornecer uma superfície reflexiva corretiva, porém empática, para que os clientes confrontem seus reflexos equivocados enquanto desvendam a complexa teia de significantes imaginários. Além disso, a capacidade do terapeuta de negociar a tensão entre reconhecer a validade das experiências dos clientes no imaginário e desafiar o impacto limitador dessas manifestações é essencial para facilitar resultados terapêuticos construtivos.

Os terapeutas que atuam dentro da estrutura imaginária têm a tarefa de fomentar uma aguda consciência da dinâmica de poder inerente à relação terapêutica, especialmente no que diz respeito ao cultivo de significados alternativos e à desconstrução das representações simbólicas arraigadas dos clientes. Isso exige o cultivo de uma reflexividade proativa que permita ao terapeuta transcender seus próprios vieses e preconceitos, promovendo um ambiente onde os clientes se sintam empoderados para desafiar suas ilusões e reavaliar suas interpretações da realidade dentro dos limites da clínica. Portanto, o papel do terapeuta envolve abraçar uma compreensão matizada da interação entre o imaginado e o autêntico, ao mesmo tempo que fomenta um ambiente propício à descoberta dos territórios inexplorados que residem nos registros imaginários dos clientes.

2. Apresentações para clientes sob a perspectiva do imaginário:

Ao analisar as apresentações dos clientes sob a ótica do imaginário, os terapeutas devem lidar com a complexa interação entre a autoimagem do indivíduo e a realidade que ele percebe. A apresentação do cliente frequentemente revela indicadores-chave de seu envolvimento com a ordem imaginária, conforme articulada pela teoria lacaniana. Um aspecto crucial envolve compreender como a autopercepção do cliente se cruza com o mundo externo e a dinâmica social, que são fortemente influenciados pelas construções do imaginário. À medida que os terapeutas aprofundam a análise, devem observar cuidadosamente as discrepâncias entre a autoimagem idealizada do cliente e suas experiências reais, revelando tensões e conflitos subjacentes dentro da estrutura imaginária.

A análise das apresentações dos clientes a partir da perspectiva do imaginário exige uma profunda compreensão do papel das imagens e representações na formação da experiência subjetiva do cliente. Os terapeutas examinam não apenas o que os clientes expressam verbalmente, mas também seus sinais não verbais, incluindo linguagem corporal, gestos e respostas afetivas. Essas manifestações frequentemente fornecem informações valiosas sobre as lutas internas do cliente e suas interações com as construções imaginárias. Além disso, a tarefa do terapeuta é decifrar como esses sinais visuais e emocionais se conectam com as projeções e identificações do cliente dentro do registro imaginário, iluminando assim a teia de ilusões e reconhecimentos equivocados que moldam seu senso de identidade.

Ao analisarem as apresentações dos clientes sob a perspectiva do imaginário, os terapeutas se deparam com diversas manifestações de identificação e alienação nas narrativas dos clientes. Isso exige uma exploração meticulosa dos padrões relacionais, desejos e ansiedades do cliente, todos profundamente interligados à influência do imaginário. Ao reconhecerem como as narrativas do cliente refletem seu envolvimento com ideais imaginários e normas sociais, os terapeutas obtêm uma compreensão mais profunda dos complexos mecanismos em jogo. Essa avaliação minuciosa orienta as estratégias terapêuticas voltadas para o desenvolvimento da autoconsciência do cliente e para a facilitação de uma reconfiguração fundamental de sua relação com o imaginário, em busca de uma mudança psicológica positiva.

Desvendar as nuances das apresentações dos clientes através da lente imaginária exige que os terapeutas permaneçam atentos ao contexto sociocultural mais amplo que influencia a construção da paisagem imaginária do indivíduo. Isso implica identificar normas, valores e padrões sociais que contribuem para a internalização de imagens idealizadas pelo cliente e as consequentes desilusões quando essas imagens não se alinham com as experiências vividas. Por meio desse processo, os terapeutas constroem uma compreensão abrangente da interação entre o indivíduo, suas identificações imaginárias e as forças culturais mais amplas, lançando as bases para intervenções terapêuticas empáticas e transformadoras.

3. Técnicas para lidar com mal-entendidos e ilusões:

No contexto do imaginário, os equívocos e as ilusões podem representar desafios significativos no processo terapêutico. É imprescindível que os terapeutas dotem um repertório de técnicas voltadas para o enfrentamento e a desconstrução desses fenômenos, a fim de promover um progresso significativo para seus pacientes.

Uma técnica fundamental envolve a criação de um espaço seguro e reflexivo para que os clientes explorem e articulem suas experiências subjetivas. Isso pode incluir o uso de perguntas abertas, escuta ativa e validação sem julgamentos para encorajar os clientes a expressarem seus conflitos internos e confrontarem suas percepções distorcidas. É por meio desse processo que os equívocos e as ilusões podem gradualmente vir à tona, permitindo a exploração e a reinterpretação colaborativas.

A integração da psicoeducação no processo terapêutico pode ser fundamental para ajudar os clientes a compreender a natureza dos reconhecimentos errôneos e das ilusões. Ao oferecer explicações acessíveis sobre como esses fenômenos se manifestam dentro da estrutura do imaginário, os terapeutas podem capacitar seus clientes a desenvolver uma perspectiva mais crítica e autoconsciente em relação aos seus próprios processos cognitivos. Investigar como as influências sociais e culturais contribuem para a formação de reconhecimentos errôneos e ilusões também pode auxiliar no enriquecimento da compreensão que os clientes têm de suas experiências.

As técnicas de reestruturação cognitiva servem como outra ferramenta valiosa para lidar com percepções distorcidas e ilusões. Ao guiar os clientes na identificação e reavaliação de padrões de pensamento distorcidos, os terapeutas podem auxiliar no desmantelamento de estruturas cognitivas prejudiciais e no desenvolvimento de modos de percepção mais adaptativos. Por meio de intervenções direcionadas, como exercícios cognitivo-comportamentais e práticas de mindfulness, os clientes podem começar a questionar e recalibrar suas percepções distorcidas arraigadas, levando a uma melhor regulação emocional e flexibilidade cognitiva.

A utilização estratégica de metáforas e narrativas na terapia oferece uma abordagem inovadora para superar equívocos e ilusões. As metáforas têm a capacidade de contornar a resistência cognitiva e envolver diretamente a imaginação do cliente, permitindo a exploração de dinâmicas pré-conscientes e inconscientes. Ao cocriar narrativas que encapsulam simbolicamente a realidade experiencial do cliente, os terapeutas podem elucidar processos psicológicos complexos e facilitar insights transformadores.

Por fim, fomentar uma relação terapêutica colaborativa e de apoio é fundamental para lidar com percepções errôneas e ilusões. Os terapeutas devem cultivar um ambiente empático e acolhedor, onde os clientes se sintam capacitados para confrontar e desconstruir ativamente suas percepções distorcidas. Isso pode envolver o desenvolvimento da resiliência, a ênfase na autocompaixão e a afirmação da capacidade do cliente de reconstruir seu senso de identidade dentro da estrutura do imaginário.

4. Integração do simbólico e do imaginário na prática terapêutica:

A ordem simbólica, caracterizada pela linguagem, cultura e normas sociais, influencia a percepção da realidade e a construção da identidade do indivíduo. Por outro lado, o domínio imaginário abrange imagens, fantasias e percepções distorcidas que moldam a autoimagem e os relacionamentos interpessoais. A integração dessas duas ordens permite aos terapeutas acessar uma compreensão mais profunda dos processos inconscientes do cliente e facilita intervenções terapêuticas significativas.

Uma abordagem para integrar o simbólico e o imaginário na prática terapêutica é por meio da exploração de símbolos linguísticos e visuais. Ao envolver os clientes em diálogos verbais e examinar suas narrativas, os terapeutas podem desvendar as construções simbólicas intrínsecas que contribuem para suas experiências vividas. Simultaneamente, a exploração das visualizações e representações internas do cliente, como sonhos ou devaneios, proporciona insights sobre os aspectos imaginários que influenciam suas emoções e comportamentos. Essa abordagem dupla promove uma compreensão holística da dinâmica psicológica do cliente e aprimora o processo terapêutico.

A integração do simbólico e do imaginário pode ser aproveitada em técnicas como a análise de transferência e contratransferência. Terapeutas sintonizados com as dimensões simbólicas da transferência podem decodificar as projeções e associações inconscientes do cliente, lançando luz sobre seus conflitos internos e padrões relacionais. Concomitantemente, o reconhecimento e a interpretação dos aspectos imaginários dentro dos fenômenos de contratransferência permitem aos terapeutas gerenciar suas respostas emocionais e manter uma sintonia empática com o mundo subjetivo do cliente. Essa utilização simbiótica de insights simbólicos e imaginários fortalece a aliança terapêutica e nutre um espaço seguro para a cura transformadora.

Além disso, a aplicação dos conceitos lacanianos do simbólico e do imaginário na prática terapêutica envolve a desmistificação de noções preconcebidas de realidade e identidade. Por meio de processos de desconstrução e reconstrução, os clientes são convidados a questionar os aspectos ilusórios de sua autopercepção e de seus papéis sociais, fomentando uma reinvenção de sua verdade subjetiva. Engajar-se nessa jornada dialética entre o simbólico e o imaginário não apenas elucida as profundezas da subjetividade humana, mas também capacita os clientes a transcender narrativas limitadoras e cultivar novos significados em suas vidas.

5. Armadilhas comuns para clínicos:

Os terapeutas que atuam dentro da estrutura da ordem imaginária frequentemente se deparam com diversos desafios que podem afetar significativamente o processo terapêutico. Compreender e abordar essas armadilhas comuns é crucial para aprimorar a eficácia da prática clínica e garantir resultados ótimos para os clientes. Um desafio prevalente enfrentado pelos terapeutas é a possibilidade de uma dependência excessiva dos construtos Imaginários, em detrimento de outras dimensões essenciais da relação terapêutica. Embora o imaginário ofereça insights valiosos sobre a formação da subjetividade e da identidade, um foco exclusivo nessa dimensão pode inibir a exploração de aspectos simbólicos e reais mais amplos, que são parte integrante do trabalho psicoterapêutico abrangente. Esse desequilíbrio pode limitar a profundidade da compreensão e dificultar o progresso terapêutico. Além disso, os terapeutas podem encontrar desafios relacionados ao equilíbrio entre incentivar a autonomia do cliente e questionar percepções equivocadas ou ilusões. Encontrar o equilíbrio certo entre promover a independência e intervir para abordar padrões prejudiciais enraizados no registro imaginário exige uma abordagem sutil. Guiar o cliente nesse equilíbrio implica permanecer atento às suas necessidades de desenvolvimento, enquanto o conduz a uma compreensão mais precisa de suas experiências. Além disso, os clínicos devem permanecer vigilantes contra o risco de perpetuar ou reforçar percepções equivocadas prejudiciais durante o processo terapêutico. Outra armadilha frequentemente encontrada envolve o potencial de má interpretação ou aplicação incorreta dos princípios lacanianos dentro da estrutura do imaginário. Mal-entendidos ou representações distorcidas de conceitos-chave, como o estágio do espelho ou a natureza das identificações imaginárias, podem levar a intervenções ineficazes e conclusões errôneas sobre as experiências do cliente. Portanto, é imprescindível que os clínicos se envolvam em educação continuada, supervisão e autorreflexão para garantir que sua compreensão da teoria lacaniana permaneça precisa e fortaleça, em vez de prejudicar, a aliança terapêutica. Ademais, a complexidade inerente ao domínio do imaginário pode apresentar desafios na integração eficaz do conhecimento teórico com a prática clínica. Os clínicos podem ter dificuldades em traduzir conceitos abstratos em intervenções tangíveis e em lidar com a interação dinâmica entre os registros simbólico e imaginário na terapia. Superar esse desafio com sucesso requer dedicação à aprendizagem contínua, colaboração entre pares e disposição para adaptar as abordagens terapêuticas de acordo com as necessidades individuais do cliente. Por fim, as considerações éticas assumem um papel fundamental quando os profissionais clínicos atuam no âmbito do imaginário. Garantir que as intervenções respeitem os princípios da beneficência, da não maleficência, da autonomia e da justiça, ao mesmo tempo que se navega eticamente pelo terreno da ilusão e do reconhecimento errôneo, representa um desafio formidável. Os profissionais clínicos devem avaliar constantemente suas práticas para garantir que estejam em conformidade com as diretrizes éticas e que priorizem o bem-estar de seus pacientes acima de tudo.

6. Considerações éticas na aplicação de constructos imaginários:

Ao explorarem o imaginário, os terapeutas devem lidar com um complexo panorama de considerações éticas para garantir o bem-estar de seus clientes e manter os padrões profissionais. Uma das principais preocupações éticas reside no potencial de manifestação de diferenças de poder na relação terapêutica. A autoridade inerente ao terapeuta pode se cruzar com a vulnerabilidade do cliente, especialmente ao discutir construções profundamente pessoais, como identidade e percepções distorcidas inerentes ao imaginário. É imprescindível que os terapeutas reconheçam e abordem a dinâmica de poder em jogo, assegurando que o espaço terapêutico permaneça propício ao empoderamento e à autorrealização do cliente, utilizando conceitos lacanianos. Além disso, a manutenção da confidencialidade e da privacidade torna-se cada vez mais complexa ao se aprofundar no imaginário. A revelação e a interpretação das construções imaginárias de um cliente exigem um equilíbrio entre a exploração e a proteção de seus espaços mentais privados. Os terapeutas devem se engajar em reflexão e consulta contínuas para gerenciar eticamente esses territórios sensíveis. Ademais, as considerações éticas se estendem à lente teórica através da qual os terapeutas enquadram as experiências do cliente. Embora o imaginário ofereça insights valiosos, é crucial abordar suas interpretações com uma compreensão matizada, evitando a patologização ou o reducionismo. Ao fundamentar as aplicações clínicas em uma estrutura ética, os profissionais podem utilizar conscientemente a teoria lacaniana para aprimorar suas intervenções terapêuticas, promovendo o bem-estar holístico de seus clientes. Além disso, o engajamento ético dentro da estrutura do imaginário exige um compromisso contínuo com a autoconsciência e a reflexividade por parte do clínico. Essa postura introspectiva permite que os terapeutas avaliem criticamente seus próprios vieses, pressupostos e limitações ao empregar os construtos lacanianos, preservando, assim, a integridade e a profundidade ética do processo terapêutico.

7. Formação e desenvolvimento para profissionais que utilizam a teoria lacaniana:

Os profissionais que desejam integrar a teoria lacaniana em sua prática clínica devem passar por treinamento abrangente e desenvolvimento profissional. Abarcar as complexidades do pensamento lacaniano e sua aplicação na terapia requer uma compreensão profunda dos princípios psicanalíticos e das nuances únicas da ordem imaginária.

Em primeiro lugar, indivíduos que aspiram a aplicar a teoria lacaniana em contextos clínicos devem buscar formação acadêmica e programas de treinamento especializado que aprofundem as complexidades do arcabouço teórico de Jacques Lacan. Esses programas geralmente abrangem a evolução histórica da teoria lacaniana, os conceitos-chave das ordens imaginária, simbólica e real, e métodos práticos para integrar esses constructos à terapia.

A mentoria e a supervisão desempenham um papel fundamental no desenvolvimento de profissionais que utilizam a teoria lacaniana. Os aspirantes a clínicos se beneficiam significativamente do contato com mentores experientes que podem oferecer orientação, apoio e oportunidades para a prática reflexiva. Além disso, a consulta entre pares e a participação em comunidades profissionais focadas na teoria lacaniana contribuem para o aprendizado e o crescimento contínuos nessa área específica da psicanálise.

Em paralelo, o desenvolvimento da proficiência na aplicação da teoria lacaniana exige autorreflexão contínua e análise pessoal. Os profissionais são incentivados a se engajarem em sua própria psicoterapia para obterem insights sobre seus processos inconscientes, aprimorando, assim, sua capacidade de trabalhar eficazmente dentro da ordem imaginária. Essa jornada introspectiva fomenta a autoconsciência, a empatia e a apreciação das complexidades inerentes ao trabalho psicanalítico.

Atividades de desenvolvimento profissional contínuo, como a participação em conferências, workshops e seminários dedicados ao pensamento lacaniano, enriquecem o conhecimento e as habilidades dos profissionais. O envolvimento com pesquisas e estudos de caso contemporâneos permite a integração de perspectivas e insights em constante evolução na prática clínica, promovendo adaptabilidade e relevância nos atendimentos terapêuticos.

Críticas e debates

1. Críticas históricas da ordem imaginária:

Ao longo da história, o conceito de ordem imaginária foi alvo de uma ampla gama de críticas, oferecendo valiosas perspectivas sobre suas implicações e limitações. Uma crítica histórica proeminente origina-se da metafísica, onde estudiosos e filósofos questionaram o estatuto ontológico do registro imaginário e seu impacto na consciência humana. Essa linha de crítica aprofunda-se em indagações existenciais sobre a natureza da realidade e os desafios impostos pela construção de percepções subjetivas. Além disso, durante o Iluminismo, o ceticismo cartesiano em relação à confiabilidade das percepções sensoriais e à possibilidade de autoengano contribuiu para um discurso crítico sobre a validade das construções imaginárias. Essas perspectivas históricas oferecem um rico panorama de debate intelectual que continua a informar os discursos contemporâneos sobre a ordem imaginária. Já no século XX, teóricos críticos como Theodor Adorno e Max Horkheimer introduziram uma crítica contundente ao papel da mídia de massa na perpetuação de imagens ilusórias que moldam identidades individuais e coletivas. Seu trabalho seminal sobre a "Indústria Cultural" desafiou a noção de agência dentro da ordem imaginária e destacou as forças manipuladoras que fomentam a falsa consciência. Essa crítica se estende até os dias atuais, com estudiosos modernos examinando a influência generalizada das mídias sociais e da publicidade na construção de imagens idealizadas que perpetuam a insatisfação e a alienação. Além disso, estudiosas feministas ofereceram críticas históricas perspicazes, desvendando as dimensões de gênero da ordem imaginária e sua cumplicidade na perpetuação de normas e ideais estereotipados. Ao examinar textos históricos, obras de arte e práticas culturais, essas críticas ressaltam a interseccionalidade das dinâmicas de poder dentro das representações imaginárias, lançando luz sobre as implicações sociopolíticas dessas construções. Ademais, críticos psicanalíticos como Sigmund Freud e Carl Jung se engajaram em debates rigorosos em torno da objetividade percebida da ordem imaginária. A interpretação de Freud sobre a formação do ego por meio de processos de identificação e os conflitos decorrentes das discrepâncias entre o ego e o ideal impulsionou análises críticas dos mecanismos psíquicos que sustentam as manifestações imaginárias. A teoria arquetípica de Jung, embora ofereça uma perspectiva singular para explorar o inconsciente coletivo, também suscitou críticas que questionam o potencial essencialismo inerente à sua conceitualização dos símbolos imaginários.

2. Debates filosóficos - Interpretação e interpretação errada:

Os debates filosóficos em torno da interpretação da ordem imaginária têm sido objeto de intenso escrutínio em estruturas teóricas, particularmente no meio da psicanálise. As complexidades inerentes à teoria lacaniana suscitaram inúmeras discussões sobre a natureza da interpretação e da má interpretação. No cerne desses debates reside o desafio de compreender adequadamente o conceito de imaginário e suas implicações para a compreensão da subjetividade humana. Filósofos, psicólogos e acadêmicos de diversas disciplinas têm se engajado em um diálogo crítico para desvendar as nuances da interpretação e os potenciais equívocos que podem ocorrer na compreensão da estrutura da ordem imaginária.

Do ponto de vista filosófico, o debate frequentemente se concentra nas abordagens hermenêuticas da teoria lacaniana, nas quais os estudiosos aprofundam questões relativas à interpretação correta de conceitos-chave como o estágio do espelho, o narcisismo e a formação do ego. Isso deu origem a um amplo espectro de perspectivas, desde aquelas que defendem uma estrita adesão às formulações originais de Lacan até outras que propõem interpretações inovadoras que adaptam suas ideias aos panoramas intelectuais contemporâneos.

A noção de má interpretação ocupa um lugar de destaque nesses debates, à medida que os estudiosos lidam com a possibilidade de compreenderem mal ou distorcerem os conceitos lacanianos ao integrá-los em estruturas filosóficas mais amplas. O risco de negligenciar as sutilezas inerentes à ordem imaginária, levando assim a conclusões errôneas, constitui uma preocupação central nessas discussões. Os críticos argumentam que a má interpretação pode surgir da simplificação excessiva das teorias de Lacan ou da abordagem a elas com noções preconcebidas que podem não estar alinhadas com a natureza matizada da dimensão imaginária.

Na intersecção entre filosofia e psicanálise, surgem questões sobre a legitimidade das diversas lentes interpretativas através das quais a ordem imaginária é examinada. Os conceitos lacanianos devem ser analisados exclusivamente dentro dos limites do discurso psicanalítico, ou justificam uma exploração por meio de lentes filosóficas multidisciplinares? Essas questões suscitam ampla reflexão sobre os fundamentos epistemológicos que sustentam as interpretações da ordem imaginária, ressaltando a complexidade de conciliar pontos de vista divergentes nesse rico terreno intelectual.

3. Controvérsias nas teorias da construção da identidade:

As teorias da construção da identidade têm sido, há muito tempo, objeto de intenso debate nos campos da psicologia e da psicanálise. No cerne dessas controvérsias reside a questão de se a identidade é moldada principalmente por processos psicológicos internos ou por fatores socioculturais externos. Os defensores da primeira perspectiva argumentam que a formação da identidade é predominantemente influenciada por mecanismos psicológicos inatos, como os delineados nas abordagens freudiana e lacaniana. Eles enfatizam o papel dos desejos inconscientes, do desenvolvimento do ego e do estágio do espelho na formação do senso de si do indivíduo. Por outro lado, os defensores da segunda perspectiva sustentam que a identidade está profundamente interligada com normas culturais, expectativas sociais e relações interpessoais. Eles afirmam que a identidade de um indivíduo está ligada ao meio social em que ele está inserido e que as narrativas culturais desempenham um papel fundamental na formação da sua autocompreensão. Esses pontos de vista divergentes têm gerado debates acalorados sobre a importância relativa dos processos psicológicos internos versus as influências socioculturais externas na construção da identidade. Além disso, as implicações dessas controvérsias vão além dos referenciais teóricos e têm repercussões práticas em contextos clínicos e terapêuticos. Compreender as controvérsias em torno das teorias de construção da identidade é fundamental para profissionais que atuam em diversas áreas, pois impacta a forma como os indivíduos são avaliados, compreendidos e apoiados. Ademais, esses debates servem como catalisador para pesquisas contínuas e investigações críticas, levando ao desenvolvimento de perspectivas mais matizadas e integradas sobre a complexa interação entre forças psíquicas internas e influências culturais externas na construção da identidade.

4. O papel da cultura na formação de construções imaginárias:

A interseção entre cultura e ordem imaginária oferece perspectivas sobre como normas, crenças e valores sociais impactam a construção da identidade individual e a percepção da realidade. Em diversos contextos culturais, o imaginário está intrinsecamente ligado a representações coletivas, rituais e práticas simbólicas que contribuem para a formação da identidade.

Um aspecto significativo é a influência das narrativas e mitologias culturais no imaginário. A narrativa cultural, o folclore e as tradições orais incorporam imagens e símbolos arquetípicos no inconsciente coletivo, afetando, assim, o imaginário pessoal. Por exemplo, a jornada do herói em diversas culturas molda as aspirações, o autoconceito e os ideais de realização dos indivíduos. Além disso, formas de arte cultural, como a literatura, as artes visuais e as artes cênicas, servem como reservatórios de mundos imaginados e representações idealizadas, fomentando a internalização do imaginário cultural.

A regulação cultural dos comportamentos sociais, dos papéis de gênero e das estruturas familiares exerce profundos efeitos sobre o imaginário individual. Os construtos imaginários de gênero são socialmente construídos por meio de normas e expectativas culturais, delineando as percepções de masculinidade, feminilidade e fluidez de gênero. Além disso, a herança e as tradições culturais ditam o imaginário coletivo, influenciando os conceitos de pertencimento, patrimônio e legado. As normas que envolvem padrões de beleza, imagem corporal e aparência física estão arraigadas no imaginário cultural, impactando a autoestima e a percepção corporal dos indivíduos.

A interação entre cultura e imaginário também se estende a rituais e cerimônias. Ritos de passagem, cerimônias religiosas e celebrações comunitárias infundem significado simbólico e importância nos mundos vividos pelos indivíduos, contribuindo para a construção de imaginários pessoais. O aspecto cerimonial das práticas culturais reforça um senso de experiências imaginárias compartilhadas e identidade comunitária, enfatizando a interconexão dos indivíduos dentro de seu meio cultural.

Compreender o papel da cultura na formação de construções imaginárias é essencial para entender as nuances da dinâmica da identidade e das experiências subjetivas. Ao reconhecer as influências culturais presentes no imaginário, profissionais e pesquisadores podem adotar abordagens mais sensíveis à cultura em intervenções psicanalíticas e terapêuticas. Esse reconhecimento fomenta uma valorização da diversidade do imaginário humano e dos contextos subjacentes que contribuem para sua complexidade.

5. Críticas de profissionais da psicanálise:

Por meio de suas experiências clínicas, os psicanalistas têm levantado críticas instigantes que enriquecem o discurso em torno do imaginário. Uma crítica significativa gira em torno da potencial simplificação excessiva da subjetividade humana dentro da estrutura do imaginário. Os psicanalistas argumentam que, embora o imaginário forneça um modelo convincente para a compreensão da formação da identidade, ele pode negligenciar as complexidades e variações inerentes às experiências subjetivas individuais. Além disso, os psicanalistas têm destacado os desafios da aplicação do conceito de Imaginário em contextos terapêuticos. Eles enfatizam a necessidade de equilibrar o reconhecimento da importância das construções imaginárias na formação da psique dos pacientes com a necessidade de evitar interpretações reducionistas. Ademais, esses psicanalistas têm participado de debates acalorados sobre a interação entre as ordens do imaginário e do simbólico, ressaltando as interações dinâmicas e frequentemente complexas entre esses dois registros. Suas reflexões críticas suscitam uma reconsideração das complexidades envolvidas na coconstituição do imaginário e do simbólico no contexto psicanalítico. Além disso, os psicanalistas chamam a atenção para a natureza evolutiva do imaginário na sociedade contemporânea. Eles expressam preocupações sobre o impacto da cultura digital, das mídias sociais e das realidades virtuais na construção de representações imaginárias e os efeitos subsequentes na autoimagem dos indivíduos.

6. Desafios da psicologia cognitiva:

A psicologia cognitiva apresenta um conjunto singular de desafios e críticas quando justaposta aos conceitos e construções da ordem imaginária dentro da teoria lacaniana. Essa interseção suscita uma exploração mais profunda dos processos cognitivos subjacentes à percepção, ao raciocínio e à tomada de decisões humanas, e seu potencial impacto na formação e no funcionamento do domínio imaginário. Um dos principais desafios surge da ênfase dada pela psicologia cognitiva ao papel do processamento da informação, das representações mentais e dos vieses cognitivos na formação do comportamento e das experiências humanas. Esse foco frequentemente diverge da perspectiva psicanalítica, que se concentra nos impulsos inconscientes, nos desejos e na influência das experiências da primeira infância. Ao aprofundarmos esses paradigmas distintos, podemos obter insights valiosos sobre as complexidades que emergem ao tentarmos conciliar a compreensão cognitiva da mente com a conceituação lacaniana da ordem imaginária. Além disso, examinar o fenômeno da dissonância cognitiva e suas implicações fornece uma lente através da qual podemos analisar as tensões decorrentes de representações mentais conflitantes e as discrepâncias entre autoimagens idealizadas e experiências reais. Isso exige uma análise minuciosa de como os indivíduos gerenciam e mitigam a dissonância cognitiva dentro da estrutura do imaginário, lançando luz sobre as complexidades da negociação da identidade e da autoilusão nesse contexto teórico. Além disso, o exame minucioso dos mecanismos cognitivos por trás da percepção e da memória revela questões fundamentais sobre a autenticidade e a estabilidade das imagens construídas no registro imaginário. Compreender os limites e a falibilidade da cognição humana na construção e retenção de imagens mentais e autorrepresentações injeta uma camada de ceticismo e investigação crítica no próprio fundamento do imaginário lacaniano. Ademais, a aplicação de princípios da psicologia cognitiva, como a formação de conceitos e a categorização, expõe a natureza multifacetada das construções imaginárias e sua interação com representações simbólicas e esquemas sociais. Essa integração elucida a complexa rede de influências e processos que contribuem para a formação do registro imaginário, transcendendo o domínio puramente psicanalítico e convidando ao diálogo e à investigação interdisciplinares. Além disso, explorar os fundamentos cognitivos da regulação emocional e dos processos afetivos oferece uma nova perspectiva sobre a dinâmica do imaginário, estimulando uma investigação de como os indivíduos gerenciam e negociam o panorama emocional dentro dessa estrutura teórica. Desvendar as maneiras pelas quais a psicologia cognitiva ilumina a interação entre cognição e afetividade no imaginário atesta o potencial enriquecedor dos encontros interdisciplinares, expandindo nossa compreensão da psique humana e suas múltiplas facetas.

7. Considerações e implicações éticas:

Ao aprofundarmos as implicações éticas da ordem imaginária, é imprescindível explorar como esse constructo se intercruza com a autonomia individual, a formação da identidade e as normas sociais. Uma das principais considerações éticas diz respeito ao impacto potencial do imaginário sobre a capacidade de ação e a autodeterminação do indivíduo. A natureza do imaginário, como uma esfera de ilusões e percepções distorcidas, levanta questões sobre até que ponto os indivíduos podem exercer o livre-arbítrio e fazer escolhas autônomas. Além disso, o processo de identificação e idealização dentro do imaginário implica dilemas éticos relativos a influências culturais, estereótipos e dinâmicas de poder. Tais considerações são particularmente pertinentes em sociedades diversas e multiculturais, onde a construção de identidades está ligada a normas sociais, raciais e de gênero. Ademais, examinar as implicações éticas da ordem imaginária exige uma análise crítica das práticas e intervenções terapêuticas empregadas em contextos clínicos. Psicanalistas e profissionais de saúde mental devem lidar eticamente com as complexidades do trabalho com as construções imaginárias dos clientes, garantindo que as intervenções não perpetuem narrativas prejudiciais nem reforcem ideologias opressivas. Além disso, as preocupações éticas também surgem no contexto da pesquisa envolvendo a ordem imaginária, levando os pesquisadores a refletir sobre o impacto potencial de seu trabalho nos participantes e na sociedade em geral. Essa reflexão ética se estende à disseminação de conhecimento e ideias relacionadas ao imaginário, enfatizando a responsabilidade de apresentar esses conceitos de maneira que respeite a dignidade e a diversidade das experiências humanas. Ao concluirmos esta discussão, fica evidente que lidar com as considerações e implicações éticas da ordem imaginária exige uma compreensão matizada das dinâmicas de poder, das sensibilidades culturais e da complexidade da subjetividade humana.

A ORDEM REAL - ALÉM DA PERCEPÇÃO

Contexto histórico e fundamentação filosófica

1. Origens do real na filosofia clássica:

A filosofia clássica, originária da Grécia Antiga com pensadores influentes como Platão e Aristóteles, lançou as bases para nossa compreensão do conceito de real. Dentro dessa tradição filosófica, a noção de "real" estava intrinsecamente ligada à busca pela verdade e conhecimento últimos. Platão, em sua famosa Alegoria da Caverna, apresentou uma alegoria convincente que explorava a natureza da realidade e da percepção, preparando o terreno para futuras investigações sobre o real. Além disso, as investigações metafísicas de Aristóteles sobre a natureza do ser e da existência influenciaram profundamente as discussões subsequentes sobre o real. As obras desses filósofos antigos marcaram um ponto de partida significativo na jornada intelectual rumo à compreensão do enigmático conceito de real.

Central para a compreensão clássica do real era a ideia de que a realidade existia além da percepção sensorial – uma essência duradoura que transcendia as meras aparências. Os filósofos dessa época se debruçaram sobre a distinção entre o mundo material e a verdadeira natureza da realidade. Questões relativas à existência de uma realidade separada e imutável, independente da cognição humana, tornaram-se pontos focais de investigação. Formular uma compreensão coerente do real exigia lidar com questões filosóficas fundamentais sobre a natureza da existência, da consciência e da relação entre o observador e o observado.

As contribuições fundamentais dos filósofos pré-socráticos, incluindo Parmênides e Heráclito, enriqueceram o diálogo sobre o real no pensamento clássico. Parmênides, conhecido por sua exploração do conceito de "ser", postulou ideias sobre a natureza imutável e inalterável da realidade. Em contraste, Heráclito enfatizou o caráter dinâmico e em constante transformação do mundo. A justaposição dessas perspectivas estimulou reflexões profundas sobre as complexidades de definir o que constitui o real, inaugurando um longo discurso sobre a natureza da realidade.

A influência da filosofia helenística moldou ainda mais a compreensão em evolução do real, particularmente por meio das obras dos filósofos estoicos e epicuristas. Essas escolas filosóficas aprofundaram-se em conceitos de percepção, conhecimento e natureza do cosmos, contribuindo para uma compreensão cada vez mais matizada do real.

2. A influência do pensamento iluminista

Durante o Iluminismo, ocorreu uma mudança crucial no panorama filosófico e intelectual do pensamento ocidental. Esse período, que se estendeu do final do século XVII ao século XVIII, testemunhou a ascensão do racionalismo, da ciência empírica e uma profunda ênfase no poder da razão humana. A influência do pensamento iluminista sobre o conceito de Real é intrigante e significativa, pois moldou nossa compreensão da realidade, da verdade e da existência humana.

Filósofos do Iluminismo como René Descartes, Immanuel Kant e John Locke prepararam o terreno para redefinir a forma como percebemos o mundo e o nosso lugar nele. A abordagem dualista de Descartes, que separava mente e corpo, teve implicações profundas para a compreensão do real. Sua famosa afirmação, "Cogito, ergo sum" (Penso, logo existo), ressaltou a supremacia da consciência individual e lançou as bases para a exploração da natureza da realidade a partir de um ponto de vista subjetivo.

O idealismo transcendental de Kant revolucionou o discurso filosófico ao desafiar a dicotomia tradicional entre aparências e coisas-em-si. Seu conceito de plano noumênico, inacessível à percepção humana, introduziu uma nova dimensão à noção do real. A filosofia kantiana obrigou seus contemporâneos e gerações subsequentes a lidarem com as limitações da cognição humana e a natureza elusiva da realidade objetiva.

O empirismo de Locke postulava que todo o conhecimento se origina da experiência sensorial, moldando fundamentalmente a compreensão do que constitui o real. Sua defesa da teoria da tábula rasa implicava que os seres humanos nascem desprovidos de ideias inatas, enfatizando assim o papel dos estímulos ambientais na construção de nossas percepções da realidade.

A ênfase do Iluminismo na razão, no ceticismo e na investigação empírica permeou o clima intelectual, fomentando o exame crítico de doutrinas antigas e da autoridade institucional. Gerou um espírito de investigação que buscava examinar dogmas estabelecidos, incluindo aqueles referentes à natureza do real. O legado do pensamento iluminista continua a ressoar no discurso filosófico contemporâneo, à medida que os estudiosos se envolvem em diálogos contínuos sobre a natureza da verdade, a objetividade e os parâmetros da compreensão humana.

3. Desenvolvimentos filosóficos do século XIX:

O século XIX, marcado por um afastamento das perspectivas racionalistas e empiristas tradicionais, testemunhou a ascensão do existencialismo, do idealismo e da fenomenologia, cada um contribuindo para uma reavaliação da existência humana, da consciência e da própria natureza da realidade. A filosofia existencialista, exemplificada pelas obras de Søren Kierkegaard e Friedrich Nietzsche, enfatizou a liberdade individual, a escolha e as questões fundamentais da existência humana. Suas ideias revolucionárias desafiaram as concepções existentes de moralidade, verdade e o papel do indivíduo na sociedade. Concomitantemente, filósofos idealistas como Georg Wilhelm Friedrich Hegel e Arthur Schopenhauer buscaram compreender a natureza da realidade através da lente da mente, postulando que a realidade última é um produto do intelecto humano e de suas construções. Esses movimentos filosóficos divergentes prepararam o terreno para as mudanças paradigmáticas do século XX que redefiniriam os limites do conhecimento e da compreensão. O século XIX também testemunhou o surgimento da fenomenologia, defendida por Edmund Husserl e posteriormente refinada por Martin Heidegger. Essa abordagem visava desvendar as estruturas da experiência e da percepção conscientes, investigando a essência do ser e os fenômenos que constituem nossa compreensão do mundo. Assim, o século XIX pode ser considerado um cadinho de diversos e, muitas vezes, conflitantes desenvolvimentos filosóficos, lançando as bases para as transformações radicais que se desdobrariam nas décadas subsequentes. A interação entre existencialismo, idealismo e fenomenologia não apenas reformulou questões fundamentais sobre a realidade e a consciência humana, mas também forneceu terreno fértil para a exploração do conceito de real, com implicações de longo alcance tanto para a filosofia quanto para outras disciplinas intelectuais.

4. Mudanças de paradigma no século XX:

O século XX testemunhou mudanças sem precedentes no pensamento, levando a uma reavaliação de paradigmas estabelecidos e ao surgimento de novas estruturas conceituais que buscavam decodificar as complexidades da existência humana. Um dos desenvolvimentos mais notáveis foi o advento do existencialismo, um movimento filosófico que se debruçou sobre a natureza fundamental da existência humana e a intrinsecamente desprovida de sentido do universo. Liderado por luminares como Jean-Paul Sartre e Albert Camus, o existencialismo lançou questões instigantes sobre a ação individual, o livre-arbítrio e a natureza da existência autêntica.

Simultaneamente, o século XX também testemunhou a ascensão da fenomenologia, uma escola de pensamento que priorizou a experiência subjetiva da consciência como a principal fonte de investigação filosófica. Através do trabalho pioneiro de Edmund Husserl e de proponentes posteriores como Martin Heidegger e Maurice Merleau-Ponty, a fenomenologia buscou elucidar as estruturas essenciais da consciência e da percepção humanas, reformulando fundamentalmente as compreensões tradicionais da realidade e da verdade.

O século XX engendrou uma ruptura radical com o dualismo cartesiano de mente e corpo, com os avanços na psicologia e na ciência cognitiva fomentando uma compreensão mais profunda da interconexão entre os fenômenos mentais e a corporeidade. Essa perspectiva holística, sintetizada no campo emergente da cognição corporificada, desafiou dicotomias arraigadas e enfatizou a inseparabilidade da cognição dos contextos físico e ambiental em que opera.

Os tumultuosos eventos geopolíticos do século XX, incluindo duas guerras mundiais e a Guerra Fria, precipitaram uma reflexão intelectual sobre a natureza do poder, da violência e da ética. Filósofos como Hannah Arendt e Michel Foucault investigaram as complexas interseções entre política, estruturas de poder e a natureza da liberdade humana, revelando a dinâmica que sustenta a ordem e o controle social.

5. A intersecção entre filosofia e psicanálise:

A investigação filosófica oferece uma estrutura para a conceitualização da natureza da realidade, da verdade e da existência, enquanto a psicanálise mergulha nas profundezas do inconsciente, examinando as complexidades do comportamento humano e da psicopatologia. Ao percorrermos esse terreno, encontramos momentos cruciais em que essas disciplinas convergem e divergem, oferecendo perspectivas únicas sobre a natureza do real. No cerne dessa intersecção está a exploração do inconsciente, um conceito central tanto para o pensamento filosófico quanto para o psicanalítico. Embora filósofos como Sigmund Freud e Jacques Lacan tenham se baseado em tradições filosóficas para formular suas ideias, eles também desafiaram e expandiram os limites do discurso filosófico tradicional. A integração da teoria psicanalítica ao discurso filosófico suscitou debates sobre subjetividade, linguagem e a construção da realidade. Por outro lado, a filosofia influenciou a psicanálise ao fornecer uma estrutura conceitual para a compreensão da natureza do ser, do conhecimento e da ética. Essa relação recíproca fomentou uma investigação dinâmica sobre a natureza da psique humana e sua interação com o percebido e o real.

Conceito lacaniano do real

1. O real dentro da estrutura lacaniana:

Na perspectiva de Jacques Lacan, o real não é sinônimo de realidade empírica, nem pode ser confinado à percepção sensorial ou à compreensão racional. Em vez disso, o real ocupa uma posição única e enigmática como aquilo que transcende as construções simbólicas e imaginárias. É crucial reconhecer que, enquanto a realidade se refere ao mundo observável e tangível, o real abrange os aspectos subconscientes, inefáveis e perturbadores que escapam à representação linguística. Tal distinção sintetiza a complexidade da construção lacaniana do sujeito humano, sublinhando o fundamento da vida psíquica no domínio impenetrável do real. Além disso, essa perspectiva ressalta a tensão dialética entre o ego simbolicamente mediado e as experiências brutas e inassimiláveis que constituem o real. Fundamentalmente, o real é caracterizado por uma falta ou vazio, que se manifesta em encontros disruptivos e traumáticos que desafiam a coerência simbólica. Essa ruptura radical impulsiona os indivíduos a um confronto com os limites da linguagem e do significado, desvendando a aparência da realidade e mergulhando-os em um encontro desestabilizador com o real. Assim, o real emerge como uma fonte constante de ruptura e contradição, resistindo às tentativas de captura conceitual e contenção linguística. Além disso, Lacan postula que o acesso ao real é repleto de dificuldades, pois ele é apreendido apenas tangencialmente, através de fissuras e rupturas na estrutura da ordem simbólica. Consequentemente, o real assume uma natureza elusiva e paradoxal, frequentemente emergindo em momentos de crise ou interstícios de colapso psíquico. Em essência, o real opera como uma força disruptiva que fratura a coerência da ordem simbólica, compelindo os sujeitos a confrontar as estruturas subjacentes de fantasia e ilusão que governam sua existência. Ao fundamentar a psicanálise no terreno enigmático do real, Lacan possibilita uma profunda reconfiguração da compreensão tradicional de identidade, desejo e experiência subjetiva, oferecendo insights inestimáveis sobre o funcionamento da psique humana.

2. O real versus a realidade:

Frequentemente usados como sinônimos, os termos “real” e "realidade" ocupam, na verdade, esferas distintas nos discursos filosóficos, psicanalíticos e culturais. Enquanto a "realidade" se refere ao mundo cotidiano e tangível e às experiências coletivamente percebidas e compartilhadas, o “real” transcende isso e mergulha nas verdades subjacentes e fundamentais que desafiam as noções convencionais de existência. Assim, a distinção entre o real e a realidade é imprescindível. Na teoria lacaniana, o real abrange os aspectos intangíveis e insimbolizáveis da existência que escapam à representação linguística, enquanto a realidade é constituída pelo mundo visível e material, sujeito à interpretação e às construções culturais. Além disso, o real opera para além dos limites da linguagem e da percepção, enfatizando sua natureza inerentemente enigmática e inefável. Essa diferenciação alinha-se à noção lacaniana de que o real permanece primordial e pré-linguístico, ancorado nas experiências autênticas e não mediadas que escapam à apropriação simbólica. Além disso, é essencial compreender que a realidade depende de contextos sociais, históricos e linguísticos, enquanto o real persiste como uma força imutável que resiste à assimilação pela ordem simbólica. Em contraste com a maleabilidade e a suscetibilidade à interpretação da realidade, o real significa uma verdade duradoura e inalterável, independentemente das perspectivas individuais ou sociais. Essa disparidade ilumina o abismo fundamental entre esses conceitos e ressalta a importância crucial de reconhecer seus domínios contrastantes para a compreensão das complexidades da existência humana.

3. Princípios e características fundamentais:

Na psicanálise lacaniana, o real é definido por sua resistência à simbolização e à captura linguística, tornando-o inerentemente elusivo e difícil de apreender. Essa opacidade é ainda mais acentuada pela ausência de uma representação conceitual, fazendo do real uma construção enigmática que desafia os modos tradicionais de compreensão. É crucial reconhecer que o real não se conforma às noções convencionais de realidade; em vez disso, constitui uma dimensão que existe além das construções simbólicas e imaginárias.

Um princípio fundamental do real é a sua manifestação como eventos ou experiências traumáticas que resistem à assimilação na ordem simbólica. Essas manifestações frequentemente surgem de encontros com a natureza inerentemente disruptiva do real, que perturba os sistemas simbólicos estabelecidos e gera dissonância na psique do indivíduo. Tais perturbações servem como lembretes da lacuna intransponível entre a representação linguística e a essência inefável do real.

O real está intrinsecamente ligado à constituição existencial do sujeito humano, moldando e influenciando a experiência subjetiva de maneiras profundas. Ele permeia momentos de intensa emoção, onde as fronteiras que delimitam o eu e a realidade externa se confundem, e o confronto direto com os aspectos brutos e não filtrados da existência torna-se palpável. Essa qualidade experiencial do real ressalta sua influência abrangente na estrutura da consciência humana, expondo a vulnerabilidade intrínseca e a precariedade inerentes às nossas realidades vividas.

O real opera como uma força disruptiva que desafia as tentativas de sistematizar ou racionalizar sua essência. Seu potencial disruptivo se manifesta em instâncias de alteridade radical, onde os encontros com os aspectos inassimiláveis da existência destacam a ruptura fundamental entre a ordem simbólica e o núcleo inefável do real. Consequentemente, o real persiste como uma presença inflexível, resistindo a todas as formas de categorizações redutivas ou encapsulamentos conceituais.

4. A natureza ilusória do real:

O real, inerentemente resistente à categorização e à representação linguística, escapa continuamente a uma definição ou descrição direta. Intangível e além da percepção sensorial, o real permanece enigmático, desafiando os modos convencionais de compreensão. Sua resistência à simbolização o torna profundamente elusivo, levando a debates e explorações contínuas nos círculos filosóficos e psicanalíticos. Além disso, a noção de elusividade está intrinsecamente ligada aos princípios fundamentais do real, desempenhando um papel crucial na formação de sua natureza indescritível e inatingível. O próprio ato de tentar encapsular o real, paradoxalmente, reforça sua elusividade, perpetuando assim o ciclo da busca intelectual. Nesse sentido, a qualidade enigmática do real serve como um lembrete constante das limitações inerentes à compreensão e à representação humanas. Ademais, a elusividade do real se cruza com sua relação com as ordens simbólica e imaginária, intensificando ainda mais sua opacidade. Assim, aprofundar-se nas complexidades do real exige o reconhecimento da futilidade de apreendê-lo por meios convencionais. Consequentemente, percorrer o terreno do real exige uma compreensão matizada de seu caráter enigmático e das maneiras pelas quais ele resiste aos métodos convencionais de investigação. Apesar dos desafios inerentes à sua natureza elusiva, a busca pela compreensão do real permanece um empreendimento intelectualmente estimulante e enriquecedor.

5. Interações com as ordens simbólica e imaginária:

Como já foi proposto, a ordem simbólica representa o meio da linguagem, do direito e da cultura, que medeia nossa compreensão do mundo e estrutura nossas interações sociais. A linguagem, como um sistema simbólico, não apenas facilita a comunicação, mas também molda nossas percepções e restringe nossos pensamentos dentro de uma teia de significantes e significados. Essa ordem desempenha um papel crucial na formação da subjetividade e na construção do significado dentro da sociedade.

Em contrapartida, a ordem imaginária abrange o domínio das imagens, da identificação e das identificações imaginárias. Caracteriza-se pelo estágio do espelho, no qual o indivíduo forma um senso coeso de si mesmo por meio da identificação com a imagem refletida. Esse estágio gera uma relação dualista com o ego idealizado e perpetua a busca pela unidade e pela completude. A poderosa influência das imagens visuais e o desejo de totalidade ressaltam a importância da ordem imaginária na formação das experiências subjetivas.

Na interação dessas ordens, o real emerge como aquilo que escapa à simbolização e resiste à integração nos registros simbólico e imaginário. Ele rompe com a coerência da ordem simbólica e despedaça a unidade ilusória do imaginário, introduzindo elementos de instabilidade e experiências inassimiláveis na realidade subjetiva do indivíduo. O real opera como uma força disruptiva que rompe com as estruturas simbólicas e imaginárias estabelecidas, confrontando os indivíduos com as limitações de seus esquemas perceptivos e conceituais.

As ordens simbólica e imaginária não existem isoladamente, mas se intercruzam e colidem continuamente com o real, gerando momentos de ruptura e dissonância na paisagem psíquica do sujeito. Esses encontros com o real manifestam-se em experiências traumáticas, rupturas de normas culturais e encontros com os aspectos inefáveis da existência que desafiam a representação simbólica.

6. Perspectivas fenomenológicas sobre o real:

Fundamentada nas obras de fenomenólogos como Edmund Husserl e Martin Heidegger, a fenomenologia investiga as estruturas fundamentais da consciência e as maneiras pelas quais os indivíduos percebem e interagem com o mundo. Dentro do conceito de Real, a fenomenologia oferece uma estrutura para examinar como o real se manifesta nas experiências vividas pelos indivíduos, proporcionando uma compreensão matizada que transcende as observações empíricas tradicionais. A investigação fenomenológica situa o real como um aspecto integral da existência humana, moldando nossas realidades subjetivas e influenciando profundamente nossas percepções de nós mesmos e dos outros. Sob essa perspectiva, o real não é meramente uma construção externa, mas está intimamente ligado à essência do ser-no-mundo. As explorações fenomenológicas destacam ainda a interação entre o sujeito e o real, enfatizando as maneiras pelas quais o real permeia a consciência, evocando profundas respostas afetivas e existenciais. Além disso, a fenomenologia revela o enigma intrínseco do real, confrontando os paradoxos e ambiguidades inerentes que desafiam a redução a meras formulações conceituais ou linguísticas. A natureza enigmática do real torna-se aparente por meio de reflexões fenomenológicas, convidando a uma contemplação mais profunda de suas profundezas insondáveis e de sua capacidade de romper com os modos convencionais de compreensão. Além disso, as análises fenomenológicas lançam luz sobre a dimensão temporal do real, iluminando seu caráter dinâmico e elusivo. À medida que os indivíduos percorrem suas experiências vividas, o real emerge como uma força tanto limitadora quanto libertadora, desafiando noções preconcebidas e compelindo a uma reavaliação contínua da natureza da existência. Os engajamentos fenomenológicos com o real fornecem uma rica tapeçaria de insights, revelando os fios entrelaçados da subjetividade, da temporalidade e do significado ontológico.

7. A influência do real na psicanálise:

No contexto da psicanálise, o conceito do real possui profunda importância, pois se cruza com os princípios fundamentais da consciência humana e das experiências subjetivas. Dentro da estrutura estabelecida por Freud e posteriormente expandida por Lacan, a presença do real é reconhecida como um elemento essencial no processo analítico. A exploração do real na psicanálise mergulha nas profundezas da subjetividade humana, desvendando desejos reprimidos, experiências traumáticas e a alienação fundamental inerente à condição humana. Serve como uma lente através da qual se pode compreender as forças inconscientes que moldam o comportamento e o bem-estar mental.

A prática psicanalítica frequentemente se depara com manifestações do real na forma de memórias traumáticas, medos irracionais e sonhos enigmáticos que resistem a uma interpretação fácil. Essas manifestações desafiam os analistas a percorrer o terreno nebuloso do real, impelindo-os a confrontar as limitações inerentes à linguagem e à compreensão racional. A influência do real na psicanálise exige uma abordagem dinâmica para lidar com complexidades psicológicas profundas, transcendendo os modos convencionais de compreensão e análise.

Ao longo da história da psicanálise, os clínicos têm se debatido com o enigma do real, buscando integrar sua força disruptiva ao processo terapêutico. A influência do real permeia a relação terapêutica, manifestando-se frequentemente em momentos de ruptura, resistência e imprevisibilidade. Essas instâncias servem para sublinhar o confronto inescapável com o real, compelindo os analistas a se engajarem com os aspectos brutos e não filtrados da experiência humana que desafiam a representação simbólica e a articulação linguística.

A influência do real estende-se aos conceitos fundamentais de transferência e contratransferência, iluminando a dinâmica da projeção, da identificação e da ressonância emocional na díade terapêutica. Seu impacto abrangente desafia o analista a gerir a fronteira entre o envolvimento empático e a presença inflexível do real, fomentando uma compreensão matizada da complexa interação entre as forças conscientes e inconscientes no encontro analítico.

A interação entre o real e a práxis psicanalítica estende-se para além dos limites do consultório, permeando discursos culturais e fenômenos sociais. Ela ressalta a relevância e a utilidade da psicanálise para elucidar as dimensões multifacetadas da subjetividade humana e a interação entre as realidades interna e externa.

8. Desafios ao lidar com a realidade:

A busca pela compreensão do conceito do real é repleta de desafios multifacetados que atraem acadêmicos, pesquisadores e profissionais. No cerne desses desafios reside a natureza intrínseca do real, tal como proposto na estrutura lacaniana, que desafia a compreensão e a assimilação diretas. Um dos principais obstáculos encontrados ao lidar com o real é sua essência etérea e enigmática, que o torna resistente à conceitualização dentro de paradigmas convencionais. Essa mesma resistência se opõe fortemente às tentativas de enquadrar o real em estruturas linguísticas ou simbólicas estabelecidas, complicando, assim, os esforços para articular e apreender sua verdadeira natureza. Além disso, o entrelaçamento do real com as ordens simbólica e imaginária complica ainda mais seu isolamento para estudo e análise, exigindo discernimento matizado e o desvendamento de suas inter-relações. Para além dos desafios teóricos, os profissionais da psicanálise frequentemente encontram impedimentos significativos ao tentar aplicar o conceito do real a cenários clínicos. A natureza elusiva e perturbadora do real impõe dificuldades consideráveis na transposição de seus fundamentos teóricos para estratégias terapêuticas práticas. Além disso, a hesitação dos indivíduos em confrontar o real dentro de si mesmos e no contexto terapêutico apresenta barreiras substanciais à sua utilização eficaz em intervenções terapêuticas. Outro desafio crítico surge da escassez de metodologias empíricas e abordagens de coleta de dados adaptadas para capturar as complexidades dinâmicas do real. A natureza inerentemente subjetiva e experiencial do real resiste às medidas quantitativas convencionais e exige metodologias de pesquisa inovadoras capazes de encapsular suas complexidades. Paralelamente a essas complexidades, as considerações éticas que envolvem o confronto com o real em contextos clínicos e não clínicos exigem uma negociação meticulosa. Encontrar um equilíbrio entre honrar a autonomia dos indivíduos e promover um engajamento benéfico com o real representa um dilema ético persistente nas áreas de pesquisa e prática. Abordar esses desafios com sucesso requer um esforço interdisciplinar concertado, fomentando o diálogo entre campos como filosofia, psicologia, sociologia e literatura. Consolidar o conhecimento existente, explorar as fronteiras da investigação e refinar as abordagens metodológicas são medidas vitais para superar esses desafios na busca contínua para compreender o terreno enigmático do real.

Barreiras à compreensão do real

1. Limitações cognitivas e consciência:

A cognição humana desempenha um papel fundamental na formação da nossa compreensão do mundo. No entanto, as limitações cognitivas podem dificultar significativamente a nossa capacidade de compreender a natureza elusiva da ordem real. Essas limitações, enraizadas nas restrições inerentes à cognição humana, manifestam-se de diversas maneiras, impactando a nossa percepção e interpretação da Realidade.

Uma limitação cognitiva significativa é a tendência dos indivíduos a se apoiarem em esquemas mentais e noções preconcebidas ao processar novas informações. Esse atalho cognitivo, embora eficiente no dia a dia, pode levar à simplificação excessiva e à distorção ao confrontar os aspectos enigmáticos da Realidade. Além disso, o fenômeno da dissonância cognitiva, no qual os indivíduos lutam para conciliar crenças ou experiências conflitantes, cria barreiras internas que impedem o engajamento genuíno com a Realidade.

A capacidade limitada da mente humana de perceber e reter vastas quantidades de informação representa uma barreira formidável para a compreensão da Realidade. Nossa atenção seletiva e sobrecarga cognitiva contribuem para filtrar elementos da realidade, podendo nos levar a ignorar ou interpretar erroneamente aspectos cruciais dela. Além disso, a influência generalizada do viés de confirmação, a inclinação a favorecer informações que se alinham com nossas crenças preexistentes, impede nossa capacidade de abordar a Realidade com mente aberta e objetividade.

A consciência dessas limitações cognitivas é crucial para lidar com as complexidades da Realidade. A implementação de práticas que incentivem a atenção plena, o pensamento crítico e a humildade intelectual pode mitigar o impacto dessas barreiras. Ao promover uma consciência aguçada das limitações inerentes à cognição humana, os indivíduos podem cultivar uma compreensão mais matizada e abrangente da Realidade.

2. Influências culturais na interpretação:

Os costumes, crenças e práticas de uma sociedade podem imbuir os indivíduos com lentes específicas através das quais eles enxergam a realidade. Esses filtros culturais frequentemente ditam o que é considerado aceitável ou tabu, influenciando como os indivíduos percebem e processam o real. Além disso, as normas culturais podem levar os indivíduos a adotarem atitudes particulares em relação a certos conceitos, tornando-os mais ou menos abertos a se engajarem com o real. Por exemplo, em algumas culturas, a noção de confrontar o desconhecido e o incognoscível pode ser abraçada e celebrada, enquanto em outras, pode ser vista com suspeita e apreensão.

A linguagem dentro de uma cultura pode moldar profundamente a compreensão do real por parte de seus membros. Diferentes línguas podem ter capacidades variadas para expressar ou mesmo conceituar o real, levando a disparidades na compreensão entre diferentes comunidades linguísticas. Essa influência linguística se estende além do vocabulário básico, abrangendo sutilezas como expressões idiomáticas, metáforas e nuances que colorem nossa percepção do real. Além disso, narrativas culturais e tradições de contação de histórias podem enquadrar e contextualizar experiências do real, afetando como os indivíduos interpretam e se relacionam com os aspectos inefáveis da existência.

Outro aspecto vital da influência cultural na interpretação relaciona-se com a construção social da realidade. Os valores culturais e as estruturas sociais moldam a compreensão coletiva do que é real ou irreal, definindo os limites da aceitabilidade e da credibilidade. Em sociedades onde o consenso comunitário exerce grande influência, as interpretações e construções culturais predominantes da realidade são consideradas autoritativas, podendo sufocar perspectivas alternativas sobre o real.

3. A linguagem como obstáculo:

A linguagem, apesar de ser uma ferramenta fundamental para a comunicação e a expressão cognitiva, apresenta um obstáculo significativo na tentativa de compreender o conceito do real. Palavras e símbolos, por sua própria natureza, são inerentemente limitados em sua capacidade de encapsular toda a profundidade e complexidade do real. Essa limitação surge da subjetividade inerente e da dependência contextual da linguagem, bem como de sua incapacidade de capturar a essência de experiências que transcendem a representação linguística. A inadequação da linguagem torna-se particularmente evidente ao lidar com a natureza inefável do real, pois este desafia a categorização fácil ou a articulação verbal.

A estrutura e a semântica da linguagem podem, inadvertidamente, impor restrições à nossa compreensão do real. A linguagem baseia-se em distinções dicotômicas e delimitações categóricas, que podem não se alinhar com a natureza fluida e indeterminada do real. Como resultado, as tentativas de articular o real frequentemente levam a uma representação reducionista que não consegue captar as nuances e complexidades inerentes ao conceito. Esse reducionismo pode contribuir para a distorção ou simplificação excessiva do real, dificultando a compreensão genuína.

A influência das normas culturais e sociais sobre a linguagem exacerba ainda mais seu papel como obstáculo à compreensão do real. As convenções linguísticas são moldadas por estruturas sociais e interpretações coletivas, que podem sutilmente definir os limites do discurso aceitável e restringir a exploração de conceitos que desafiam os paradigmas vigentes. Essa influência arraigada das normas linguísticas culturais pode, sutilmente, afastar os indivíduos do engajamento com os aspectos ambíguos e enigmáticos do real, reforçando estruturas linguísticas preconcebidas que podem ser inadequadas para lidar com o inefável.

Apesar desses desafios, reconhecer as limitações da linguagem na abordagem do real abre caminhos para modos alternativos de expressão e interpretação. A adoção de metáforas, alegorias e formas não verbais de comunicação oferece uma via para transcender os limites da linguagem e acessar percepções mais sutis sobre o real. Além disso, fomentar uma abordagem multidisciplinar que integre perspectivas linguísticas de diversos contextos culturais e históricos pode enriquecer e expandir a estrutura linguística por meio da qual o real é contemplado, buscando um engajamento mais abrangente e inclusivo com esse profundo conceito filosófico.

4. Respostas emocionais ao desconhecido:

A contemplação do incognoscível, particularmente dentro da estrutura da ordem real, frequentemente evoca uma miríade de respostas emocionais que podem tanto intrigar quanto confundir. Quando os indivíduos se deparam com os limites de sua compreensão ou com a existência de fenômenos que desafiam a categorização ou a explicação racional, podem experimentar uma gama tumultuosa de emoções. Uma dessas respostas é uma sensação de desorientação e inquietação, decorrente do desejo humano inerente de compreensão e controle. A constatação de que certos aspectos da realidade podem permanecer para sempre incompreensíveis pode evocar sentimentos de vulnerabilidade e insegurança, desafiando crenças profundamente arraigadas sobre a natureza da existência. Além disso, o encontro com o incognoscível pode provocar um profundo sentimento de admiração e espanto, à medida que os indivíduos se confrontam com os mistérios ilimitados que permeiam a estrutura da realidade. Essa admiração pode levar a um aprofundamento do senso de humildade existencial e reverência pela grandeza enigmática do mundo. Além disso, as respostas emocionais ao incognoscível podem abranger um espectro de medo e fascínio, com os indivíduos oscilando entre a apreensão diante do desconhecido e uma curiosidade insaciável para sondar suas profundezas. É dentro dessa tapeçaria emocional que os contornos da ordem real se entrelaçam, convidando à introspecção e à exploração das facetas fundamentais da experiência humana. Ao mergulharmos nas complexidades das respostas emocionais ao incognoscível, somos levados a desvendar a relação entre cognição, afeto e os mistérios inefáveis que residem além dos limites da compreensão.

5. O papel da negação na evitação:

A negação, como mecanismo de defesa, desempenha um papel significativo na evitação da percepção e aceitação dos aspectos inacessíveis da Realidade. Quando confrontados com eventos, ideias ou emoções que desafiam nossa compreensão ou ameaçam nossa sensação de segurança, a negação permite que os indivíduos rejeitem ou neguem essas verdades difíceis. A psicanálise freudiana argumenta que a negação é um mecanismo de defesa empregado pelo ego para proteger o indivíduo da ansiedade ou do sofrimento. Ela pode se manifestar como uma recusa direta em reconhecer evidências, minimização da importância da informação ou racionalização de realidades desconfortáveis.

No contexto da compreensão do real, a negação pode obstruir nossa capacidade de confrontar as limitações inerentes às nossas percepções e conhecimento. Ao negar a existência do incognoscível, os indivíduos criam uma barreira psicológica que os protege do desconforto que acompanha o reconhecimento de seus limites cognitivos. Essa manobra defensiva impede a exploração e o reconhecimento das complexidades e incertezas intrínsecas ao real. Além disso, a negação pode contribuir para a perpetuação de concepções errôneas e ilusões que distorcem nossa compreensão da realidade.

Fatores sociais e culturais também influenciam a propensão à negação ao lidar com a inacessibilidade da Realidade. A negação coletiva pode ocorrer dentro de culturas, grupos ou sociedades quando confrontados com verdades inconvenientes ou perturbadoras. O fenômeno do pensamento de grupo, no qual o desejo de conformidade e coesão leva à supressão de pontos de vista divergentes, pode reforçar a negação em uma escala maior. Além disso, tabus e normas sociais podem desencorajar implicitamente a exploração de conceitos desafiadores e complexos, promovendo ainda mais um estado de negação coletiva.

6. Perspectivas filosóficas sobre o inacessível:

No âmbito da fenomenologia, pensadores como Edmund Husserl e Martin Heidegger exploraram a natureza da consciência humana e sua conexão intrínseca com o mundo ao nosso redor. Eles postularam que nossa interação com a realidade é caracterizada por atos intencionais de percepção, por meio dos quais moldamos e interpretamos os objetos de nossa experiência. Contudo, esse processo inerentemente subjetivo também introduz potenciais barreiras à apreensão do real. A análise fenomenológica nos convida a considerar como nossos preconceitos e vieses podem dificultar nossa compreensão dos aspectos autênticos e imediatos da existência.

Dentro do existencialismo, luminares como Jean-Paul Sartre e Simone de Beauvoir abordaram as limitações impostas pela consciência à nossa capacidade de compreender os aspectos absolutos da realidade. Suas obras afirmam que a condição humana é permeada por uma angústia decorrente da percepção de nossa finitude fundamental e dos limites do nosso conhecimento. Essa angústia existencial, argumentam eles, constitui uma barreira à penetração nas profundezas do real, relegando certas dimensões da existência ao status de inacessíveis. A perspectiva existencial, portanto, alerta-nos para os obstáculos inerentes à nossa posição subjetiva no mundo.

Voltando-nos para a epistemologia, o estudo do conhecimento, deparamo-nos com análises críticas das condições sob as quais se pode alcançar uma compreensão genuína. Filósofos como Immanuel Kant enfatizaram o papel das faculdades cognitivas humanas e suas limitações na formação da nossa compreensão da realidade. As ideias de Kant levam-nos a contemplar as restrições impostas pela estrutura da cognição humana, sublinhando como essas estruturas inatas podem tornar certas facetas do real elusivas ou insondáveis. Além disso, filósofos contemporâneos debatem as implicações do pensamento pós-moderno, que desafia as noções tradicionais de verdade, visando revelar a natureza construída e contingente do conhecimento. As críticas pós-modernas introduzem uma camada adicional de complexidade na nossa busca para percorrer o terreno do real, ecoando a afirmação de que alguns aspectos da realidade podem escapar perpetuamente à nossa compreensão.

7. Normas sociais e a resistência ao real:

Ao longo da história, as crenças e os valores sociais influenciaram a forma como as pessoas compreendem e interagem com o mundo à sua volta. Essas normas frequentemente criam uma estrutura dentro da qual os indivíduos interpretam as suas experiências e, consequentemente, podem funcionar tanto como facilitadoras quanto como barreiras à compreensão da realidade.

Um aspecto importante a considerar é o impacto do condicionamento social na percepção da realidade por parte do indivíduo. A sociedade frequentemente impõe certas expectativas e padrões que moldam os indivíduos para que se conformem às normas vigentes, o que pode dificultar sua capacidade de se conectar com a realidade de forma autêntica. Além disso, o medo de se desviar dessas normas estabelecidas pode levar a uma aversão a confrontar os aspectos desconhecidos ou insondáveis da existência.

A ênfase social na racionalidade e no empirismo pode, inadvertidamente, impedir que os indivíduos reconheçam as dimensões mais enigmáticas da realidade. Essa tendência a privilegiar fenômenos mensuráveis e quantificáveis pode desencorajar a exploração dos elementos misteriosos e inefáveis da experiência humana. Como resultado, os indivíduos podem ter dificuldade em lidar com as incertezas e complexidades existenciais que se encontram além dos limites da compreensão científica tradicional.

Pressões e expectativas sociais podem contribuir para a construção de ilusões coletivas que obscurecem a realidade. Ao aderirem a narrativas e ideais sociais, os indivíduos podem se entrincheirar em realidades fabricadas que os protegem do desconforto inerente à realidade. Essas ilusões servem como amortecedores contra o desconforto existencial, perpetuando, assim, uma sensação de distanciamento dos aspectos genuínos e puros da existência.

A resistência à realidade dentro das estruturas sociais também se estende ao domínio das relações interpessoais. Convenções e etiquetas sociais frequentemente regem as interações, por vezes impedindo trocas genuínas e autênticas. Essa aparência de conformidade social pode dificultar o engajamento dos indivíduos em diálogos honestos e vulneráveis, inibindo sua capacidade de confrontar e acolher a verdade crua.

8. Caminhos para superar barreiras:

Uma forma importante de superar as barreiras comuns que impedem os indivíduos de compreender o "real" envolve o desenvolvimento de uma maior consciência das limitações perceptivas e a compreensão de como essas limitações moldam nossas interpretações da realidade. Isso exige o reconhecimento das influências subjetivas na percepção e o esforço para adotar um ponto de vista mais objetivo. Além disso, estratégias cognitivas podem ser implementadas para aprimorar a consciência e o discernimento. Isso pode envolver práticas como meditação mindfulness ou terapia cognitivo-comportamental, que visam cultivar a consciência do momento presente e abordar padrões de pensamento distorcidos. Ademais, as influências culturais desempenham um papel fundamental na formação de nossa compreensão do mundo. Ao abraçar a diversidade cultural e buscar exposição a perspectivas variadas, os indivíduos podem expandir seus referenciais cognitivos e desenvolver uma apreensão mais abrangente do "real". A linguagem, sendo uma ferramenta de comunicação e interpretação, também pode servir como uma barreira para a percepção do "real". Superar isso requer reflexão crítica sobre as limitações inerentes à linguagem e a exploração de modos alternativos de expressão que transcendam as fronteiras linguísticas. Abraçar a inteligência emocional é outro componente essencial para se engajar com a dimensão enigmática do "real". Compreender e processar as emoções permite que os indivíduos confrontem o desconforto e a incerteza que frequentemente acompanham os encontros com a "Realidade". Além disso, reconhecer mecanismos de defesa psicológicos, como a negação e a repressão, possibilita que os indivíduos lidem com essas barreiras e assimilem gradualmente os aspectos elusivos da realidade. Perspectivas filosóficas oferecem um caminho para contemplar a natureza da existência e da verdade. Engajar-se com a investigação filosófica encoraja os indivíduos a questionar noções preconcebidas e a aventurar-se além das restrições das normas sociais. Ademais, as conformidades sociais podem impedir nossa capacidade de nos conectar com a "Realidade". Portanto, fomentar o pensamento crítico e desafiar as construções sociais é essencial para transcender essas barreiras.

O real na prática psicanalítica

1. A função do real em contextos terapêuticos:

Em contextos terapêuticos, o conceito do real desempenha um papel fundamental na compreensão e no tratamento de questões profundas com as quais os indivíduos lutam. O real representa a experiência crua e sem filtros que muitas vezes escapa à linguagem e à compreensão consciente. Os terapeutas lidam com as complexidades do real para mergulhar no âmago autêntico das lutas de seus pacientes, bem como para facilitar transformações profundas. É essencial reconhecer que o real opera além de meras manifestações ou sintomas superficiais, residindo, em vez disso, nos sentimentos, medos e desejos não articulados que sustentam a psique de um indivíduo. Compreender a função do real em contextos terapêuticos exige uma exploração de seu impacto no processo terapêutico. Quando os pacientes confrontam o real na terapia, isso frequentemente desencadeia uma profunda turbulência emocional, impulsionando-os a lidar com suas ansiedades mais fundamentais e dilemas existenciais. O papel do terapeuta, nesse contexto, é proporcionar um ambiente seguro e acolhedor para que o paciente se conecte com o real, fomentando um espaço onde a vulnerabilidade possa ser explorada sem julgamento. Isso permite que os pacientes confrontem verdades ocultas sobre si mesmos, levando ao potencial para uma compreensão profunda e crescimento pessoal. Além disso, a função do real se estende à própria relação terapêutica. Os terapeutas devem lidar com as complexidades da transferência e da contratransferência, reconhecendo que esses fenômenos estão profundamente entrelaçados com o encontro do paciente com o real. A sintonia do terapeuta com a experiência do paciente com o real é crucial para guiar a jornada terapêutica rumo a uma maior autoconsciência e cura. Ao se engajarem com o real, os terapeutas passam por um processo transformador, evoluindo em sua capacidade de acolher e trabalhar as complexidades da existência humana.

2. Transferência e o encontro com o real:

No contexto da psicanálise, a transferência refere-se ao redirecionamento dos sentimentos e desejos do paciente em direção ao terapeuta. No contexto do real, a transferência assume um significado adicional, pois ilumina as tentativas do paciente de lidar com a verdade imediata que o real representa. À medida que os pacientes percorrem o inconsciente, frequentemente transferem emoções não resolvidas, notadamente ligadas a experiências da infância, para o terapeuta, criando uma poderosa fusão entre realidades passadas e presentes. Esse fenômeno possibilita um encontro direto com o real, servindo como um crisol para a emergência de verdades suprimidas e memórias reprimidas.

O papel do terapeuta na gestão da transferência dentro da estrutura do real é multifacetado. Ele deve negociar com sensibilidade as projeções do paciente, mantendo limites para garantir que o espaço terapêutico permaneça propício à exploração genuína. Ao promover um ambiente onde o paciente se sinta seguro para confrontar as verdades cruas e não filtradas inerentes ao real, o terapeuta pode guiar o indivíduo em direção a insights transformadores e um profundo crescimento psicológico.

Nessa delicada interação entre a transferência do paciente e a resposta do terapeuta, técnicas como interpretação, reflexão e esclarecimento servem como instrumentos para a travessia do real. Ao direcionar suavemente a atenção do paciente para as emoções e significados subjacentes à transferência, o terapeuta facilita um confronto consciente com o real, catalisando assim o potencial para uma autodescoberta autêntica e integração emocional.

Contudo, percorrer o terreno da transferência no mundo real não está isento de desafios. A intensidade e a volatilidade das emoções evocadas podem testar o próprio envolvimento do terapeuta com o mundo real, exigindo autoconhecimento, resiliência emocional e uma compreensão profunda das próprias reações de contratransferência. Além disso, as considerações éticas são de suma importância, ressaltando a responsabilidade de manter a integridade profissional e priorizar o bem-estar do paciente em meio às correntes turbulentas das revelações do mundo real.

Apesar dessas complexidades, o encontro com o real através do veículo da transferência possui um imenso potencial terapêutico, oferecendo aos indivíduos uma profunda oportunidade de se conectarem autenticamente com seu eu mais íntimo e embarcarem em uma jornada de profunda transformação pessoal.

3. Técnicas para interagir com a realidade:

Trabalhar com a realidade no contexto da prática psicanalítica exige uma compreensão matizada e um conjunto diversificado de técnicas. O terapeuta deve guiar habilmente o paciente para que confronte sua própria verdade e experiências, muitas vezes diante de resistência ou desconforto. Uma técnica fundamental envolve a criação de um ambiente seguro e acolhedor, onde o paciente se sinta suficientemente seguro para explorar aspectos previamente ocultos ou reprimidos de sua realidade. Isso pode ser alcançado por meio da escuta empática, da validação sem julgamento e de um compromisso inabalável com a confidencialidade.

Os terapeutas podem empregar estratégias interpretativas para ajudar os pacientes a reconhecer e processar a Realidade. Ao explorar pensamentos e sentimentos inconscientes, o terapeuta auxilia o paciente a obter insights sobre realidades subjacentes que podem estar influenciando seus comportamentos e decisões conscientes. Esse processo frequentemente envolve o exame de sonhos, fantasias e lapsos de linguagem, que podem oferecer vislumbres valiosos da experiência autêntica da Realidade por parte do paciente.

A utilização da transferência como ferramenta para explorar o real é crucial. Os terapeutas devem negociar com delicadeza a complexa interação entre a sua própria presença e as percepções e projeções do paciente, ao mesmo tempo que criam um ambiente propício à descoberta da verdade. Compreender e abordar a dinâmica da transferência permite uma exploração mais profunda da realidade genuína e das experiências vividas pelo paciente.

Uma abordagem holística também envolve a integração de teorias contemporâneas da psicologia do self e das relações objetais para compreender como o paciente constrói e representa internamente a sua realidade. Ao reconhecer e apoiar a evolução das relações entre o self e o objeto do paciente, os terapeutas podem auxiliar no processamento e na validação de suas experiências reais de maneiras que promovam a autoconsciência e a cura.

4. Desafios ao abordar a realidade com os pacientes:

A exploração do conceito do real na prática psicanalítica apresenta uma série de desafios, particularmente no contato direto com os pacientes. Um dos principais obstáculos é a resistência inerente que os indivíduos podem apresentar ao se depararem com aspectos da realidade que são desconfortáveis ou perturbadores para suas percepções e defesas existentes. A própria natureza do real, como algo que despedaça ilusões e perturba a ordem simbólica, pode provocar intensa ansiedade e defensividade nos pacientes. Além disso, o real frequentemente engloba experiências traumáticas e material reprimido, tornando-se um território emocionalmente carregado e vulnerável para os indivíduos explorarem. Outro desafio reside no equilíbrio entre guiar os pacientes gentilmente em direção a encontros com o real e respeitar seus limites psicológicos e capacidades de processar tais encontros. Uma abordagem muito incisiva pode incitar resistência, enquanto uma abordagem muito passiva pode resultar em progresso terapêutico ineficaz. Ademais, barreiras linguísticas e de comunicação podem impedir a abordagem eficaz do real com os pacientes, especialmente ao tentar verbalizar experiências que transcendem a compreensão linguística e racional. É crucial que os psicanalistas desenvolvam abordagens sutis e sensíveis para lidar com o real, reconhecendo as vulnerabilidades e complexidades únicas da psique de cada paciente. Além disso, a interação dinâmica entre a contratransferência do terapeuta e a transferência do paciente complica ainda mais o manejo do real em contextos terapêuticos, pois exige autorreflexão constante e sintonia com a dinâmica relacional. As considerações éticas que envolvem a introdução do real no espaço terapêutico não podem ser negligenciadas, visto que os terapeutas devem avaliar continuamente o impacto potencial no bem-estar do paciente e garantir a manutenção de um ambiente seguro e acolhedor.

5. Integração da realidade nos planos de tratamento:

À medida que a prática psicanalítica continua a evoluir, a incorporação do conceito do real nos planos de tratamento torna-se cada vez mais relevante. Compreender o real e seu potencial impacto no bem-estar psicológico do paciente é essencial para a criação de estratégias de tratamento eficazes. A integração do real envolve uma consideração cuidadosa de como crenças, desejos e medos inconscientes se manifestam no processo terapêutico. Essa integração exige que os terapeutas negociem o equilíbrio entre reconhecer o real e manter os limites necessários para relações terapêuticas saudáveis.

A incorporação do real nos planos de tratamento geralmente começa com uma avaliação aprofundada da experiência subjetiva do paciente e de sua percepção da realidade. Isso pode envolver a exploração de suas experiências iniciais, traumas e ansiedades profundas que contribuíram para a construção de sua realidade psíquica. Ao desvendar a relação do paciente com o real, os terapeutas podem elaborar intervenções personalizadas para abordar as questões centrais que estão na origem de seu sofrimento.

Integrar a realidade aos planos de tratamento exige uma compreensão matizada das dinâmicas de transferência e contratransferência. Os terapeutas devem examinar criticamente suas próprias respostas às expressões da realidade por parte do paciente, enquanto simultaneamente auxiliam o paciente a dar sentido aos seus próprios encontros com a realidade dentro do espaço terapêutico. Esse foco duplo demanda um alto nível de autoconhecimento e perspicácia clínica para lidar com as complexidades inerentes ao encontro terapêutico.

A integração eficaz da realidade nos planos de tratamento também envolve a consideração do contexto sociocultural mais amplo em que o paciente está inserido. Normas e expectativas sociais podem influenciar significativamente a percepção da realidade por parte do indivíduo, e abordar essas influências externas é crucial para uma abordagem terapêutica abrangente. Reconhecer o impacto dos fatores culturais e sociais permite que os terapeutas desenvolvam intervenções sensíveis às experiências de vida únicas do paciente.

A integração da realidade nos planos de tratamento exige uma colaboração contínua com o paciente. É imprescindível engajar o paciente em um diálogo sobre suas próprias experiências com a realidade e capacitá-lo a explorar as implicações desses encontros. Incentivar o engajamento ativo do paciente facilita uma exploração mais profunda de seu mundo interior e apoia o desenvolvimento de um senso de si mais autêntico.

6. A influência da realidade na dinâmica terapeuta-paciente:

O real, com sua inatingibilidade inerente e ruptura da ordem simbólica, tem implicações profundas para a relação terapêutica. É crucial que os terapeutas reconheçam que o real pode se manifestar de maneiras inesperadas durante as sessões, impactando a dinâmica entre eles e seus pacientes.

Um impacto significativo da Realidade na dinâmica terapeuta-paciente é o potencial de desestabilização da dinâmica de poder tradicional. Ao lidarem com seus próprios encontros com a Realidade, os terapeutas podem se sentir vulneráveis e desorientados, o que pode desafiar a autoridade tipicamente associada ao papel terapêutico. Esse deslocamento da autoridade pode causar tanto confusão quanto crescimento na relação terapêutica, pois incentiva um diálogo mais igualitário e a exploração mútua de verdades subjacentes.

A realidade pode catalisar reações emocionais intensas tanto em terapeutas quanto em pacientes, interrompendo os padrões habituais de interação. Momentos de autenticidade compartilhada podem evocar profunda empatia e compreensão, forjando conexões genuínas que transcendem os limites dos papéis terapêuticos tradicionais. Esses momentos também carregam o potencial de retraumatização e sobrecarga emocional, exigindo profunda sensibilidade e sintonia por parte do terapeuta.

A realidade influencia os estilos de comunicação entre terapeuta e paciente. Tensões não ditas, traumas indizíveis e medos reprimidos habitam o espaço entre eles, exigindo reconhecimento e gestão. A linguagem torna-se carregada de significados não expressos, requerendo uma maior consciência das pistas não verbais e das mensagens implícitas. O terapeuta deve lidar com o desafio de desvendar esses aspectos ocultos, mantendo, ao mesmo tempo, uma presença segura e acolhedora para o paciente.

7. Considerações éticas no envolvimento com a realidade:

A abordagem do conceito do real na prática psicanalítica exige um exame cuidadoso das implicações éticas envolvidas. Isso é particularmente crucial, pois a natureza do real pode evocar respostas emocionais profundas e vulnerabilidades arraigadas nos pacientes, exigindo, portanto, um alto nível de responsabilidade ética por parte dos profissionais.

Uma das principais considerações éticas diz respeito ao impacto potencial da investigação da Realidade no bem-estar e na estabilidade do paciente. A revelação de verdades reprimidas ou o encontro com os aspectos perturbadores da realidade podem gerar sofrimento intenso e abalo psicológico. Assim, os terapeutas devem ponderar criteriosamente os benefícios terapêuticos em relação aos riscos potenciais, garantindo que a busca pela verdade não exacerbe traumas existentes nem crie novas fontes de angústia para o indivíduo em tratamento.

Além disso, o dever de confidencialidade assume uma importância ainda maior no contexto da exploração do real. Os pacientes podem compartilhar experiências profundamente pessoais e sensíveis durante esse processo, sendo imprescindível que os terapeutas mantenham a máxima discrição e protejam a privacidade de seus pacientes. Garantir que as revelações decorrentes do contato com o real não comprometam a autonomia ou os direitos do paciente é fundamental para a manutenção dos padrões éticos na prática psicanalítica.

A dinâmica de poder inerente à relação terapeuta-paciente torna-se especialmente pertinente ao lidar com a Realidade. Dado o papel do terapeuta como guia pelas complexidades do subconsciente do paciente, é essencial gerir essa diferença de poder com o máximo cuidado, evitando quaisquer transgressões que possam levar à exploração ou ao dano. A conduta ética exige que os terapeutas cultivem um ambiente de confiança, respeito e empoderamento, permitindo que os pacientes se conectem com a Realidade no seu próprio ritmo e de acordo com as suas próprias necessidades e limites.

As dimensões éticas estendem-se às interpretações e intervenções empregadas pelos terapeutas em resposta à Realidade. É imprescindível que os profissionais examinem continuamente suas próprias motivações, vieses e preconceitos para garantir que suas intervenções derivem de uma preocupação genuína com o bem-estar do paciente, em vez de serem influenciadas por agendas ou desejos pessoais. Levar em consideração a diversidade de contextos culturais, sociais e individuais dos pacientes é crucial para mitigar a potencial imposição de sistemas de valores ou crenças sobre a experiência da Realidade por parte do paciente.

8. Sucesso e progresso - Métricas do real:

As métricas tradicionais, como mudanças comportamentais observáveis ou melhorias autodeclaradas, podem não capturar completamente o impacto do engajamento com a Realidade. A Realidade frequentemente opera em um nível subconsciente, influenciando pensamentos, emoções e percepções sem que tenhamos consciência disso. Consequentemente, avaliar o sucesso ao lidar com a Realidade requer uma abordagem mais matizada.

Uma métrica crucial é a integração da Realidade na narrativa do paciente e na sua compreensão de si mesmo. O progresso pode ser observado através da disposição e capacidade do paciente em confrontar o desconforto e as perturbações causadas pelos encontros com a Realidade. Isso pode se manifestar como uma maior capacidade de introspecção e autorreflexão, bem como uma maior tolerância à ambiguidade e à intensidade emocional. Além disso, a reconfiguração dos mecanismos de defesa e das estratégias de enfrentamento para acomodar a Realidade pode indicar um progresso significativo no trabalho terapêutico.

Outra métrica essencial envolve o impacto da realidade na relação terapêutica. À medida que os pacientes lidam com a natureza desorientadora da realidade, a dinâmica entre terapeuta e paciente é inevitavelmente influenciada. Avaliar as mudanças nessa dinâmica, como o aumento da confiança, da comunicação e da abertura, fornece insights sobre o envolvimento do paciente com a realidade e a eficácia do processo terapêutico.

O surgimento de novos temas e preocupações no discurso do paciente pode servir como indicador de progresso no seu engajamento com a Realidade. Uma gama ampliada de tópicos, particularmente aqueles que evocam vulnerabilidade e dilemas existenciais, sugere que o paciente está aprofundando sua experiência autêntica e confrontando a Realidade de maneiras significativas.

É importante ressaltar que contratempos e momentos de resistência também devem ser considerados no processo de avaliação. Essas situações oferecem oportunidades para uma exploração e compreensão mais aprofundadas da relação do paciente com o real, contribuindo para a trajetória geral do progresso terapêutico. Além disso, as dimensões éticas da avaliação do sucesso nesse contexto exigem uma consideração abrangente dos danos potenciais, dos limites e da preservação da autonomia e da capacidade de ação do paciente.

Manifestações do real na literatura e na cultura

1. A intersecção das narrativas reais e ficcionais:

A interação entre narrativas reais e ficcionais serve como um reflexo dinâmico da experiência humana, compelindo-nos a confrontar verdades sobre nós mesmos e o mundo ao nosso redor. Ao mergulharem em mundos ficcionais, os leitores frequentemente se deparam com personagens e situações que ressoam profundamente com suas próprias vivências, diluindo a linha entre realidade e ficção. É nessa diluição que a essência do real emerge, criando um espaço para introspecção e exploração. As narrativas ficcionais funcionam como um espelho através do qual o real é refratado, oferecendo insights sobre nossa consciência coletiva e psique individual. Por meio de uma narrativa poderosa, os autores criam histórias que entrelaçam elementos do real com a trama da imaginação, evocando respostas emocionais e instigando uma profunda contemplação. O poder da ficção reside em sua capacidade de encapsular verdades universais dentro da estrutura de mundos inventados, convidando os leitores a se envolverem com as complexidades e nuances da condição humana. Além disso, a interseção entre narrativas reais e ficcionais promove uma compreensão profunda de dilemas sociais, dinâmicas culturais e perspectivas históricas. Ao mergulhar nessas narrativas, os indivíduos obtêm uma visão valiosa da natureza multifacetada da realidade e são desafiados a questionar suas noções preconcebidas sobre o mundo. O diálogo entre o real e a ficção estimula o discurso crítico, a curiosidade intelectual e a compreensão empática, enriquecendo, assim, nossa apreciação de diversas narrativas. Além disso, essa interseção oferece a oportunidade de explorar os limites entre a verdade e a ficção, servindo como catalisador para a investigação filosófica e a análise literária. Através das lentes das narrativas ficcionais, somos incentivados a contemplar a natureza fluida da realidade e o impacto da narrativa na consciência humana. Em essência, a interseção entre as narrativas reais e ficcionais encapsula a busca atemporal por significado e compreensão, transcendendo os limites de gênero ou meio. Ela se apresenta como um testemunho da relevância das formas de arte narrativa para iluminar as paisagens enigmáticas da experiência humana.

2. Simbolismo e o reflexo do real:

Ao utilizar símbolos para representar ideias ou conceitos abstratos, autores e artistas podem imbuir suas obras com camadas de significado que ressoam com a experiência humana. Através da cuidadosa seleção e disposição de símbolos, os criadores são capazes de evocar emoções, provocar reflexões e transmitir verdades profundas relacionadas à natureza da realidade.

Na literatura, o simbolismo frequentemente serve como uma ponte entre os aspectos tangíveis e intangíveis da existência. O uso de elementos simbólicos permite aos leitores mergulharem além da superfície de uma narrativa e desenterrarem significados mais profundos. Seja um motivo recorrente, um objeto carregado de peso metafórico ou um personagem alegórico, o simbolismo convida os leitores a contemplarem os temas e forças mais amplos em jogo dentro de uma história.

A representação da realidade por meio do simbolismo transcende os limites da escrita. As artes visuais, como pinturas e esculturas, exploram o poder dos símbolos para expressar verdades fundamentais sobre a condição humana e o mundo em geral. Das antigas pinturas rupestres às instalações modernas, os artistas utilizam símbolos como meio de confrontar e interpretar a realidade em toda a sua complexidade.

Um aspecto particularmente intrigante do simbolismo é sua conexão essencial com os contextos culturais e sociais. Os símbolos frequentemente carregam significado cultural, originando-se de mitologias compartilhadas, eventos históricos, crenças religiosas e normas sociais. Assim, a interpretação dos símbolos pode variar muito dependendo do público e do meio cultural em que estão inseridos. Essa interação dinâmica entre símbolos e cultura ressalta seu papel em refletir a natureza multifacetada da realidade dentro das diversas experiências humanas.

Ao explorar o reflexo do real através do simbolismo, torna-se evidente que essas expressões simbólicas servem como condutos para verdades universais, transcendendo perspectivas individuais e acessando a consciência coletiva. A linguagem do simbolismo permite aos criadores abordar questões existenciais, lidar com o enigma do ser e oferecer insights sobre os mistérios da vida. Através de sua intrincada rede de significações, o simbolismo atua como um espelho que ilumina facetas do real que, de outra forma, poderiam permanecer elusivas.

3. Literatura moderna - Percepções em evolução do real:

Autores modernos aventuraram-se em territórios inexplorados, desafiando percepções tradicionais e redefinindo os limites da realidade em suas obras literárias. Essa evolução está ligada a mudanças sociais, avanços tecnológicos e à natureza dinâmica das experiências humanas. À medida que o mundo passou por profundas transformações, o mesmo ocorreu com a representação do "real" na literatura, refletindo a mudança de paradigmas da existência. Autores modernos entrelaçaram habilmente aspectos do real com o imaginado, diluindo a dicotomia e convidando os leitores a refletir sobre a essência da verdade e da autenticidade. Os temas explorados na literatura moderna frequentemente aprofundam-se nas complexidades da identidade, crises existenciais e o impacto de influências externas sobre as realidades individuais. A fluidez de perspectivas na literatura moderna apresenta uma rica tapeçaria do "real", retratando interpretações diversas e muitas vezes conflitantes que ressoam com o público contemporâneo. Além disso, o advento do pós-modernismo desmantelou as narrativas convencionais, abrindo caminho para narrativas não lineares e representações fragmentadas da realidade. Essa ruptura com as formas tradicionais incentivou uma exploração mais matizada do "real", abraçando a ambiguidade e a desilusão como elementos integrais da experiência humana. Autores têm utilizado o poder da linguagem e da estrutura narrativa para capturar a natureza elusiva do "real", transcendendo as limitações da narrativa linear para evocar uma sensação de desorientação e surrealismo. Assim, a literatura moderna continua a expandir os limites do que constitui o "real", oferecendo uma visão caleidoscópica da existência que desafia noções preconcebidas e convida à introspecção. Ao se engajarem com as esferas da incerteza e do ceticismo, autores modernos iluminaram a natureza multifacetada do "real", remodelando sua percepção como uma entidade enigmática e em constante evolução que desafia categorizações definitivas. Por meio de seus esforços literários, esses escritores fomentaram uma compreensão mais profunda da realidade como uma construção influenciada por experiências subjetivas, dinâmicas culturais e a busca perpétua por significado em meio a um mundo cada vez mais complexo.

4. Representações cinematográficas:

O cinema tem sido fundamental para retratar as manifestações do real de maneiras que desafiam nossos limites perceptivos. A utilização de técnicas cinematográficas, como cinematografia, design de som e estrutura narrativa, permite aos cineastas criar experiências imersivas que confrontam o público com a essência crua do real.

No cinema, a representação do real frequentemente transcende os limites do realismo tradicional, adentrando o surrealismo, o realismo mágico e outras abordagens de vanguarda. Diretores e roteiristas utilizam a linguagem cinematográfica para explorar temas como existencialismo, alienação e o enigma da consciência humana, oferecendo ao público uma jornada introspectiva pelas profundezas da psique.

Um método comum de visualizar o inimaginável é através da representação de sequências de sonhos, alucinações e estados alterados de consciência. Esses recursos cinematográficos servem como condutos para representar as percepções não filtradas da realidade, diluindo as fronteiras entre o subjetivo e o objetivo. Através do poder evocativo das imagens e do simbolismo, os cineastas manifestam os aspectos inefáveis do real, convidando os espectadores a confrontar as complexidades da experiência humana.

O uso da alegoria e da metáfora no cinema possibilita a exploração de verdades existenciais e o confronto com dilemas universais. Ao tecer narrativas complexas que ressoam com profundas indagações filosóficas, os cineastas confrontam o público com os paradoxos da existência, instigando a reflexão sobre a natureza da verdade, da percepção e do caos inerente à vida.

É crucial reconhecer que a representação do real no cinema vai além da mera alegoria; serve como um veículo para a crítica social e a reflexão cultural. Muitos cineastas utilizam o meio para abordar questões sociopolíticas urgentes, empregando o real como um espelho para expor as complexidades da consciência coletiva e o impacto generalizado das construções sociais sobre as vidas individuais.

5. O real na música e nas artes cênicas:

A música, com sua fusão de melodia, ritmo e letra, tem a capacidade de evocar emoções e tocar os aspectos inefáveis da experiência humana. Sejam as melodias comoventes de um réquiem ou as batidas pulsantes de uma canção de protesto, a música dá vida à essência despojada da nossa existência. Da mesma forma, o mundo das artes performáticas — abrangendo teatro, dança e artes visuais — serve como uma tela para retratar as complexidades do real. Dos movimentos emotivos da dança contemporânea à pungência crua da arte abstrata, essas formas refletem a profundidade da existência por meio de sua representação sem filtros das emoções humanas e das verdades sociais. A interação entre a interpretação do real pelo artista e a recepção do público cria uma troca dinâmica que molda a compreensão cultural da realidade.

6. Interpretações interculturais do real:

Cada cultura possui sua própria estrutura singular para compreender a realidade, moldada por fatores históricos, filosóficos e sociais. Através da lente das interpretações interculturais, obtemos uma profunda apreciação da natureza multifacetada do real.

Um dos aspectos mais fascinantes das interpretações interculturais é o exame dos sistemas de crenças e mitologias indígenas. Essas narrativas frequentemente incorporam ricas representações do real, diluindo as fronteiras entre o tangível e o mítico. Em muitas culturas indígenas, o real não se limita ao mundo material, mas se estende ao espírito, ao folclore e ao conhecimento ancestral. Essa visão holística oferece um forte contraste com a compreensão racionalista ocidental da realidade, convidando-nos a reconsiderar nossa percepção do real.

Interpretações interculturais lançam luz sobre o papel do ritual e da tradição na formação das percepções do real. Práticas como cerimônias, danças e rituais de contação de histórias servem como condutos para conectar-se com o real e vivenciá-lo em diversos contextos culturais. Esses rituais não apenas refletem a interpretação da realidade por uma sociedade, mas também ressaltam a interconexão inerente entre o indivíduo, a comunidade e o transcendente.

A análise das interpretações interculturais revela o impacto da globalização e da interconexão na alteração das percepções do real. À medida que as fronteiras tradicionais se dissolvem e as culturas convergem, diversas interpretações do real se encontram, dando origem a entendimentos híbridos que desafiam paradigmas preexistentes. Esse fenômeno exige uma compreensão matizada de como as interações interculturais moldam e reformulam nossa compreensão do real, ressaltando a natureza dinâmica da realidade em um mundo globalizado.

7. A influência da mídia na percepção da realidade:

Os meios de comunicação desempenham um papel fundamental na formação da percepção da realidade na sociedade contemporânea. Através de diversas formas, como televisão, cinema, redes sociais e noticiários, a representação da realidade está sujeita a interpretações e manipulações.

Na era digital, o alcance generalizado das plataformas de mídia possibilitou a rápida distribuição de informações e imagens, tornando tênue a linha que separa a verdade da ficção. O surgimento de notícias falsas, manipulação de fotos e boatos virais intensificou o ceticismo e a confusão sobre o que constitui a realidade. Consequentemente, os indivíduos são constantemente desafiados a discernir representações autênticas de conteúdo fabricado.

O poder visual da mídia influencia significativamente a percepção da realidade pela sociedade. A linguagem visual empregada em anúncios, filmes e publicações em redes sociais frequentemente constrói representações idealizadas ou hiper-realistas que influenciam a compreensão individual e coletiva do mundo. Além disso, a capacidade da mídia de disseminar imagens e narrativas em diversas culturas e grupos demográficos exige uma análise de como essas representações se interconectam com os diferentes contextos culturais.

A forma como os meios de comunicação retratam eventos e fenômenos também influencia a percepção pública da realidade. A cobertura jornalística, a produção de documentários e as dramatizações históricas servem como lentes através das quais o público interpreta e compreende acontecimentos críticos do mundo real. No entanto, vieses, a definição de agendas e as decisões editoriais dentro das entidades midiáticas podem moldar as narrativas de maneiras que se desviam da realidade objetiva.

Essa influência vai além das formas tradicionais de mídia, já que o advento da realidade virtual (RV) e da realidade aumentada (RA) introduz dimensões inteiramente novas de narrativa imersiva. Essas tecnologias oferecem aos usuários a possibilidade de construir realidades pessoais, levantando questões fundamentais sobre a natureza do real e os limites entre experiências físicas e simuladas.

A convergência entre mídia e tecnologia continua a redefinir os parâmetros da realidade, levando acadêmicos, criadores e consumidores a avaliarem criticamente as implicações desses desenvolvimentos. À medida que a mídia se torna cada vez mais integrada à vida cotidiana, compreender sua relação multifacetada com o conceito de realidade é essencial para navegar em um cenário informacional em constante evolução.

8. Conclusão - A influência sempre presente do real:

Através das lentes da mídia, nossas percepções da realidade são continuamente mediadas e construídas. Seja por meio de noticiários, redes sociais, filmes, publicidade ou plataformas virtuais, a representação de eventos, pessoas e experiências impacta significativamente nossa compreensão do que é real e do que é fabricado. O poder das imagens e da narrativa visual na mídia moderna tem a capacidade de moldar e manipular nossa percepção do real, muitas vezes confundindo a linha divisória entre fato e ficção.

A natureza onipresente da mídia significa que essas realidades construídas têm o potencial de influenciar atitudes, comportamentos e até mesmo ideologias políticas da sociedade. O bombardeio constante de informações e representações da realidade pode criar uma consciência coletiva que talvez não reflita com precisão a verdade pura e simples, levando a concepções errôneas e mal-entendidos generalizados. Esse fenômeno ressalta o profundo impacto da mídia na construção e interpretação do real, enfatizando a necessidade de um consumo e análise crítica da mídia à qual estamos expostos.

Para além dos meios de comunicação, a influência do real estende-se à literatura, à arte e à expressão cultural. Essas formas de representação criativa servem como espelhos da sociedade, refletindo as complexidades e nuances da experiência humana. Ao mergulharem na psique e nas emoções de personagens e narrativas, a literatura e a arte oferecem insights profundos sobre o que constitui o real em diversos contextos. De obras literárias clássicas a obras-primas cinematográficas modernas, a representação do real não só cativa o público, como também o desafia a confrontar verdades incômodas e a lidar com questões existenciais.

A proliferação de interpretações e representações interculturais reforça a ideia de que o real é um conceito dinâmico e multifacetado, que evolui em diferentes sociedades e épocas históricas. Essa diversidade de perspectivas enriquece nossa compreensão do real, destacando sua adaptabilidade e universalidade. É importante reconhecer que o real não é estático; pelo contrário, está sujeito a reinterpretações e reinvenções através das diversas lentes da cultura, da tradição e das experiências globais.

Em suma, a influência sempre presente do real na mídia, na literatura e na cultura reafirma sua importância na formação de nossa consciência coletiva e percepções individuais. Para navegar por esse panorama de realidades construídas, é preciso permanecer vigilante e criterioso, adotando uma perspectiva crítica no consumo e na interpretação da informação. Somente assim poderemos começar a desvendar as complexidades do real e seu profundo impacto na psique humana e na sociedade como um todo.

O papel do real na formação da identidade

1. Perspectivas de desenvolvimento sobre o real na identidade:

Nos primeiros anos de vida, os indivíduos são moldados por experiências que influenciam sua percepção de si mesmos e da realidade. Durante a infância e a primeira infância, o real começa a exercer sua influência à medida que as capacidades cognitivas e emocionais da criança se desenvolvem. O processo de formação de uma identidade coesa está ligado à negociação entre o mundo externo e a realidade interna. Ao vivenciarem momentos de autenticidade genuína, as crianças se deparam com a natureza inflexível do real. Esses encontros iniciais desempenham um papel fundamental na formação da compreensão que o indivíduo tem de si mesmo e do mundo. Além disso, a transição para a adolescência marca uma conjuntura crítica no desenvolvimento da identidade, à medida que os adolescentes lidam com as complexidades do real em relação às expectativas sociais, às influências dos pares e à autodescoberta. Esse período é caracterizado por uma maior sensibilidade às discrepâncias entre o eu ideal e a realidade percebida, frequentemente levando a crises de identidade e introspecção existencial. Ademais, o impacto do real continua a se desdobrar ao longo da vida adulta, à medida que os indivíduos vivenciam relacionamentos, carreiras e crescimento pessoal. A trajetória de desenvolvimento da identidade não é influenciada apenas por processos psicológicos internos, mas também moldada por fatores externos, como normas culturais, dinâmicas familiares e construções sociais. É nessa interação que o real exerce sua influência, ressaltando a complexidade da formação da identidade. Reconhecer essas perspectivas de desenvolvimento sobre o real na identidade fornece uma estrutura matizada para a compreensão da natureza multifacetada da existência humana e da negociação contínua entre o eu autêntico e as influências sociais.

2. Fraturas de identidade - Quando a realidade se intromete:

Na tapeçaria da formação da identidade, a intrusão do real pode levar a fraturas fundamentais no senso de si do indivíduo. Esse fenômeno é particularmente pronunciado durante estágios-chave do desenvolvimento, nos quais o conflito entre fantasias internalizadas e a realidade externa torna-se extremamente evidente. Fraturas de identidade ocorrem quando a autoimagem construída pelo indivíduo é despedaçada por encontros com o real em sua forma mais pura. Essas fraturas se manifestam como profundas perturbações na cognição, na estabilidade emocional e na dinâmica relacional, resultando frequentemente em uma sensação generalizada de desorientação e alienação. Acadêmicos e profissionais têm se dedicado há muito tempo a elucidar a complexa interação entre o real e as identidades fragmentadas, buscando desenvolver compreensões matizadas dessa interseção crucial. Compreender o impacto decisivo do real nas fraturas de identidade exige uma exploração de suas manifestações em diversos contextos culturais e socioeconômicos. A reintegração e a cura de identidades fragmentadas demandam abordagens sensíveis e empáticas que honrem as experiências vividas pelo indivíduo, ao mesmo tempo que facilitem uma renegociação gradual de sua relação com o real. É imprescindível que clínicos e acadêmicos considerem as potenciais implicações das rupturas de identidade, não apenas no bem-estar individual, mas também nas estruturas e normas sociais mais amplas. Ao se engajarem com os mecanismos pelos quais a Realidade interfere na formação da identidade, profissionais e teóricos podem aprofundar sua compreensão da subjetividade humana e promover abordagens mais holísticas para o bem-estar psicológico.

3. O real em contextos culturais:

A forma como o real se manifesta dentro de estruturas culturais muitas vezes determina os mecanismos de enfrentamento e as estratégias de resiliência adotadas pelos indivíduos. Além disso, normas e valores culturais influenciam fortemente a interpretação e o significado atribuídos às experiências do real.

Em diversos contextos culturais, a negociação do real assume nuances únicas. Em algumas culturas, a presença do real pode ser reconhecida e até integrada ao cotidiano, enquanto em outras, pode ser suprimida ou relegada ao tabu. Essas variações dão origem a abordagens distintas para negociar o impacto do real na formação da identidade e no bem-estar psicológico.

Uma área de particular importância é a influência das orientações culturais coletivistas versus individualistas na negociação do real. Sociedades coletivistas frequentemente enfatizam a interconexão e a harmonia do grupo, o que pode levar os indivíduos a minimizar as experiências pessoais do real em favor da manutenção da coesão social. Por outro lado, em culturas individualistas, pode haver uma ênfase maior na autonomia pessoal e na autoexpressão, o que potencialmente leva a um envolvimento mais acentuado com o real e suas implicações para a identidade.

Narrativas culturais e sistemas de crenças moldam significativamente a forma como o real é compreendido e vivenciado. Por exemplo, em culturas com ricas tradições mitológicas, os encontros com o real podem ser expressos em linguagem mítica, oferecendo uma estrutura para integrar essas experiências a uma compreensão cosmológica mais ampla. Por outro lado, em culturas seculares, a negociação do real pode se desenrolar dentro de estruturas psicológicas ou existenciais, impactando a construção de identidades pessoais e coletivas.

A interação entre o real e os contextos culturais também ressalta a importância de se considerar as dinâmicas de poder e as estruturas sociais. Comunidades marginalizadas podem confrontar o real através da lente da opressão sistêmica, enquanto narrativas culturais dominantes podem impor suas próprias interpretações do que constitui a realidade e experiências legítimas.

4. Mecanismos psicológicos de enfrentamento da realidade:

Lidar com o profundo impacto da Realidade na identidade é um processo complexo e multifacetado que exige o envolvimento de vários mecanismos psicológicos. Um desses mecanismos é o processo de sublimação, no qual os indivíduos redirecionam inconscientemente o intenso desconforto decorrente dos conflitos com a Realidade para atividades criativas ou produtivas, encontrando assim uma maneira de dar forma e significado aos aspectos inefáveis de suas experiências. Isso lhes permite transcender a natureza avassaladora da Realidade e encontrar sentido em suas lutas. Da mesma forma, a repressão emerge como um importante mecanismo de enfrentamento, à medida que os indivíduos tentam ocultar aspectos de suas experiências que ameaçam seu senso de identidade estabelecido. Contudo, isso frequentemente leva a tensões latentes inconscientes e eventuais erupções que interrompem a narrativa coesa da identidade de cada um. Além disso, o conceito de identificação ganha destaque, à medida que os indivíduos buscam se alinhar a símbolos ou figuras que oferecem uma aparência de coerência e estabilidade em meio ao encontro caótico com a Realidade. Essas formas de identificação podem proporcionar alívio temporário, mas também podem contribuir para a diluição da autenticidade na formação do eu do indivíduo. Além disso, por meio da racionalização, os indivíduos se esforçam para impor lógica e razão aos encontros tumultuosos com a Realidade, buscando dar sentido coerente às suas experiências. Contudo, essa manobra cognitiva muitas vezes apresenta uma fachada frágil que deixa questões existenciais mais profundas sem resposta. No cerne da luta contra a Realidade está a interação entre esses mecanismos psicológicos, cada um oferecendo seu modo singular de negociação e adaptação.

5. Intersecções com a ordem simbólica na identidade:

A ordem simbólica, conforme postulada pela teoria psicanalítica, representa o meio da linguagem, da cultura e das normas sociais que moldam as percepções que os indivíduos têm de si mesmos e dos outros. Ao explorar as interações entre o real e a ordem simbólica no contexto da formação da identidade, torna-se evidente que essas duas forças estão interligadas. As representações simbólicas e as construções sociais da identidade frequentemente atuam como intermediárias através das quais o impacto do real é filtrado e interpretado.

Um aspecto fundamental dessa intersecção reside na negociação entre expectativas sociais e experiências individuais. A ordem simbólica dita normas, valores e papéis que se espera que os indivíduos desempenhem em suas respectivas comunidades. Contudo, a intrusão do real perturba essas expectativas, desafiando noções preconcebidas de identidade e forçando os indivíduos a confrontar os aspectos brutos e autênticos de sua existência. Esse choque entre construções sociais e experiências vividas de forma genuína pode levar a profundas crises existenciais e conflitos internos, à medida que os indivíduos lidam com a dissonância entre suas identidades percebidas e a força disruptiva do real.

As representações simbólicas da identidade servem como uma estrutura através da qual os indivíduos interpretam e dão sentido aos seus encontros transformadores com a Realidade. Ao vivenciarem momentos de crise, trauma ou profunda autodescoberta, muitas vezes recorrem a referências simbólicas inerentes ao tecido cultural e linguístico da sua sociedade para articular e contextualizar as suas experiências. Esses símbolos, sejam eles narrativas, arquétipos ou mitos coletivos, fornecem um modelo para integrar a força disruptiva da Realidade na sua crescente percepção de si mesmos.

A ordem simbólica atua como um mecanismo para a regulação social do impacto do real sobre a identidade individual e coletiva. Instituições sociais, práticas culturais e representações linguísticas fornecem um meio pelo qual os efeitos desestabilizadores do real podem ser contidos e normalizados. Ao atribuir significado e coerência às manifestações, de outra forma enigmáticas, do real, a ordem simbólica medeia a integração dessas experiências na narrativa mais ampla da identidade, oferecendo uma aparência de estabilidade e previsibilidade em meio à turbulência do confronto existencial.

Assim, a interação entre o real e a ordem simbólica na formação da identidade engloba uma dinâmica complexa de negociação, reinterpretação e adaptação. É no discurso das representações simbólicas da identidade que a força disruptiva do real encontra tanto contenção quanto expressão, entrelaçando-se com expectativas culturais e experiências individuais para moldar a tapeçaria da identidade humana.

6. Experiências transformadoras do real:

Experiências transformadoras resultantes de encontros com o real são momentos cruciais na formação da identidade de um indivíduo. Tais experiências frequentemente desafiam a compreensão racional e rompem com a ordem simbólica vigente, catalisando mudanças profundas na percepção e na autoconsciência. Esses encontros podem ocorrer espontaneamente ou serem precipitados por eventos emocionais ou psicológicos intensos, levando os indivíduos a confrontar verdades que desestabilizam as realidades estabelecidas.

Uma manifestação comum da transformação através do real é a ruptura de estruturas cognitivas familiares, levando a uma reavaliação das crenças fundamentais sobre si mesmo e o mundo. A desorientação e a angústia existencial resultantes são frequentemente justapostas a momentos de profunda percepção e clareza, desafiando os indivíduos a repensarem seu lugar na estrutura da realidade. Assim, a transformação catalisada pelo real transcende a mera reorganização cognitiva; ela abrange dimensões viscerais, emocionais e espirituais, ressaltando o impacto holístico dessas experiências.

Esses encontros transformadores trazem à tona as fronteiras permeáveis entre os registros consciente e inconsciente, desvendando desejos, medos e ansiedades latentes que permeiam a psique. A descoberta de aspectos suprimidos ou não reconhecidos do eu engendra um processo de integração e reconciliação que enriquece o senso de integridade do indivíduo. Consequentemente, o poder transformador do real reside não apenas na ruptura que inflige às identidades existentes, mas também no potencial de crescimento pessoal, à medida que os indivíduos percorrem a interação entre o conhecido e o desconhecido.

A força transformadora do real se cruza com construções culturais e sociais, oferecendo momentos de ruptura e crítica às narrativas normativas. Ao desestabilizar sistemas de significado arraigados, os indivíduos podem se sentir empoderados para desafiar estruturas opressivas, trilhar caminhos alternativos e redefinir seus papéis dentro de estruturas sociais mais amplas. Essa capacidade de transformação social ressalta as implicações de longo alcance das experiências transformadoras, que se estendem para além do indivíduo, reverberando em movimentos coletivos e revoluções.

Críticas e interpretações equivocadas

1. Mal-entendidos históricos e seu impacto:

Ao longo da história, o conceito do real tem sido alvo de inúmeros mal-entendidos, frequentemente resultando em impactos significativos em diferentes esferas da existência humana. Um desses mal-entendidos históricos remonta ao discurso filosófico inicial sobre a natureza da realidade e da existência. A tendência de confundir o real com o concreto e o tangível levou a uma interpretação reducionista, limitando o alcance do real meramente àquilo que é perceptível pelos sentidos. Essa simplificação excessiva marginalizou a profunda complexidade e a profundidade inerentes ao real, perpetuando uma compreensão distorcida que prevaleceu por séculos.

A interpretação equivocada do real em contextos religiosos e espirituais exemplifica ainda mais o impacto histórico dos mal-entendidos. Muitos sistemas de crenças e tradições místicas antigas tentaram encapsular o conceito do real em dogmas e doutrinas estritamente definidos, restringindo sua natureza ilimitada a estruturas rígidas. Consequentemente, essa representação limitada impediu os indivíduos de acessar os aspectos transcendentes e inefáveis do real, impondo limitações artificiais às suas buscas espirituais e existenciais.

Além das esferas filosófica e espiritual, as interpretações históricas do real também deixaram marcas duradouras nas estruturas sociais e nos paradigmas culturais. A tendência de equiparar o real às dinâmicas de poder dominantes ou às construções sociopolíticas prevalecentes fomentou um ambiente no qual diálogos significativos e o progresso foram impedidos. Ao confundir o real com sistemas e hierarquias opressivas, as sociedades perpetuaram inadvertidamente as desigualdades e negligenciaram as nuances genuínas das experiências e aspirações humanas.

2. Objeções e contra-argumentos filosóficos:

Uma das principais objeções filosóficas ao conceito de Real decorre da dificuldade inerente em definir e articular a natureza do real. Os críticos argumentam que o real, por sua própria definição, resiste à simbolização e à descrição linguística. Essa ambiguidade ontológica levou ao ceticismo quanto à viabilidade de incorporar o real ao discurso filosófico.

Outra controvérsia importante gira em torno das implicações de reconhecer a existência do real. Alguns filósofos argumentam que abraçar o real pode gerar tendências niilistas, já que o confronto com uma realidade não mediada e insondável poderia resultar em um sentimento de desespero existencial e perda de sentido. Em resposta, os defensores do real contra-argumentam que confrontar o real permite que os indivíduos lidem com a verdade fundamental e a autenticidade, levando a uma maior autoconsciência e ao potencial para experiências transformadoras profundas.

Existem controvérsias a respeito da relação entre o real e a linguagem. Os críticos questionam se é possível transmitir experiências autênticas do real por meio da representação linguística. Argumentam que a linguagem, por estar intrinsecamente ligada à ordem simbólica, distorce ou simplifica excessivamente o real. Os defensores, por sua vez, afirmam que, embora a linguagem possa de fato não conseguir capturar toda a essência do real, ela ainda pode proporcionar vislumbres e expressões evocativas que ressoam com a natureza inefável das experiências vividas.

Debates também surgem a respeito da relevância do real no âmbito mais amplo da investigação filosófica. Alguns estudiosos argumentam que o conceito de Real, tal como exposto nos contextos psicanalítico e literário, possui aplicabilidade limitada fora dessas áreas. Questionam sua importância para investigações metafísicas, epistemológicas e éticas mais abrangentes. Os proponentes, por outro lado, defendem a integração do real nesses domínios, enfatizando seu potencial para enriquecer as investigações filosóficas ao introduzir uma perspectiva realista e objetiva sobre a realidade.

Em resposta a essas objeções, os defensores do real articularam contra-argumentos convincentes. Eles afirmam que a natureza elusiva do real não diminui sua importância, mas, ao contrário, ressalta as limitações dos modos convencionais de compreensão e representação. Além disso, sustentam que o engajamento com o real não implica necessariamente sucumbir ao niilismo; pelo contrário, convida os indivíduos a cultivar uma relação mais matizada e autêntica com o mundo. Ademais, os defensores enfatizam que, embora a linguagem possa ser imperfeita, ela permanece uma ferramenta vital para explorar e transmitir a profundidade do real, ainda que por meio de metáforas e expressões evocativas.

3. Debates psicanalíticos sobre o real:

O discurso psicanalítico oferece um terreno fértil para a exploração do conceito lacaniano de "O real", suscitando debates instigantes e investigações críticas. Nesse domínio, acadêmicos e profissionais se envolvem em discussões multifacetadas sobre a manifestação e a natureza elusiva do real dentro da estrutura psicanalítica. Um aspecto crucial desses debates centra-se nas implicações ontológicas e epistemológicas do real no contexto da prática clínica e dos fundamentos teóricos. A justaposição das ordens simbólica e imaginária com o terreno enigmático do real suscita questões profundas sobre a natureza da realidade psíquica e do inconsciente.

Os debates psicanalíticos sobre o real aprofundam-se na importância das experiências traumáticas e sua conexão com a irrupção do real na existência subjetiva. Essa exploração examina as maneiras pelas quais eventos traumáticos rompem a estrutura da ordem simbólica, levando os indivíduos a um confronto direto com a força imediata e frequentemente avassaladora do real. Além disso, estudiosos questionam as implicações éticas da integração do real em intervenções terapêuticas, com alguns defendendo seu reconhecimento e outros alertando contra a retraumatização no processo de engajamento confrontativo com o real.

Além disso, o tema da linguagem e da representação emerge como um ponto central nos diálogos psicanalíticos sobre o real. Críticos e defensores se envolvem em discussões rigorosas sobre as limitações e as potenciais distorções da linguagem ao confrontar o real, examinando fundamentalmente a eficácia das articulações verbais e simbólicas em encapsular uma entidade que desafia a categorização e a tradução simbólica.

As perspectivas psicanalíticas lançam luz sobre como o real se cruza com os conceitos de desejo e fantasia, suscitando investigações sobre as tensões existenciais entre a busca pelo real e o fascínio do registro imaginário. Esses debates são marcados por análises sutis das maneiras pelas quais o desejo interage com o real, proporcionando insights sobre a complexa interação entre as pulsões, o ego e a presença formidável do real.

4. Interpretações culturais errôneas comuns:

A influência generalizada de narrativas culturais, sistemas de crenças e construções sociais frequentemente leva à apropriação e à incompreensão de conceitos lacanianos relacionados ao real. Uma interpretação equivocada comum surge da tendência de equiparar o real à realidade objetiva ou à verdade empírica.

Essa simplificação excessiva ignora as nuances teóricas do real como uma dimensão elusiva e inatingível que transcende os registros simbólico e imaginário. Além disso, a mídia popular e o discurso dominante frequentemente perpetuam concepções errôneas sobre o real, retratando-o como uma entidade tangível e concreta, em vez de uma construção psicanalítica profundamente enraizada na psique humana. Tais representações contribuem para a diluição da complexidade do conceito e diminuem seu potencial para uma investigação filosófica e psicológica profunda. Ademais, contextos culturais e sistemas de valores díspares frequentemente levam a interpretações divergentes do real, complicando ainda mais sua compreensão. Essas variações dão origem a uma multiplicidade de apropriações indevidas e simplificações excessivas, resultando em uma compreensão popular distorcida desse conceito psicanalítico. É crucial reconhecer e abordar essas interpretações equivocadas, pois elas têm repercussões não apenas no discurso acadêmico, mas também nas percepções sociais mais amplas da realidade, da subjetividade e da identidade. Por meio de um exame rigoroso e de um engajamento crítico, acadêmicos e profissionais podem se esforçar para corrigir essas representações distorcidas, promovendo uma compreensão mais abrangente e precisa do real tanto no contexto acadêmico quanto no cultural.

5. O real nos discursos acadêmicos:

Nos discursos acadêmicos, o conceito do real tem recebido atenção significativa em diversas áreas, incluindo filosofia, psicologia, estudos literários, crítica cultural e sociologia. Acadêmicos têm se engajado em debates rigorosos sobre a natureza do real e suas implicações para diferentes disciplinas. A interseção da teoria lacaniana com a teoria crítica tem sido fundamental para moldar essas discussões, provocando uma reavaliação de pressupostos fundamentais sobre realidade, representação e linguagem. No âmbito da filosofia, pensadores como Slavoj Žižek e Alain Badiou têm se debruçado sobre as implicações do real para a ontologia, a ética e a teoria política. Suas análises estimularam novas investigações sobre a interseção do real com o tempo, a existência e as limitações da compreensão humana. A contribuição da psicanálise para as explorações acadêmicas do real é inestimável. A obra pioneira de Freud forneceu a base para que teóricos posteriores se aprofundassem nas manifestações subconscientes do real, enquanto os desenvolvimentos pós-freudianos, especialmente os de Jacques Lacan, formaram a base para uma nova onda de investigação interdisciplinar. Além disso, a aplicação de conceitos lacanianos aos estudos literários levou a uma profunda reavaliação das estratégias narrativas, da intenção autoral e da dinâmica de resposta do leitor. Na crítica cultural, a noção de Real tem sido fundamental para desconstruir paradigmas estabelecidos e revelar as estruturas de poder subjacentes que moldam as narrativas sociais. Isso levou a investigações frutíferas sobre as interseções do real com raça, gênero, classe e outros marcadores de identidade. As perspectivas sociológicas sobre o real têm se concentrado em seu papel na formação de crenças coletivas, construções sociais e práticas institucionais. Ao examinar as maneiras pelas quais o real opera dentro das estruturas sociais, os estudiosos têm buscado iluminar os mecanismos pelos quais as ideologias dominantes são perpetuadas e contestadas. A diversidade de abordagens nos discursos acadêmicos reflete a natureza multifacetada do real e suas ramificações de longo alcance.

6. Perspectivas teóricas divergentes:

Diversas estruturas filosóficas, psicanalíticas e culturais oferecem pontos de vista distintos a partir dos quais se pode observar e interpretar a natureza do real. No discurso filosófico, diferentes escolas de pensamento, como a fenomenologia, o existencialismo e o pós-estruturalismo, apresentam atitudes contrastantes em relação ao estatuto ontológico do real. Os fenomenólogos enfatizam a experiência subjetiva da realidade, postulando que a essência do real só é acessível por meio das experiências humanas vividas. Em contraste, os pensadores existencialistas aprofundam-se no confronto do indivíduo com a sua existência, frequentemente associando o real a momentos de intensa revelação ou crise pessoal. Os pós-estruturalistas, baseando-se na teoria crítica e na desconstrução, questionam os próprios fundamentos da realidade e da verdade, desconstruindo as compreensões convencionais do real.

Do ponto de vista psicanalítico, as perspectivas freudiana, lacaniana e junguiana contribuem com interpretações matizadas do real na psique humana. A ênfase de Freud no inconsciente e nas pulsões primárias oferece uma compreensão fundamental do real como uma força disruptiva subjacente às percepções conscientes. Lacan, por outro lado, introduz o conceito do real como um núcleo inatingível e traumático que desafia a simbolização e a linguagem, moldando fundamentalmente a psique do sujeito. Enquanto isso, a conceituação do real por Jung estende-se a imagens arquetípicas e símbolos universais que acessam o inconsciente coletivo, oferecendo uma dimensão diferente para a compreensão do real dentro da psicanálise.

As perspectivas culturais enriquecem ainda mais essa exploração, com diversas tradições globais oferecendo concepções alternativas do real. Sejam filosofias orientais que enfatizam a interconexão e a impermanência, ou cosmologias indígenas enraizadas em visões de mundo animistas, essas perspectivas culturais fornecem insights valiosos sobre como o real é compreendido e integrado nas sociedades humanas. Além disso, os discursos contemporâneos em torno das realidades virtuais, da inteligência artificial e dos sistemas cibernéticos convidam a uma reconsideração do real em relação à tecnologia e aos ambientes digitais.

7. Distinções dentro do esquema de ordem:

O conceito do real, tal como exposto pela psicanálise lacaniana, está repleto de nuances que exigem uma análise meticulosa. Reavaliar as distinções dentro do esquema de ordem torna-se imperativo para obter uma compreensão mais abrangente dessa complexa estrutura teórica. Um aspecto essencial dessa reavaliação envolve aprofundar as relações entre as ordens simbólica, imaginária e real. Isso exige um exame crítico de como esses registros se intercruzam e divergem, moldando experiências subjetivas e construções sociais.

No contexto da psicanálise lacaniana, a ordem simbólica é caracterizada pela linguagem, cultura e pelas regras e normas que governam as interações humanas. Enquanto isso, a ordem imaginária diz respeito às imagens, reflexões e formações do ego. Contudo, ao examinarmos essas delimitações, torna-se evidente que há momentos em que essas fronteiras se confundem, levando a uma interação complexa entre as ordens. Esses casos de ambiguidade e entrelaçamento podem desafiar as compreensões convencionais da distinção entre as ordens.

Reavaliar as distinções dentro do esquema de ordem permite uma exploração mais profunda das maneiras pelas quais o real interrompe e subverte o simbólico e o imaginário. Ao examinarmos atentamente os casos de ruptura e dissonância, podemos obter insights valiosos sobre a natureza enigmática do real. Esse processo revela as tensões e contradições inerentes à estrutura do esquema de ordem, lançando luz sobre a complexa dinâmica em jogo.

Por outro lado, essa reavaliação exige uma análise crítica das premissas hierárquicas que frequentemente fundamentam as discussões sobre o esquema de ordem. Em vez de considerar as ordens como camadas ordenadas, torna-se essencial levar em conta a fluidez e a permeabilidade que caracterizam suas interações. Essa mudança de perspectiva induz a uma reformulação paradigmática, fomentando uma compreensão mais fluida e dinâmica da estrutura da psique humana e dos sistemas sociais.

IMPACTO NA PSICOLOGIA E TERAPIA CONTEMPORÂNEAS

Integração na terapia cognitivo-comportamental

As teorias de Jacques Lacan contribuíram significativamente para o campo da psicologia, particularmente em seu impacto em abordagens terapêuticas contemporâneas, como a terapia cognitivo-comportamental (TCC). A integração dos conceitos lacanianos na TCC abriu novos caminhos para a compreensão e o tratamento de questões psicológicas complexas. Ao incorporar os princípios lacanianos, os terapeutas podem aprofundar-se nas estruturas inconscientes que influenciam comportamentos e padrões de pensamento, aumentando, assim, a eficácia das intervenções da TCC. Uma área fundamental de sinergia reside na exploração da ordem simbólica e suas implicações para a reestruturação cognitiva. A ênfase de Lacan na linguagem e na significação alinha-se com o foco da TCC na identificação e no questionamento de construções de pensamento desadaptativas, levando a insights mais profundos e resultados terapêuticos sustentáveis. Além disso, a incorporação dos conceitos lacanianos na TCC possibilita uma análise abrangente da interação entre processos conscientes e inconscientes, enriquecendo o processo terapêutico e aprofundando as intervenções. Essa integração fornece uma estrutura para que os terapeutas abordem não apenas os sintomas superficiais, mas também os significados simbólicos subjacentes, incorporados nos padrões cognitivos e comportamentais do indivíduo. Além disso, ao reconhecer o papel do desejo e do inconsciente na formação do comportamento, os terapeutas podem promover mudanças mais holísticas e duradouras em clientes submetidos à TCC. Os conceitos lacanianos também oferecem uma perspectiva alternativa sobre a natureza dos problemas de saúde mental, incentivando os terapeutas a considerarem as interconexões entre linguagem, dinâmicas sociais e experiência subjetiva. Ao integrar as ideias lacanianas à TCC, os profissionais da psicologia podem aprimorar sua abordagem para lidar com diversas questões, incluindo ansiedade, depressão, trauma e conflitos relacionados à identidade. Ao fazer isso, podem honrar as complexidades da psique humana e fornecer um cuidado mais personalizado e empático, que ressoe em um nível mais profundo com seus clientes. Essa fusão também encoraja os terapeutas a reconsiderarem os próprios fundamentos da formação de sintomas e do sofrimento psicológico, abrindo caminho para um panorama terapêutico mais abrangente e matizado.

Influência nas abordagens da psicologia humanista

A psicologia humanista enfatiza a motivação intrínseca do indivíduo para o crescimento pessoal, a autorrealização e a realização de seu potencial máximo. A integração das teorias lacanianas às abordagens humanistas trouxe uma mudança paradigmática significativa na compreensão da psique humana. Ao incorporar os conceitos lacanianos das três ordens — simbólica, imaginiana e real — as terapias humanistas foram enriquecidas com uma compreensão mais profunda dos conflitos e dinâmicas internas que influenciam a busca do indivíduo pela autodescoberta e autenticidade. A ênfase na experiência subjetiva e a exploração do inconsciente alinham-se notavelmente bem com os princípios lacanianos, contribuindo para uma abordagem mais holística da terapia humanista.

As perspectivas lacanianas também influenciaram as práticas humanistas, lançando luz sobre a natureza da formação da identidade humana e o papel da linguagem e dos símbolos na formação das percepções de si mesmo e dos outros. Isso levou a uma reavaliação das técnicas humanistas tradicionais, inspirando terapeutas a integrar a análise simbólica e linguística para desenterrar significados ocultos e revelar padrões inconscientes que dificultam o crescimento pessoal.

A ordem real, com sua natureza enigmática e esquiva, tem suscitado reflexões na psicologia humanista, provocando discussões sobre as limitações da consciência e a importância de acolher os aspectos inefáveis da experiência humana. Como resultado, os profissionais humanistas têm utilizado os princípios lacanianos para encorajar os clientes a confrontar os aspectos "Reais" de sua existência, promovendo um nível mais profundo de introspecção e aceitação de aspectos existenciais que transcendem a compreensão racional.

Adoção em aconselhamento sistêmico e familiar

A incorporação das teorias lacanianas na terapia sistêmica e familiar representa uma mudança paradigmática na compreensão e no tratamento da dinâmica familiar. Ao abraçar o conceito do inconsciente, os princípios lacanianos servem como base para aprofundar a interação das psiques individuais dentro de uma unidade familiar. Essa abordagem encoraja os terapeutas a explorar como o inconsciente impulsiona as interações intrafamiliares e molda os padrões relacionais.

A ênfase de Lacan na ordem simbólica oferece uma lente através da qual os terapeutas familiares podem decifrar a complexa rede de significados e significantes que sustentam a comunicação familiar. Compreender o papel da linguagem e da metáfora na formação das narrativas familiares é fundamental para desvendar conflitos profundamente enraizados e transmissões intergeracionais. Além disso, a aplicação de conceitos lacanianos, como o estágio do espelho e o complexo de Édipo, proporciona insights profundos sobre a formação das identidades familiares e a dinâmica do poder e do desejo dentro da estrutura familiar.

A perspectiva sistêmica inerente à teoria lacaniana enfatiza a interconexão dos membros da família e a influência recíproca que exercem uns sobre os outros. Os terapeutas que utilizam esses insights podem abordar desequilíbrios relacionais e padrões comportamentais arraigados, elucidando as trocas simbólicas subjacentes que perpetuam dinâmicas disfuncionais. Ao examinar como as forças inconscientes moldam e perpetuam roteiros intergeracionais, os terapeutas sistêmicos e familiares estão mais bem preparados para facilitar mudanças transformadoras dentro do sistema familiar, promovendo relacionamentos mais saudáveis e bem-estar emocional.

A integração dos conceitos lacanianos na terapia sistêmica e familiar amplia o escopo das intervenções terapêuticas. Permite uma exploração mais profunda dos mitos familiares, fantasias coletivas e fardos ancestrais, possibilitando aos terapeutas desvendar histórias familiares complexas e libertar os indivíduos das amarras de emaranhados inconscientes. Ao percorrer o terreno simbólico da dinâmica familiar, os profissionais podem guiar as famílias rumo a uma reconfiguração de suas histórias, fomentando novas narrativas que empoderam e integram diversos aspectos do self.

Relevância na prática psicanalítica moderna

Uma das principais contribuições da teoria lacaniana para a prática psicanalítica moderna reside na sua ênfase na linguagem e na significação. Lacan postulou que o inconsciente está estruturado como uma linguagem, incorporando o conceito de registro simbólico como um componente-chave dos processos mentais. Essa noção revolucionou a compreensão de como os indivíduos se comunicam consigo mesmos e com os outros, oferecendo aos terapeutas uma estrutura para explorar os significados e motivações subjacentes aos comportamentos e expressões de seus pacientes.

As ideias lacanianas lançaram luz sobre a dinâmica entre a mente consciente e a inconsciente, fornecendo aos profissionais ferramentas inestimáveis para lidar com as complexidades das emoções e desejos humanos. A proposição do inconsciente como repositório de pensamentos e desejos reprimidos influenciou significativamente as técnicas psicanalíticas modernas, permitindo que os terapeutas guiem seus pacientes rumo a uma autoconsciência mais profunda e à resolução de conflitos internos.

A reinvenção do complexo de Édipo por Lacan e sua formulação do estágio do espelho influenciaram profundamente a prática psicanalítica contemporânea. Esses conceitos ampliaram a compreensão do desenvolvimento na primeira infância e suas implicações na formação da personalidade adulta. Os terapeutas integraram essas ideias em suas abordagens terapêuticas, promovendo uma compreensão mais holística das experiências e dificuldades dos indivíduos.

A teoria lacaniana impulsionou uma reavaliação da relação tradicional entre terapeuta e paciente, incentivando os terapeutas a reconhecerem as dinâmicas de poder inerentes e os fenômenos de transferência presentes no contexto terapêutico. Essa consciência crítica abriu caminho para práticas mais éticas e empáticas, resultando em alianças terapêuticas mais sólidas e melhores resultados de tratamento.

Contribuição para a compreensão do inconsciente

O conceito de inconsciente, tal como articulado por Lacan, vai além das perspectivas freudianas tradicionais, enfatizando os aspectos linguísticos e simbólicos dos processos inconscientes. De acordo com a teoria lacaniana, o inconsciente estrutura-se como uma linguagem, caracterizado por uma rede de significantes e significados que moldam os pensamentos, as emoções e os comportamentos de um indivíduo. Essa conceitualização proporcionou uma rica base teórica para a exploração das complexidades da mente inconsciente.

Um dos princípios fundamentais da teoria lacaniana é a ideia de que o inconsciente não é um repositório de desejos e memórias reprimidos, como postulado na psicanálise tradicional, mas sim um espaço de conflito e contradição. Essa ruptura com a teoria freudiana gerou debates esclarecedores e ampliou o discurso sobre a natureza do inconsciente. A ênfase de Lacan no papel da linguagem e dos símbolos na formação dos processos inconscientes também abriu novos caminhos para a compreensão de como o significado é construído e representado no inconsciente.

A teoria lacaniana contribuiu para uma compreensão mais profunda do inconsciente ao destacar a importância do outro inconsciente. O conceito de outro, central para o pensamento lacaniano, refere-se às estruturas sociais e culturais externas que influenciam a construção da realidade e da identidade de um indivíduo. Sob essa perspectiva, o inconsciente é moldado não apenas por dinâmicas intrapsíquicas, mas também por forças socioculturais externas, levando a uma compreensão mais matizada e abrangente dos processos inconscientes.

O conceito de inconsciente na teoria lacaniana levou a abordagens terapêuticas inovadoras, com o objetivo de desvendar as estruturas simbólicas e linguísticas que sustentam os conflitos e dinâmicas inconscientes. Ao explorar os significados simbólicos embutidos em manifestações inconscientes, como sonhos, sintomas e lapsos de língua, os terapeutas têm conseguido se conectar com os clientes de maneiras profundas, lançando luz sobre seus padrões e lutas ocultos.

Papel no desenvolvimento pessoal e na autorrealização

Um aspecto fundamental da teoria lacaniana é a sua ênfase na linguagem e na comunicação como formadoras da subjetividade. Segundo Lacan, a construção do eu ocorre por meio de processos linguísticos e simbólicos, que influenciam nossos relacionamentos, desejos e aspirações. Essa percepção abriu caminho para uma reavaliação de como os indivíduos percebem e orquestram sua jornada de desenvolvimento pessoal. Ao reconhecer o papel da linguagem e do discurso na formação da autoimagem, os indivíduos podem obter uma compreensão mais profunda de suas lutas e paradoxos internos, o que, em última análise, leva a uma forma mais autêntica de autorrealização.

A teoria lacaniana também lançou luz sobre a importância dos desejos e fantasias inconscientes no desenvolvimento pessoal.

A exploração dos impulsos inconscientes e das emoções reprimidas pode desvendar as camadas da psique de um indivíduo, oferecendo insights profundos sobre seu comportamento e suas escolhas. Através de uma perspectiva lacaniana, os indivíduos são encorajados a confrontar os aspectos ocultos de sua mente, facilitando um processo transformador que se alinha aos princípios da autorrealização. Ao reconhecer e integrar esses elementos inconscientes, os indivíduos podem embarcar em uma jornada rumo ao crescimento pessoal holístico e à autodescoberta genuína.

O conceito de "estágio do espelho" na teoria lacaniana tem implicações para o desenvolvimento pessoal e a autorrealização. Este estágio enfatiza o papel das percepções e identificações externas na formação da autoimagem. No contexto do desenvolvimento pessoal, compreender como as experiências iniciais de espelhamento e reconhecimento contribuem para a formação da identidade pode auxiliar os indivíduos. Traçar seu caminho rumo à autorrealização de forma mais consciente. Ao desconstruir e reavaliar essas identificações iniciais, os indivíduos podem se libertar das amarras das expectativas externas e das normas sociais, forjando um senso de identidade mais autêntico e pleno.

Transformação das técnicas terapêuticas

A incorporação dos princípios lacanianos na terapia contemporânea levou a uma transformação significativa nas técnicas terapêuticas. Ao reimaginar a natureza do inconsciente e enfatizar o papel da linguagem, a teoria lacaniana deu origem a abordagens inovadoras que divergem dos métodos psicoterapêuticos tradicionais.

Uma das transformações centrais reside na forma como os terapeutas abordam a interpretação das experiências dos pacientes. Em vez de se concentrarem apenas no conteúdo manifesto de suas narrativas, os profissionais formados no pensamento lacaniano são hábeis em reconhecer os significantes latentes embutidos na linguagem. Essa mudança interpretativa permite uma exploração mais profunda dos processos inconscientes que moldam os pensamentos, as emoções e os comportamentos do indivíduo. Consequentemente, as sessões terapêuticas frequentemente envolvem uma análise dos significados simbólicos subjacentes a expressões e ações aparentemente banais.

As técnicas terapêuticas derivadas da teoria lacaniana enfatizam a importância da própria relação terapêutica. Em contraste com abordagens mais diretivas, como as encontradas na psicanálise freudiana tradicional, o terapeuta com formação lacaniana busca criar um espaço dinâmico para o desenvolvimento da fala e das associações do paciente, sem impor interpretações predefinidas. Essa ênfase na livre associação e na coconstrução de significado entre analista e analisando fomenta um ambiente terapêutico colaborativo e exploratório.

A aplicação dos conceitos lacanianos trouxe uma reavaliação dos objetivos da terapia. Enquanto as teorias tradicionais frequentemente enfatizam a redução dos sintomas ou a adaptação às normas sociais, a terapia de orientação lacaniana concentra-se em promover a consciência da subjetividade e explorar as estruturas que sustentam o senso de identidade do indivíduo. Essa reorientação dos objetivos terapêuticos levou a uma maior ênfase no incentivo aos pacientes para que se engajem criticamente com sua experiência subjetiva e com as construções sociais, promovendo, em última instância, o crescimento pessoal e a autorrealização.

Comparação com as teorias tradicionais

Para compreender plenamente o impacto da teoria lacaniana na psicologia e na terapia contemporâneas, é essencial realizar uma análise comparativa com as teorias tradicionais que dominaram esses campos por décadas. Uma das comparações mais relevantes reside no contraste entre a psicanálise lacaniana e a psicanálise freudiana, que serve como arcabouço fundamental para muitas abordagens terapêuticas tradicionais. Enquanto a ênfase de Freud nas experiências da primeira infância e na primazia das pulsões sexuais tradicionalmente orientou as intervenções terapêuticas, Lacan oferece uma perspectiva singular ao se concentrar no papel estruturante da linguagem e da ordem simbólica na formação da subjetividade humana.

A comparação estende-se às teorias comportamentais e cognitivas, que têm sublinhado a importância dos comportamentos observáveis e dos processos mentais conscientes na compreensão e no tratamento de questões psicológicas. Em contraste, a teoria lacaniana aprofunda-se nos registros inconscientes, desafiando as tendências reducionistas das abordagens puramente comportamentais ou cognitivas. Essa justaposição destaca o profundo afastamento que a teoria lacaniana representa dos paradigmas psicológicos convencionais.

Em comparação com as teorias humanistas e existenciais que enfatizam o crescimento pessoal, a autorrealização e a busca por sentido, a teoria lacaniana introduz uma dimensão crítica ao iluminar a carência e a alienação inerentes à estrutura da subjetividade. Ao explorar a interação entre o imaginário, o simbólico e o real, a teoria lacaniana aprofunda nossa compreensão das complexidades e contradições da psique humana, enriquecendo, assim, o discurso sobre a realização pessoal e a autenticidade existencial.

Os conceitos lacanianos são justapostos às teorias sistêmicas e familiares, que priorizam a dinâmica interpessoal e os padrões relacionais dentro dos sistemas sociais. Enquanto as abordagens sistêmicas acentuam a inter-relação dos indivíduos em seus contextos, a teoria lacaniana revela as correntes subterrâneas inconscientes que influenciam essas interações dinâmicas, proporcionando uma compreensão mais profunda da dinâmica familiar e sistêmica.

Trajetórias futuras na terapia

As futuras trajetórias da terapia inspirada em Lacan suscitam reflexões sobre possíveis avanços e integrações com paradigmas psicológicos emergentes. Os desenvolvimentos prospectivos podem envolver um alinhamento mais matizado dos conceitos lacanianos com as descobertas neurocientíficas, fomentando uma compreensão mais rica dos correlatos neurais dos processos inconscientes. Além disso, o campo em expansão das intervenções digitais em saúde mental oferece oportunidades para integrar as perspectivas lacanianas em plataformas tecnológicas inovadoras, ampliando assim o alcance das perspectivas psicanalíticas a um público mais amplo.

A evolução das modalidades terapêuticas pode testemunhar a integração dos princípios lacanianos com abordagens somáticas e centradas no corpo, reconhecendo as manifestações corporificadas das dinâmicas inconscientes e promovendo a cura holística. Essa incorporação não apenas expande o alcance da influência lacaniana, mas também abre caminho para a colaboração interdisciplinar entre psicanálise, neurociência e psicologia somática. Além disso, a essência subjacente das dinâmicas interpessoais na relação terapêutica exige a exploração dos constructos lacanianos na terapia de casal e familiar, avaliando sua aplicabilidade no tratamento de conflitos relacionais e interações inconscientes entre indivíduos.

Por fim, vislumbrar as trajetórias futuras da terapia inspirada em Lacan exige um esforço conjunto para garantir sua acessibilidade e inclusão, fomentando iniciativas que tornem os insights psicanalíticos disponíveis para populações marginalizadas e comunidades carentes. Ao analisarmos as críticas e o potencial da teoria lacaniana, torna-se evidente que sua relevância reside nos esforços colaborativos para conectar as complexidades teóricas com aplicações pragmáticas, transcendendo, assim, os limites da terapia tradicional e abraçando o cenário em constante evolução da prática psicológica.

INFLUÊNCIA NO PENSAMENTO MODERNO

Psicanálise e além

Baseando-se nas teorias de Jacques Lacan, a influência da psicanálise vai além dos âmbitos da terapia individual e dos contextos clínicos, permeando diversas disciplinas e áreas. Esse amplo impacto se manifesta no meio acadêmico por meio da integração de conceitos psicanalíticos em diversos ramos da psicologia, sociologia e antropologia, não se limitando ao seu domínio tradicional da psicoterapia. Além disso, a ênfase inerente às motivações e desejos inconscientes no pensamento lacaniano tem ressoado profundamente entre os estudiosos que buscam desvendar as complexidades do comportamento e da cognição humana.

Para além do meio acadêmico, a influência da psicanálise lacaniana permeou a cultura popular, como evidenciado por sua incorporação na arte, literatura e cinema. A noção do inconsciente como um repositório de emoções reprimidas e impulsos conflitantes alimentou criações artísticas que buscam explorar as profundezas da psique humana. Essa integração de temas psicanalíticos em expressões criativas serve para ressaltar o profundo impacto das ideias de Lacan em discursos sociais mais amplos sobre identidade, desejo e sentido.

A aplicação dos princípios lacanianos a questões contemporâneas expandiu as fronteiras da psicanálise, demonstrando sua relevância para abordar os desafios sociais em constante evolução. Conceitos como o estágio do espelho e a ordem simbólica forneceram estruturas perspicazes para a compreensão de fenômenos relacionados à autoimagem, à representação e às interações sociais, enriquecendo, assim, os diálogos sobre imagem corporal, mídias sociais e relações interpessoais.

Além de suas ramificações intelectuais e culturais, o alcance da psicanálise lacaniana estende-se ao domínio da teoria crítica, onde se tornou uma ferramenta fundamental na análise de estruturas de poder, linguagem e subjetividade. Ao desvendar as maneiras pelas quais a linguagem constrói nossa realidade e molda nossa subjetividade, a teoria lacaniana desempenhou um papel essencial na crítica às ideologias e hierarquias dominantes, contribuindo assim para a expansão dos discursos críticos em diversos domínios do conhecimento.

Impacto na filosofia contemporânea

Nos tempos atuais, a influência das teorias de Jacques Lacan na filosofia contemporânea tem sido profunda e multifacetada. Uma das principais áreas em que as ideias lacanianas tiveram um impacto significativo é a investigação filosófica da subjetividade e da construção do eu. O conceito lacaniano de sujeito dividido e o papel da linguagem como força estruturante na formação da identidade individual têm provocado debates enriquecedores nos círculos filosóficos. Além disso, sua ênfase no inconsciente e sua relação com a linguagem tem fornecido terreno fértil para repensar as noções tradicionais de consciência e racionalidade.

Os conceitos lacanianos também reverberaram em diversas correntes de pensamento dentro da filosofia contemporânea. Filósofos existencialistas se engajaram com ideias lacanianas sobre a natureza da existência humana e a experiência da alienação, enquanto fenomenólogos exploraram as implicações da compreensão lacaniana da percepção e da constituição da realidade. Além disso, pensadores pós-estruturalistas e desconstrucionistas se inspiraram nas reflexões de Lacan sobre a interação entre significantes e a natureza elusiva do significado, levando a reinterpretações inovadoras da linguagem, da textualidade e da interpretação.

A elucidação de Lacan sobre a ordem simbólica e seu papel na mediação de nossas relações com os outros suscitou investigações sobre a intersubjetividade e a dinâmica da interação social. Filósofos têm questionado as implicações da teoria lacaniana para a compreensão das relações de poder, das formações ideológicas e da construção de normas sociais. Além disso, o real como um domínio que transcende a simbolização tem suscitado reflexões sobre as limitações da representação linguística e os contornos enigmáticos da realidade.

O impacto contínuo da filosofia lacaniana também pode ser percebido na exploração da ética e da teoria política. A ênfase de Lacan no desejo, na falta e no gozo gerou reflexões críticas sobre a natureza da subjetividade ética e os desafios da ação moral. Além disso, sua reconceitualização do inconsciente provocou reavaliações da liberdade, da responsabilidade e da constituição do sujeito no contexto das estruturas políticas contemporâneas.

Lacan nos estudos culturais

A estrutura conceitual de Lacan oferece uma lente convincente para compreender a complexa interação entre linguagem, simbolização e subjetividade em produções culturais, como literatura, cinema, artes visuais e performance. A aplicação da psicanálise lacaniana nos estudos culturais facilitou uma compreensão mais profunda das maneiras pelas quais o significado é construído e negociado em textos culturais. Um dos princípios centrais da teoria lacaniana, a noção de ordem simbólica, tem sido fundamental para reformular o estudo da cultura. Ao enfatizar o papel da linguagem e dos símbolos na formação das subjetividades individuais, a análise lacaniana iluminou as maneiras pelas quais os artefatos culturais transmitem significado e contribuem para a construção de identidades. Além disso, o conceito de inconsciente, conforme delineado por Lacan, expandiu o escopo interpretativo dos estudos culturais, permitindo que os pesquisadores se aprofundassem nas dimensões simbólicas latentes dos produtos culturais. Isso levou a uma reconfiguração dos modos tradicionais de interpretação, incentivando uma abordagem mais matizada e multifacetada para a análise de textos culturais. O pensamento lacaniano também gerou uma reavaliação da relação entre a produção cultural e a formação de normas e valores sociais. Ao destacar o papel das fantasias, dos desejos e das motivações inconscientes nas manifestações culturais, a análise lacaniana reformulou a compreensão dos artefatos culturais como espaços de contestação, negociação e resistência. Essa mudança provocou um reexame crítico das narrativas e representações dominantes, fomentando um engajamento mais interrogativo e reflexivo com os produtos culturais. Além disso, a ênfase de Lacan no processo de identificação e sua conexão com a formação do eu ofereceu novas perspectivas sobre as maneiras pelas quais os indivíduos se envolvem com a arte e as expressões culturais. Isso estimulou uma reconceitualização da agência e da participação do público nos processos de construção de significado cultural, desafiando as noções convencionais de consumo passivo.

Arte e literatura

O conceito de ordem simbólica oferece uma lente através da qual podemos interpretar e analisar expressões artísticas e literárias. Na arte, o simbólico refere-se ao uso de elementos visuais para transmitir significados mais profundos, muitas vezes inconscientes. Os artistas utilizam símbolos e significantes visuais para evocar emoções e ideias complexas, frequentemente recorrendo ao inconsciente coletivo, conforme teorizado por Carl Jung. Essa interação entre símbolos e sua interpretação reflete a compreensão de Lacan sobre a linguagem e o inconsciente como elementos centrais da experiência humana. Das pinturas alegóricas da Renascença às obras modernistas e pós-modernistas, a exploração do simbólico na arte revela a relevância dos conceitos lacanianos.

Da mesma forma, na literatura, o simbólico assume um significado profundo. Os autores empregam símbolos, metáforas e alegorias para transmitir temas e motivos que transcendem as narrativas superficiais. A teoria lacaniana enriquece nossa compreensão desses recursos literários, destacando sua conexão com desejos inconscientes, normas sociais e a construção da identidade. A interação entre o consciente e o inconsciente, o significante e o significado, torna-se um terreno fértil para a análise literária. Ao mergulharmos na dimensão simbólica das obras literárias, obtemos insights sobre as complexidades e contradições da existência humana.

A ênfase de Lacan no papel da linguagem na formação da subjetividade ressoa profundamente com as discussões em teoria e crítica literária. A virada linguística nos estudos literários, influenciada pelo estruturalismo e pós-estruturalismo, alinha-se com a visão lacaniana da ordem simbólica como o meio da linguagem e da cultura. Compreender como a linguagem estrutura o significado e molda as identidades permite-nos examinar textos com uma consciência aguçada das dimensões linguísticas e simbólicas em jogo. Assim, a interseção entre a teoria lacaniana e os estudos literários abre novos caminhos para a interpretação e o engajamento com diversas tradições literárias.

Teoria da mídia

A influência da estrutura teórica de Jacques Lacan estendeu-se à teoria da mídia, oferecendo insights profundos sobre a dinâmica do imaginário na cultura popular. Na sociedade contemporânea, o papel da mídia na formação de percepções e narrativas coletivas é inegável. Através da lente da teoria lacaniana, podemos discernir como a ordem imaginária permeia uma ampla gama de formas de mídia, incluindo cinema, televisão, publicidade, redes sociais e entretenimento digital.

Fundamental para a aplicação dos conceitos lacanianos na teoria da mídia é a exploração da construção de imagens e identidades idealizadas. O imaginário, conforme exposto por Lacan, engloba a ilusão e a fantasia, que frequentemente encontram expressão vívida em artefatos da cultura popular. Da representação de personagens arquetípicos ao cultivo de estilos de vida aspiracionais, a mídia se apropria do imaginário para moldar desejos e crenças, exercendo, assim, uma influência significativa sobre os indivíduos e a sociedade em geral.

A interação entre o imaginário e o olhar na representação midiática é um ponto central na análise lacaniana. O ato de olhar e ser olhado, conforme retratado e vivenciado nas narrativas midiáticas, ressalta o papel fundamental do imaginário na construção e perpetuação de normas e valores sociais. Essa análise não apenas enriquece nossa compreensão da dinâmica midiática, mas também oferece uma perspectiva crítica para analisar as relações de poder e a formação de identidades na cultura popular.

Ao analisar estudos de caso específicos em diferentes plataformas de mídia, torna-se evidente como os princípios lacanianos iluminam os mecanismos subjacentes que impulsionam os comportamentos do consumidor, as tendências culturais e a perpetuação de imagens simbólicas. Por meio de uma aplicação rigorosa do pensamento lacaniano, acadêmicos e profissionais da teoria da mídia podem dissecar a interação entre o imaginário, o simbólico e o real, revelando assim as implicações mais profundas das representações midiáticas e sua ressonância com o público.

Teoria social crítica

O poder é uma força onipresente nas sociedades, moldando relações, instituições e experiências individuais. No contexto da teoria social crítica, o exame da dinâmica do poder é fundamental para a compreensão e desconstrução dos sistemas de opressão existentes. Com base nas teorias lacanianas, torna-se evidente que o poder opera nas ordens simbólica, imaginária e real, influenciando e perpetuando hierarquias e desigualdades sociais.

Dentro da ordem simbólica, o poder se manifesta por meio da linguagem, do discurso e das normas sociais. A linguagem serve como ferramenta não apenas para a comunicação, mas também para a disseminação de ideologias que mantêm as diferenças de poder. O conceito de simbólico de Lacan destaca como as construções linguísticas contribuem para a construção das dinâmicas de poder na sociedade, reforçando certas identidades e marginalizando outras. Por meio da análise do discurso, os teóricos críticos elucidam as maneiras pelas quais a linguagem é utilizada para sustentar estruturas hegemônicas e perpetuar injustiças sistêmicas. Além disso, a ordem imaginária se intercruza com o poder por meio da formação de representações e imagens culturais. A mídia, a arte e a cultura popular desempenham um papel fundamental na construção e disseminação de percepções imaginárias que normalizam os desequilíbrios de poder. O engajamento crítico com esses produtos culturais revela as dinâmicas de poder subjacentes, expondo os mecanismos pelos quais as narrativas dominantes são sustentadas, perpetuando ilusões e identidades idealizadas.

Ao analisarmos a ordem real, percebemos que o poder opera em um nível palpável e material, regulando o acesso a recursos, oportunidades e direitos. Compreendendo o real como aquilo que escapa à simbolização, reconhecemos como o poder pode se manifestar por meio de experiências corporificadas de desigualdade e injustiça. Ao examinar as interseções entre o real e as dinâmicas de poder, a teoria social crítica busca abordar as opressões sistêmicas que estão intrinsecamente ligadas ao tecido social. Além disso, a exploração do real permite analisar como as relações de poder são vivenciadas por meio de experiências concretas, lançando luz sobre o impacto das diferenças de poder em comunidades marginalizadas. Ao dialogar com as estruturas lacanianas, a teoria social crítica revela a natureza multifacetada do poder e sua influência abrangente nas três ordens, impulsionando ações que visam desafiar estruturas de poder opressivas e fomentar a mudança social.

Intersecções com os estudos de gênero e identidade

Os estudos de gênero e identidade há muito se debruçam sobre questões de representação, dinâmicas de poder e a construção da identidade. As teorias de Lacan fornecem uma base sólida para examinar essas questões, pois enfatizam o papel da linguagem, do simbolismo e das normas culturais na formação das identidades individuais. Central ao pensamento lacaniano é a noção do "estágio do espelho", que postula que o senso de si de um indivíduo está fundamentalmente ligado a imagens externas e ideais sociais de identidade. Isso tem profundas ramificações para as identidades de gênero, pois ilumina como as construções e expectativas sociais moldam nossa compreensão da masculinidade, da feminilidade e das expressões não binárias. Além disso, o conceito lacaniano de "falo" vai além do determinismo biológico para encapsular o poder simbólico associado ao gênero e à sexualidade. Ao questionar o falo como um significante de autoridade e privilégio, os estudos de gênero e identidade podem desvendar as dinâmicas de dominação e subjugação dentro das hierarquias sociais. Além disso, a teoria lacaniana oferece insights valiosos sobre a formação do desejo e a negociação das subjetividades sexuais. A interação entre as ordens simbólica, imaginária e real lança luz sobre as maneiras pelas quais os indivíduos vivenciam seus desejos, fantasias e conflitos internos relacionados à identidade de gênero e sexual. Ademais, a psicanálise lacaniana tem sido fundamental na crítica às estruturas heteronormativas e na expansão do discurso sobre as experiências LGBTQ+. Ao situar gênero e identidade dentro da estrutura mais ampla das três ordens, acadêmicos e ativistas têm conseguido desafiar narrativas essencialistas e defender compreensões mais inclusivas da identidade humana. Em suma, a interseção da teoria lacaniana com os estudos de gênero e identidade enriquece nossa compreensão da complexa interação entre construções sociais, desenvolvimento psicológico e experiências subjetivas. Ela estimula o diálogo contínuo e a investigação crítica sobre a natureza multifacetada dos eus generificados, impulsionando, assim, a evolução do pensamento moderno.

O real nos discursos sobre ciência e tecnologia

Ao considerar a influência do pensamento lacaniano nos discursos modernos sobre ciência e tecnologia, é crucial aprofundar a noção de "real" proposta por Jacques Lacan. Embora tradicionalmente explorado nos domínios da psicanálise e da filosofia, o conceito de Real também encontrou ressonância nas esferas da ciência e da tecnologia, provocando uma reavaliação de paradigmas e estruturas tradicionais. O diálogo interdisciplinar entre a teoria lacaniana e os discursos científicos levou a insights instigantes sobre a natureza da realidade, a percepção humana e as limitações da nossa compreensão.

Uma importante área de intersecção reside nas ciências cognitivas e na neurologia. Ao se cruzarem com conceitos lacanianos como o "real inatingível" e o "real traumático", pesquisadores nessas áreas têm obtido uma compreensão mais profunda das complexidades da consciência e da percepção humanas. O reconhecimento das lacunas e distorções inerentes à cognição humana, elucidadas pela teoria lacaniana, inspirou novas abordagens para o estudo e a interpretação das funções cerebrais, reformulando, em última análise, o discurso sobre a natureza da realidade e das experiências fenomenológicas.

O impacto do pensamento lacaniano estende-se ao campo da inteligência artificial e da robótica. A exploração do "real" como uma dimensão que transcende a representação simbólica desafiou os modelos tradicionais de IA, impulsionando uma mudança em direção a compreensões mais matizadas das interações humano-máquina. Além disso, as perspectivas lacanianas suscitaram reflexões críticas sobre as implicações éticas dos avanços tecnológicos, particularmente no que diz respeito aos desejos e medos humanos inerentes ao desenvolvimento e à implementação de tecnologias de ponta.

A influência do real permeia as discussões sobre física quântica e cosmologia, provocando reflexões sobre a própria estrutura do universo. As noções lacanianas do real como uma entidade elusiva e inapreensível catalisaram debates sobre os limites da compreensão humana e o potencial para modos alternativos de perceber aspectos fundamentais da existência. Consequentemente, a integração do pensamento lacaniano nos discursos científicos e tecnológicos fomentou uma rica tapeçaria de investigação, fomentando colaborações interdisciplinares e expandindo as fronteiras do conhecimento e da compreensão.

Conclusão e o diálogo contínuo com o pensamento lacaniano

O diálogo contínuo com o pensamento lacaniano segue evoluindo e se expandindo para novas e diversas áreas de estudo. A aplicação de conceitos lacanianos como o real, o simbólico e o imaginário tem se mostrado fundamental para redefinir perspectivas tradicionais em campos que vão da literatura e estudos culturais à teoria da mídia e à análise social crítica. Além disso, as interseções interdisciplinares entre o pensamento lacaniano e os estudos de gênero e identidade destacam a versatilidade e o impacto das teorias de Lacan. Esses diálogos não são meros exercícios acadêmicos, mas representam contribuições vitais para o aprimoramento contínuo de nossa compreensão da subjetividade humana e da sociedade.

Por outro lado, o diálogo contínuo com o pensamento lacaniano abriu caminho para uma exploração mais profunda das complexidades das dinâmicas de poder, particularmente na teoria social crítica. Ao oferecer uma estrutura que investiga os impulsos e desejos inconscientes que sustentam as estruturas sociais, o pensamento lacaniano incentiva uma análise mais matizada e penetrante das relações de poder. Isso tem implicações profundas para os esforços de engajamento crítico com os sistemas vigentes de opressão e controle, bem como para o seu questionamento.

A relevância do pensamento lacaniano no panorama contemporâneo estende-se também à interpretação da arte e da literatura. Ao elucidar as funções simbólicas da linguagem e das representações, o pensamento lacaniano oferece um rico arcabouço para a análise de expressões e narrativas artísticas complexas. Ele possibilita uma compreensão mais profunda das maneiras pelas quais o significado é construído, interpretado e contestado, enriquecendo, assim, nossos encontros com artefatos e textos culturais.

À luz das múltiplas contribuições e dos diálogos contínuos com o pensamento lacaniano em diversas disciplinas, torna-se evidente que o potencial transformador da teoria lacaniana perdura por meio de sua capacidade de inspirar reinterpretações e aplicações constantes. À medida que novas questões surgem e paradigmas existentes são desafiados, o pensamento lacaniano permanece uma estrutura robusta para lidar com as complexidades da existência humana, as estruturas sociais e a interação das realidades. O diálogo contínuo com o pensamento lacaniano apresenta um terreno fértil e dinâmico para futuras explorações, colaborações e inovações, assegurando seu legado na formação da investigação intelectual moderna.

50 DECLARAÇÕES SOBRE AS TRÊS ORDENS LACANIANAS

No palco do espelho e na formação do ego

O ego se forma através de uma imagem que a criança assume como um eu unificado, mesmo que sua experiência seja fragmentada.

Identificar-se com a imagem refletida no espelho proporciona ao indivíduo uma ilusão de coerência.

O ego imaginário é um reconhecimento equivocado — uma versão alienada de si mesmo.

A alegria da criança diante do espelho esconde uma dependência fundamental de uma imagem externa.

O estágio do espelho mostra que o eu é construído sobre uma forma externa em vez de uma essência interna.

Sobre as relações imaginárias e a rivalidade

As relações imaginárias são regidas pela dualidade — eu versus o outro.

A rivalidade e a agressão surgem da identificação do indivíduo com imagens e da ameaça representada por outros.

O imaginário cria relações marcadas pela competição em vez do reconhecimento mútuo.

A imagem do outro é vivenciada como idealizada ou hostil.

As fantasias povoam o imaginário, oferecendo cenas em que o sujeito encena identidades desejáveis ou ameaçadoras.

Sobre as limitações e ilusões do imaginário

O imaginário não consegue apreender a verdade do desejo porque está ligado a imagens, não a estruturas.

O conhecimento do ego é enganoso porque se baseia nas aparências.

O imaginário confere coerência ao sujeito, mas apenas mascarando a divisão.

A neurose surge frequentemente quando o indivíduo se apega ao domínio imaginário.

O imaginário precisa ser atravessado para que o sujeito entre na ordem da fala e da lei.

Sobre linguagem e estrutura

O simbólico precede o sujeito; nasce-se na rede da linguagem.

A fala estrutura o inconsciente porque o inconsciente é constituído de significantes.

As palavras representam o sujeito antes de poderem representar a si mesmas.

A ordem simbólica organiza as relações para além das imagens.

O significado não surge das coisas em si, mas das diferenças entre os significantes.

Sobre a lei, a proibição e a função paterna

A lei que proíbe o incesto é o fundamento do simbólico.

A função paterna introduz um limite que torna o desejo possível.

O Nome-do-Pai é um significante fundamental que estabiliza a posição do sujeito na ordem simbólica.

A metáfora paterna substitui o desejo da mãe por um significante regulador.

A psicose ocorre quando o significante paterno é bloqueado e não consegue ocupar seu lugar no simbólico.

Sobre o desejo, a demanda e a falta

O desejo surge da lacuna entre o que se deseja e o que se necessita.

O simbólico introduz a falta, que se torna o motor do desejo.

Cada significante implica outro significante, tornando o desejo infinitamente metonímico.

O que se diz nunca é idêntico ao que se deseja, porque o desejo se esconde por trás da cadeia de significantes.

O sujeito é representado por um significante para outro significante, nunca estando totalmente presente na fala.

Sobre o assunto e o inconsciente

O inconsciente se expressa simbolicamente por meio de lapsos, piadas e sonhos.

O sujeito surge onde o significante aparece; é um efeito da linguagem.

A castração simbólica introduz o sujeito na ordem do desejo.

A análise funciona reordenando a relação do sujeito com o significante.

O simbólico revela a verdade estrutural por trás das ilusões imaginárias.

Sobre o real além da representação

O real é aquilo que resiste à simbolização; não pode ser capturado pela linguagem.

Diferentemente do imaginário, o real não é uma imagem; diferentemente do simbólico, não é um significante.

O real é o impossível — aquilo que não para de retornar.

O real se apresenta como um limite onde a articulação se desfaz.

A ansiedade surge quando a Realidade se aproxima demais do assunto.

Sobre trauma, instabilidade e o impossível

O trauma marca a intrusão do real onde a mediação simbólica falha.

O real surge como uma lacuna ou ruptura dentro da ordem simbólica.

A fantasia funciona como uma tela que protege o sujeito da realidade.

O real surge através de momentos de encontro onde o significado se desfaz.

O real não é o mesmo que a realidade; é aquilo que a realidade tenta encobrir.

Sobre o enlace das três ordens

As três ordens são distintas, mas interligadas, sendo cada uma necessária para a estrutura psíquica.

O real ancora as outras ordens resistindo tanto à imagem quanto ao símbolo.

O simbólico integra o imaginário numa rede que lhe confere significado.

Quando o nó se afrouxa ou se rompe, o senso de realidade do indivíduo torna-se instável.

A psicanálise visa reconectar o imaginário, o simbólico e o real para que o desejo possa ser sustentado sem colapso.